农民培训精品系列教材

现代农业
生产与经营管理

董红燕 任培杰 徐万里 狄宝期 刘江 主编

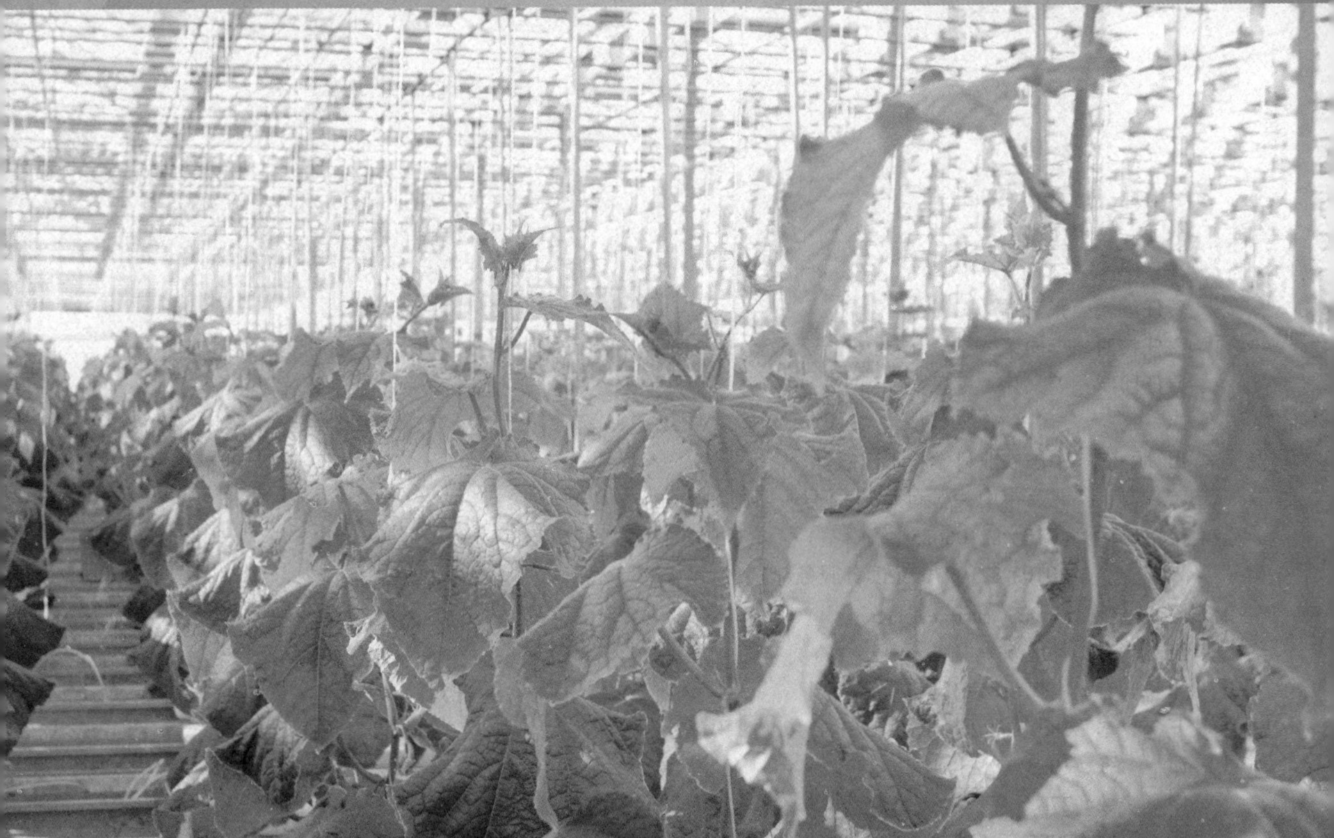

中国农业科学技术出版社

图书在版编目(CIP)数据

现代农业生产与经营管理 / 董红燕等主编. -- 北京：中国农业科学技术出版社, 2025.4. --ISBN 978-7-5116-7298-8

Ⅰ.F304；F306

中国国家版本馆 CIP 数据核字第 20254JQ852 号

责任编辑	张诗瑶
责任校对	李向荣
责任印制	姜义伟　王思文

出 版 者	中国农业科学技术出版社
	北京市中关村南大街 12 号　邮编：100081
电　　话	(010) 82106625 (编辑室)　(010) 82106624 (发行部)
	(010) 82109709 (读者服务部)
网　　址	https://castp.caas.cn
经 销 者	各地新华书店
印 刷 者	中煤(北京)印务有限公司
开　　本	185 mm×260 mm　1/16
印　　张	10.5
字　　数	276 千字
版　　次	2025 年 4 月第 1 版　2025 年 4 月第 1 次印刷
定　　价	49.80 元

◀━━ 版权所有·翻印必究 ━━▶

《现代农业生产与经营管理》编委会

主　编：董红燕　任培杰　徐万里　狄宝期　刘　江
副主编：耿青松　张红英　潘新好　暴庆刚　刘　蕊
　　　　孙　伟　张　培　努尔曼古丽·西力力
　　　　肖春选　吴　蕾　杨　慧　邓佳佳　冯　艳
　　　　汤爱明　马　杰　李春艳　刘鹏辉　彭羽辰
　　　　刘素美　陈　柳　李敏敏　曹丽晓　尚江红
　　　　冉贵军　孙铭泽　吴海波　张　敏　赵靖丽
　　　　孟庆芹　邵　莹　曹彩霞　罗　星
编　委：何毅波　钱文辉　林智勇　黄　河　王宏辉
　　　　潘　霄　苏红娟　黄　勇　崔兴文　刘继求
　　　　付久红　唐瑛蔓　薛瑞娟　钱海林　李婉真
　　　　饶品锋　李淑华　吴法春　任　峰　王建军

前　言

农业，作为国家之根基，始终在人类社会的发展进程中占据着举足轻重的地位。随着时代的车轮滚滚向前，现代农业正以崭新的姿态引领着农业领域的变革浪潮，深刻地影响着经济、社会与生态等诸多方面的发展格局。在科技日新月异、全球经济一体化进程加速的当下，现代农业已不再局限于传统的耕作模式，而是融合了先进的科技、创新的管理理念以及多元化的经营模式。现代农业以高度的机械化、智能化为依托，大幅提升生产效率；凭借精准的农业科技，实现资源的高效利用与可持续发展；借助信息化手段，畅通农产品的流通渠道，拓展广阔的市场空间。

本书内容丰富、全面，涵盖现代农业生产与经营管理的诸多方面。第一章"现代农业概述"揭开现代农业神秘的面纱，阐述其定义、特征和基本类型，体现其与传统农业的差异，探讨中国特色现代农业发展模式。第二章聚焦农民创新创业，详述所需能力素养、创业项目实施及农产品品牌建设与市场拓展策略，助力农民实现价值，推动农村经济发展。第三章全面剖析农民专业合作社，包括产生与发展、设立基础和原则、权利及义务，以及设立及变更等，呈现完整图景。第四章深入探讨家庭农场模式，涵盖概述、经营模式与策略、经营风险和管理，提供经验启示。第五章呈现新型农业经营体系，阐述其内涵、构成和意义，以及新型职业农民在现代农业建设中的作用，展现现代农业的新路径、新动力。第六章展示农业龙头企业，从概述、申报和认定，以及相关政策，呈现农业龙头企业的发展脉络和政策支持。第七章关注新时代农民素质素养提升，涵盖文化素养、法治素养、数字素养等方面的提升策略。第八章探讨农业产业化与一二三产业融合发展，从现状出发，深入分析产业融合发展的意义、策略及机制与路径。第九章强调农产品质量安全与品牌建设的重要性。第十章围绕美丽乡村与乡村治理带头人，阐述其内涵、内容、作用及体系构建。第十一章系统介绍农业防灾减灾，包括多种灾害及应对策略。第十二章介绍农业政策与法律法规，提供政策引导和法律保障，确保农业规范健康发展。总之，本书为现代农业发展提供了全面指导。

本书力求为读者提供全面、深入、实用的知识和信息。希望通过本书，能够激发读者对现代农业的关注和思考，为推动我国现代农业的发展贡献一份力量。

由于现代农业的广泛性和复杂性，加之编者自身知识和视野的局限性，本书或许还存在一些不足之处。对于书中可能出现的疏漏，希望读者朋友们能够给予批评指正。

编　者

2024 年 10 月

目　　录

第一章　现代农业概述 · 1
　第一节　现代农业的定义与特征 · 1
　第二节　现代农业的基本类型 · 2
　第三节　中国特色现代农业发展模式 · 3
第二章　新时代农民创新创业 · 8
　第一节　农民创新创业的能力与素养 · 8
　第二节　创业项目的实施 · 10
　第三节　农产品品牌建设与市场拓展 · 15
第三章　农民专业合作社 · 19
　第一节　农民专业合作社的产生与发展 · 19
　第二节　农民专业合作社设立的基础和原则 · 21
　第三节　农民专业合作社成员的权利及义务 · 22
　第四节　我国农民专业合作社的设立及变更 · 24
第四章　家庭农场 · 28
　第一节　家庭农场的概述 · 28
　第二节　家庭农场的经营模式与策略 · 29
　第三节　家庭农场的经营风险和管理 · 30
第五章　新型农业经营体系 · 31
　第一节　新型农业经营体系内涵 · 31
　第二节　新型农业经营体系的构成和意义 · 33
　第三节　新型职业农民在现代农业建设中的作用 · 34
第六章　农业龙头企业 · 35
　第一节　农业产业化龙头企业概述 · 35
　第二节　农业产业化龙头企业的申报和认定 · 36
　第三节　农业产业化龙头企业相关政策 · 38
第七章　新时代农民素质素养提升 · 40
　第一节　新时代农民素养相关概述 · 40
　第二节　新时代农民文化素养提升 · 44
　第三节　新时代农民法治素养提升 · 47
　第四节　新时代农民数字素养提升 · 59
第八章　农业产业化与一二三产业融合发展 · 68
　第一节　我国农业产业融合发展 · 68

第二节　农村一二三产业融合的意义 ……………………………………… 69
　　第三节　推进一二三产业融合发展的策略 ………………………………… 71
　　第四节　农村一二三产业融合发展的机制与路径 ………………………… 74
第九章　农产品质量安全与品牌建设 …………………………………………… 80
　　第一节　农产品质量安全 …………………………………………………… 80
　　第二节　农产品品牌建设 …………………………………………………… 82
第十章　美丽乡村与乡村治理带头人 …………………………………………… 86
　　第一节　建设"美丽乡村"的含义与背景 ………………………………… 86
　　第二节　美丽乡村建设的内容 ……………………………………………… 87
　　第三节　乡村治理带头人概述 ……………………………………………… 92
　　第四节　现代乡村治理体系构建 …………………………………………… 94
第十一章　农业防灾减灾 ………………………………………………………… 103
　　第一节　干旱与洪涝 ………………………………………………………… 103
　　第二节　热害与低温灾害 …………………………………………………… 114
　　第三节　雪害与雹害 ………………………………………………………… 120
　　第四节　畜牧业气象灾害 …………………………………………………… 123
　　第五节　病虫灾害 …………………………………………………………… 126
第十二章　农业政策与法律法规 ………………………………………………… 132
　　第一节　农业相关政策 ……………………………………………………… 132
　　第二节　农业相关法律法规 ………………………………………………… 141
参考文献 …………………………………………………………………………… 157

第一章　现代农业概述

第一节　现代农业的定义与特征

一、现代农业的概念

何为现代农业？对现代农业内涵的理解是一个不断更新、充实和演进的过程。学术界较为一致的看法是，现代农业是农业生产和社会经济发展到一定阶段的产物或成果，即在采用大机器生产的现代工业基础上发展起来的。

现代农业是一个动态的概念，它是不断采用现代的、新的生产要素替代过去的、传统的生产要素的农业。也就是说，人类第一次在农业生产和经营中大规模自觉应用现代科学技术和农业机器，广泛采用以"机械-化学技术群"为核心的现代科学技术和现代工业提供的生产资料和科学管理方法。现代农业经历了机械化、化学化、以绿色革命为中心的三次革命，用现代的耕作机械、水利灌溉设备等代替旧的手工工具和马拉农具，在农业生产中大量投入物质装备，尽量节约劳动力，实现农业机械化；通过化学在农业中广泛高质的应用，以及农作物品种的改良，实行土地集约化经营。

二、现代农业的特征

（一）现代农业的基本特征

现代农业的基本特征：农民普遍具有较高文化水平；建立在现代自然科学基础上，形成一整套农业科学技术体系并推广；形成现代农机体系；农业机器成为主要生产工具；投入农业的能源显著增加；开始运用人造卫星、电子计算机、原子能、遥感技术、生物工程等技术。农业劳动生产率、土地生产率和农产品商品率大幅度提高，生产高度专业化、商品化和社会化。

（二）现代农业的主要特征

现代农业的主要特征体现在以下几个方面。

1. 具备较高的综合生产率

具备较高的综合生产率，包括较高的土地产出率和劳动生产率，农业成为一个有较高经济效益和市场竞争力的产业，这是衡量现代农业发展水平的最重要标志。

2. 农业成为高度商业化的产业

农业主要为市场而生产，具有很高的商品率，通过市场机制来配置资源。商业化是以市场体系为基础的，现代农业要求建立非常完善的市场体系，包括农产品现代流通体系。离开了发达的市场体系，就不可能有真正的现代农业。农业现代化水平较高的国家，农产品商品率一般都在90%以上，有的产业商品率可达到100%。

3. 实现农业生产物质条件的现代化

以比较完善的生产条件、基础设施和现代化的物质装备为基础，集约化、高效率地使用各种现代生产投入要素，包括水、电力、农膜、肥料、农药、良种、农业机械等物质投入和农业劳动力投入，从而达到提高农业生产率的目的。

4. 实现农业科学技术的现代化

广泛采用先进适用的农业科学技术、生物技术和生产模式，改善农产品的品质，降低生产成本，以适应市场对农产品需求优质化、多样化、标准化的发展趋势。现代农业的发展过程，实质上是先进科学技术在农业领域广泛应用的过程，是用现代科技改造传统农业的过程。

5. 实现管理方式的现代化

广泛采用先进的经营方式、管理技术和管理手段，从农业生产的产前、产中、产后形成比较完整的、紧密联系的、有机衔接的产业链条，具有很高的组织化程度。有相对稳定的、高效的农产品销售和加工转化渠道，高效率地把分散的农民组织起来，形成现代农业管理体系。

6. 实现农民素质的现代化

具有较高素质的农业经营管理人才和劳动力，是建设现代农业的前提条件，也是现代农业的突出特征。

7. 实现生产的规模化、专业化、区域化

通过实现农业生产经营的规模化、专业化、区域化，降低公共成本和外部成本，提高农业的效益和竞争力。

8. 建立与现代农业相适应的政府宏观调控机制

建立完善的农业支持保护体系，包括法律体系和政策体系。

9. 农业成为可持续发展的产业

农业发展本身是可持续的，而且具有良好的区域生态环境。广泛采用生态农业、有机农业、绿色农业等生产技术和生产模式，实现淡水、土地等农业资源的可持续利用，达到区域生态的良性循环，农业本身成为一个良好的可循环生态系统。

第二节 现代农业的基本类型

一、绿色农业

绿色农业是将农业与环境协调起来，促进可持续发展，增加农户收入，保护环境，同时保证农产品安全性的农业。绿色农业是灵活利用生态环境的物质循环系统，实践农药安全管理技术、营养物综合管理技术、生物学技术和轮耕技术等，从而保护农业环境的整体性概念。绿色农业大体上分为有机农业和低投入农业。

二、物理农业

物理农业是物理技术和农业生产的有机结合，是利用具有生物效应的电、磁、声、光、热、核等物理因子操控动植物的生长发育及其生活环境，促使传统农业逐步摆脱对化学肥料、化学农药、抗生素等化学品的依赖以及自然环境的束缚，最终获取高产、优质、无毒农产品的环境调控型农业。物理农业的产业性质是由物理植保技术、物理增产技术所能拉动的机械电子建材等产业以及它所能为社会提供食品安全源头的农产品两个方面决定的。物理农业属于高投入、高产出的设备型、设施型、工艺型的农业产业，是一个新的生产技术体系。它要求技术、设备、动植物三者高度相关，并以生物物理因子作为操控对象，最大限度地提高产量和杜绝使用农药和其他对人类有害的化学品。物理农业的核心是环境安全型农业，即环境安全型温室、环境安全型畜禽舍、环境安全型菇房等。

三、工厂化农业

工厂化农业是设计农业的高级层次，综合运用现代高科技、新设备和管理方法而发展起来，全面机械化、自动化技术高度密集型生产，能够在人工创造的环境中进行全过程的连续作业，从而摆脱自然界的制约。

四、特色农业

特色农业就是将区域内独特的农业资源（地理、气候、资源、产业基础）开发区域内特有的名优产品，转化为特色商品的现代农业。特色农业的"特色"在于其产品能够得到消费者的青睐和倾慕，在本地市场上具有不可替代的地位，在外地市场上具有绝对优势，在国际市场上具有相对优势甚至绝对优势。

五、休闲观光农业

休闲观光农业又称旅游农业或绿色旅游业，是一种以农业和农村为载体的新型生态旅游业。游客不仅可以观光、采果、体验农作、了解农民生活、享受乡间情趣，而且可以住宿、度假、游乐。农民利用农村的设备与空间、农业生产场地、农业自然环境、农业人文资源等，经过规划设计，以发挥农业与农村休闲观光功能，提升旅游品质，并提高农民收入，促进农村发展。有的国家以此作为农业综合发展的一项措施。

六、立体农业

立体农业又称层状农业。着重于开发利用垂直空间资源的一种农业形式。立体农业的模式是以立体农业定义为出发点，合理利用自然资源、生物资源和人类生产技能，实现由物种、层次、能量循环、物质转化和技术等要素组成的立体模式优化。

七、订单农业

订单农业又称合同农业、契约农业，是20世纪90年代后出现的一种新型农业生产经营模式。所谓订单农业，是指农户根据其本身或其所在的乡村组织同农产品的购买者之间所签订的订单，组织安排农产品生产的一种农业产销模式。订单农业很好地适应了市场需要，避免了盲目生产。

第三节　中国特色现代农业发展模式

随着社会的发展、市场的刺激、互联网及大数据的助推，各种更加有趣也更加适宜的现代农业发展新模式不断涌现。

一、农业公园：乡土文化旅游新模式

国家农业公园是一种新型的旅游形态，它是按照公园的经营思路，但又不同于城市公园，把农业生产场所、农产品消费场所和农业休闲旅游场所结合在一起的一种现代农业经营方式。

根据农业现代化和农业服务业、旅游业深化发展的有关要求，中国村社发展促进会拟计划用5~8年的时间打造出100个"中国农业公园"。"中国农业公园"是利用农村广阔的田野，以绿色村庄为基础，融入低碳环保循环可持续的发展理念，将农作物种植与农耕文化相结合的一种生态休闲和乡土文化旅游模式。农业部于2008年制定了农业公园的相关标准，中国村社发展促进会、亚太环境保护协会等5家单位根据该标准联合制定了《中国农业公园创建指标体系》。《中国农业公园创建指标体系》包括乡村风景美丽、农耕文化浓郁、民俗风情独特、历史遗产传承、产业结构发展、生态环境优化、村域经济主体、村民生活展现、服务设施配置、品牌形象塑造、规划设计协调等十一个评价指数，共计100分。经申报评审等程序，计分达到有关条件的，批准为"中国农业公园"。

在规划建设面积上，国家级农业公园一般规模较大，少则上万平方米，多则数十万平方米，甚至更多者以平方千米来计数。目前比较成型的国家农业公园有河南中牟国家农业公园、山东兰陵国家农业公园、海南琼海龙寿洋国家农业公园，其他像安徽合肥包河区的牛角大圩生态农业园、山东寿光农业综合区均可作为国家农业公园考察。

农业公园的主体是依靠企业，是以消费带动农业增长的一种方式，根据消费者的消费需求来定制农业生产。整个乡村就是"大菜园、大花园、大乐园、大公园"。有菜地、有花圃、有苗圃、有大棚设施、有水景……一切这些东西都是按照旅游的特色打造，不是按照生产要素来组织。

二、文创农业：传统农业与文化创意的融合

文创农业指用文化和创意手段去改造农业，农业会把生产、生活、生态更加完美地呈现在消费者面前。文创农业是继观光农业、生态农业、休闲农业后，新兴起的一种农业产业模式，是将传统农业与文化创意产业相结合，借助文创思维逻辑，将文化、科技与农业要素相融合，从而开发、拓展传统农业功能，提升、丰富传统农业价值的一种新兴业态。

目前市场上的文创农业模式包括文创农产品农场、文创农艺工坊、文创农产品专营店、文创主题农庄、文创亲子农园、文创休闲农牧场、文创酒庄、文创现代农业示范园区。以上类型盈利模式没有固定模式，可以根据项目自身的情况，灵活组合。文创农业的盈利模式主要可通过对文创农产品种植和养殖、文创农产品包装设计、文创工艺品生产创作、文创装饰品制作、批发零售、景观游赏、活动体验、演艺表演、科普教育、宴会会议、餐饮美食、民宿住宿、内部交通、纪念品礼品销售、其他配套服务等不同项目的经营获得来自票务、餐饮、住宿、会务、销售等渠道的盈利。此外，还可以尝试招商合作的经营模式，以租赁、物业服务等作为盈利模式。

谈到文创农业，一般会直接想到的是商品包装，如水果、酒、茶叶、米、蜂蜜等，精美的礼盒加上富有诗意的文字，让农产品更显诗情画意。然而，精美的农产品包装多是业者付出大笔金钱请设计师来设计，这样增加了农产品的成本，销售量却没能与成本成正比

增长。因此，文创农业不等于农产品包装。包装或设计，在农业文创化的过程中，只是末端，不可本末倒置。所谓文创，应该包含"文化"与"创意"两个层次。农业经营者应先通过添加文化元素，找出特色、卖点或销售点。有了卖点，再从"创意"角度，将卖点简化、符号化、可传播化，成为销售主张或销售论述。文创农业应该以创意为核心，借助文创的力量，实现农业的文创转型，形成产业联动的品牌体系，整合提升农业的产业价值。

三、认养农业：风险共担，收益共享

"认养农业"是近年来新兴的农事增值发展模式，一般指消费者预付生产费用，生产者为消费者提供绿色、有机食品，在生产者和消费者之间建立一种风险共担、收益共享的生产方式。

对认养人来说，这是一种时尚、健康的生活方式。对传统种植农业来说，这是一种新思路带来的一种新业态，并且已经成为农业增值服务的具体表现。

事实上，"认养农业"的卖点并不是只有农产品，认养农业还可以与旅游、养老、文化等产业进行深度融合。认养农业把城市居民作为目标客户，以体验、互动项目为卖点，将特色农产品、旅游景点、风情民俗进行整合包装，再打包兜售。认养农业的兴起在帮助现代都市人认识农业、体验农园观光需求的同时，增加农民收入，带动农业生产健康有序发展。

认养能够满足都市人亲近田园的愿望。认养，不仅仅是收获产品那么简单。消费者更期望的是产品附加价值。认养同时意味着消费者能够直接接触到生产者，大大简化了销售购买的环节，这使消费者能够在第一时间拿到最新鲜的产品。消费者有机会近距离接触农场、了解农场更多的相关信息，不仅使农产品的品质有了保障，而且农产品的价格上也得以更加透明。

认养农业不仅给农村带来了客流、信息流、资金流，而且彻底解决了一家一户分散经营难以增收的核心问题，更重要的是认养农业模式推动了一二三产业的深度融合。

四、设施农业：高效生产的现代农业新方式

设施农业指在环境相对可控的条件下，采用工程技术手段，进行动植物高效生产的一种现代农业方式。设施农业涵盖设施种植、设施养殖和设施食用菌等。

我国设施农业已经成为世界上最大面积利用太阳能的工程，绝对数量优势使我国设施农业进入量变到质变转化期，技术水平越来越接近世界先进水平。设施栽培是露天种植产量的3.5倍，我国人均耕地面积仅占世界人均耕地面积的40%，因此发展设施农业是解决我国人多地少制约可持续发展问题的有效技术工程。

设施农业是涵盖建筑、材料、机械、自动控制、品种、园艺技术、栽培技术和管理等学科的系统工程，其发达程度是体现农业现代化水平的重要标志之一。设施农业包含设施栽培、饲养，各类型玻璃温室、塑料大棚、连栋大棚及地膜覆盖，还包括所有进行农业生产的保护设施。设施栽培可充分发挥作物的增产潜力，增加农作物的产量，由于有保护设施，防止了许多病虫害的侵袭，在生产过程中不需要使用农药或很少使用农药，从而改善商品品质，并能使作物反季节生长，在有限的空间中生产出高品质的作物。

设施农业从种类上分，主要包括设施园艺和设施养殖两大部分。设施养殖主要有水产

养殖和畜牧养殖两大类。设施农业为动物、植物生产提供相对可控制甚至最适宜的温度、湿度、光照、水肥和气等环境条件，在一定程度上摆脱对自然环境的依赖进行有效生产。它具有高投入、高技术含量、高品质、高产量和高效益等特点，是最具活力的现代新农业。

五、田园综合体：乡村新型产业发展的亮点

田园综合体作为乡村新型产业发展的亮点措施被写进 2017 年中央一号文件。田园综合体是集现代农业、休闲旅游、田园社区于一体的特色小镇和乡村综合发展模式，是当前乡村发展代表创新突破的思维模式。

田园综合体实现了田园的三次变现，第一次变现是依托自然之力和科技之力实现田园农产品变现；第二次变现是依托自然之力和创意之力实现田园文化产品和田园旅游产品变现，这一次变现不仅创造了效益，而且形成了一个田园社群；第三次变现则是依托田园社群建立起来的延伸产业变现。

田园综合体的出发点是主张以一种可以让企业参与、城市元素与乡村结合、多方共建的"开发"方式，创新城乡发展，促进产业加速变革、农民收入稳步增长和新农村建设稳步推进，重塑中国乡村的美丽田园、美丽小镇。田园综合体一方面强调跟当地农民的合作，坚持农民合作社的主体地位，农民合作社利用其与农民天然的利益联结机制，使农民不仅参与田园综合体的建设过程，还能享受现代农业产业效益、资产收益的增长；另一方面强调城乡互动，秉持开放、共建思维，着力解决"原来的人""新来的人""偶尔会来的人"等几类人群的需求。

近年来，国内休闲农业与乡村旅游热情正盛，而田园综合体作为休闲农业与乡村旅游升级的高端发展模式，更多体现的是"农业+园区"的发展思路，是将农业链条做深、做透，未来还会将发展进一步拓宽至科技、健康、物流等更多维度。

田园综合体以乡村复兴为最高目标，让城市与乡村各自都能发挥其独特禀赋，实现和谐发展。田园综合体以田园生产、田园生活、田园景观为核心组织要素，多产业多功能有机结合的空间实体，其核心价值是满足人回归乡土的需求，让城市人流、信息流、物质流真正做到反哺乡村，促进乡村经济的发展。

六、共享农业：推进农业农村发展的新动能

2016 年共享单车的兴起将中国的"共享经济"推上了一个新高度，目前国内共享经济市场涉及共享汽车、共享单车、共享房屋、共享餐饮、共享金融、共享充电宝等多个领域，并在不断扩展。电商的兴起，为农业的共享提供了庞大平台基础；互联网和大数据的融合，为中国农业提供了精准化的信息支持；物联网技术的发展，使农业进入自动化无人监管的新时代。

共享农业贯穿于整个农业产业链全过程，将成为推进农业农村发展的新动能、农业供给侧结构性改革的新引擎。共享农业将分散零碎的消费需求信息集聚起来，形成规模，实现与供给方精准匹配对接，是发展共享农业的关键。因此，要在硬件建设上抓好互联网在乡村的普及覆盖，尤其要做好农民手机终端的开发使用。

共享经济进入农业领域，一方面淘汰掉中间环节，另一方面还要真正做到"共享"，对农业、农村、农民真正起到帮助作用。共享经济模式最基本的就是拿出私有财产、资源

或者信息，与用户达成互惠互利的合作，增加资源的利用率。当前，共享农业已经向共享土地、共享农机、共享农庄等具体的形态上发展。

农业推广相关政策的出台，也让一批手持农业科技真本事的人和单位成为共享农业模式的受益者。2017年中央一号文件中有一条关于强化农业推广的意见，其中提出"深入推行科技特派员制度，打造一批'星创天地'"。如果单独看，这也许只是常规的一项内容而已，但如果从共享经济的角度思考，这里面也蕴含着改变传统农资格局的"大阳谋"。

第二章　新时代农民创新创业

第一节　农民创新创业的能力与素养

一、农民创新创业的能力

（一）创新能力

创业本身就是创新实践活动。成功的创业者要使企业获得生存空间，并得到成长和发展，必须有自己突出的特点。例如，在生产技术、生产工艺、产品功能、产品质量及服务等方面，与其他同类产品相比，本企业产品能满足消费者特殊功能的需求，或者高出一等的质量，或者在外观上更符合消费者审美个性。创业者只有保持与时俱进的创新能力，才能使企业充满生机与活力，使企业在激烈的市场竞争中保持竞争优势，获得企业的可持续发展。要进行创新活动，创业者必须对生产技术和管理进行非常深入的了解，同时对于行业发展现状和发展趋势要十分清楚，还要分析消费者需求变化趋势，在此基础上，结合本企业特点，发掘本企业优势，不断实现创新活动，赢得市场竞争的主动。

（二）规划能力

创业者要胸怀企业、放眼世界、展望未来，能够根据当前情况，合理确定发展方向和阶段目标，依据市场环境和企业自身条件，制定出可行性的企业发展目标。制定目标时要做到长、中、短各期目标衔接合理。只有创业者具有企业发展的蓝图，目标明确，才能驾驭全局，带领团队有计划、有步骤地开展工作，才能使企业从成功走向新的成功。

（三）学习能力

创业者是企业的引路人，要带领企业不断前进和发展，就必须了解新技术、新管理知识，对行业发展现状和未来有清醒的认识，对产品和消费者需求变化要十分熟悉。所有这些都需要创业者走在员工前面，走在竞争者前面，需要创业者有较强的学习能力。创业者要充分认识学习能力的重要性，采用现代学习手段，运用科学学习方法，利用可能利用的时间和机会，为自己"充电"，只有这样，才能适应现代企业发展速度的变化需求，带领企业创造美好的未来。

（四）预测决策应变能力

市场外部环境瞬息万变，创业者要以敏感的视觉观察周围情况的变化，采用科学的分析方法，对影响企业发展的各项因素做出及时准确预测，采用恰当的决策，找出应对外部环境变化的可行措施手段，引导企业良性发展。具体表现为管理信息能力，信息是企业发展的晴雨表。建立广泛的信息渠道和快速信息传输方式是企业生存发展的重要环节，特别是现代企业竞争日益激烈，外部环境瞬息万变，面对快速多变的市场，如果企业不能借助信息做出快速反应，将会贻误战机，将企业带入困难境地。创业者对信息的管理能力在当今社会事关企业生死存亡。管理信息能力主要指创业者对信息的敏感捕捉能力、信息识别能力、信息处理能力和信息利用能力。信息管理就是利用这些能力为企业各方面管理服务，提高企业应变能力。

二、农民创新创业的素养

（一）勇于创新

创造力是人们利用已有的知识和经验创造出新颖独特、有价值的产品的能力，是人们自我完善、自我实现的基本素质。成功的创业者具有一些共同的特质，他们能够在不断的变化中创造机会，积极地寻找新的机遇，不放过任何想法，即使是在一些传统的创业活动中，也同样能够找到创新的方向，创造出全新的商业模式从而取得成功。

创新品质的培养是贯穿始终的。任何创新都是在原有基础上进行的改革，这说明创新品质可以通过后天培养与训练。作为创业者，创新品质与能力的基础不是随意空想，而是要培养对日常事务的观察与探索。褚时健在75岁时选择再次创业，还是传统的农业创业——开办自己的果园，他所种的橙子被人们誉为"褚橙"，这得益于他不断创新的精神。通过6年的时间，褚时健不断摸索，创立了一套自己的种植办法，对肥料、灌溉、修剪都有自己的要求，工人必须严格执行。种橙期间，遇到任何难题，他的第一反应就是看书，经常一个人翻书到凌晨三四点，终于研究出了皮薄、柔软、易剥、味甜微酸、质绵无渣的"褚橙"，得到了市场的认可。

（二）敢于冒险

创业是一项风险性活动，它的成功与否取决于很多确定因素和不确定因素。处理确定性因素，如注册公司、制定公司章程等活动，付出和回报往往都能清晰地判断，而对不确定性因素，如创业方向的决策、人才引进的决策、拓展业务方法的决策等活动的处理，其产生的结果大部分都不能准确地预测和判断。不确定性因素意味着风险，而创业者必须具备面对和把握这种风险的能力，即冒险精神。

当然冒险不是盲目地随着个人喜好发展，更不等同于赌博，它是建立在成功概率之上的，是在敏锐的市场洞察力和详细的市场调查基础之上的理性激进行为。在实践中，冒险表现出2种类型：本性型和认知型，前者出于天性，后者可以在后天实践中培养起来。因此，冒险精神可以通过训练内化习得。创业可以通过训练培养风险管理意识，即接受、认识、了解、衡量、分析以及处置风险的能力和意识。

（三）积极主动

积极主动精神即进取精神，是一种源自自身积极努力地向目标挺进的精神力量，是创业者必备的心理素质，也是事业开创及开创之后持续发展的内在关键力量。在事业面临不确定情况的时候，进取精神能够启动创业者所有的思维和资源，去主动面对困难、解决困难，保证事业的顺利发展。

任何事业的开创都是主动进取的结果，在市场经济下，市场的竞争性特征决定了市场主体必须对信息和机会有更强的把握能力。要求他们主动寻找和把握机会，主动寻求资源和市场等来实现自己的事业目标。被动适应、等待机会和不作为式的创业是不可持续的，注定会被市场淘汰。总之，市场经济需要主动进取精神，在创业过程中，不能被动等待，要主动去关注这个世界，对外部世界保持好奇，主动去探索、去交流，在主动中把握机会。

（四）乐于合作

合作精神指两个或两个以上的个体为了实现共同目标（共同利益）而自愿结合在一起，通过相互之间的配合和协调而实现共同目标，最终个人利益也获得满足的一种社会交往导向心理状态。另外，合作精神也是共享和共赢的一种体现。在信息化时代开放的市场环境下，没有人能独自创业成功，创业者需要尽可能降低风险，通过合作实现共赢是当今市场经济发展的必然趋势。

作为创业者，在创业的初始阶段，资金、人脉、能力可能不完全具备，在精力上也不一定能事事亲力亲为，需要借助合作伙伴的力量来取得成功。在必须借助企业外部力量的事业成长关键期，创业者必须具备与外部合作的意识。在进行关键策略决策时，创业者必须借助团队，实现科学决策。创业团队在合作的过程中，面临创业观念、能力、知识，以及权力、物质上的利害关系，这些都需要相互磨合，在创业过程中不断锻炼。

第二节　创业项目的实施

一、农村创业项目的选择

如何正确地选择创业项目，是每个创业者都要思考的问题。拥有合适的创业项目是创业成功最重要的基础。每位创业者都要以极其谨慎的态度选择创业项目，要按照自身技能、经验、资金实力等实际情况，对各类项目加以甄选。

（一）规模种植项目

随着我国现代农业的快速发展，家庭联产承包经营与农村生产力发展水平不相适应的矛盾日益突出，农户超小规模经营与现代农业集约化生产之间的不相适应越来越明显。我国农户土地规模小，农民经营分散、组织化程度低、抵御自然和市场风险的能力较弱。很难设想，在以一家一户小农经济的基础上能建立起现代化农业，并实现较高的劳动生产率和商品率。规模种植业便于集中有限的财力、人力、技术、设备，形成规模优势，提高综合竞争力。因此，打破田埂的束缚，让一家一户的小块土地通过有效流转连成一片，实施机械化耕作，进行规模化生产，既是必要的，也是可能的，这也成为农业创业的重要选择项目。

适合规模种植业创业的条件：一是有从事规模种植业的大面积土地，土地条件便于规模化生产和机械化耕作；二是有大宗农副产品销售市场；三是当地农民有某种作物的传统种植经验。

（二）规模养殖项目

国家在畜牧业发展方面重点支持建设生猪、奶牛规模养殖场（小区），开展标准化创建活动，推进畜禽养殖加工一体化。标准化规模养殖是今后一个时期的重点发展方向。也就是说，规模养殖业已经成为养殖业创业类型中的必然选择。近几年不断出现的畜禽产品质量安全问题，促使国家更加重视规模养殖业的发展。只有规模养殖，才能从饲料、生产、加工、销售等环节控制畜禽产品的质量，国家积极推进建立的各类畜禽产品质量安全追溯体系适合于规模养殖业。在这样的政策背景下，选择规模养殖业创业项目不失为一个明智的选择。规模养殖业是技术水平要求较高的行业，如果选择规模养殖业为创业项目，一定要注意认真学习养殖和防疫技术，万不可想当然、靠直觉，要多听专家的意见，或者聘请懂技术的专业人员。

适合规模养殖业创业的条件：一是当地的气候、水文等自然条件要适宜，周围不能有工业或农业污染，交通便利，地势较高；二是发展规模养殖所用土地要能够正常流转；三是畜禽产生的粪污要有科学合理的处理渠道；四是繁育孵化、喂饲、饮水、清粪、防疫、环境控制等设施设备要齐备。

（三）设施农业项目

随着社会经济和科学技术的发展，传统农业产业正经历着翻天覆地的变化，由简易塑料大棚和温室发展到具有人工环境控制设施的自动化、机械化程度极高的现代化大型温室和植物工厂。当前，设施农业已经成为现代农业的主要产业形态，是现代农业的重要标志。

1. 设施栽培项目

目前主要是蔬菜、花卉、瓜果类的设施栽培，设施栽培技术不断提高，新品种、新技术及农业技术人才的投入提高了设施栽培的科技含量。现已研制开发出高保温、高透光、流滴、防雾、转光等功能性棚膜及多功能复合膜和温室专用薄膜，机械化卷帘的轻质保温逐渐取代了沉重的草苫，并且已培育出一批适于设施栽培的耐高温、弱光、抗逆性强的设施专用品种，提高了劳动生产率，使栽培作物的产量和质量得以提高。主要设施栽培装备类型及其应用简介如下。

（1）小拱棚。小拱棚主要有拱圆形、半拱圆形和双斜面形3种类型。主要应用于春提早、秋延后或越冬栽培耐寒蔬菜，如芹菜、青蒜、小白菜、油菜、香菜、菠菜、甘蓝等。春提早的果菜类蔬菜，主要有黄瓜、番茄、青椒、茄子、西葫芦等；春提早的栽培瓜果主要为西瓜、草莓、甜瓜等。

（2）中拱棚。中拱棚的面积和空间比小拱棚稍大，人可在棚内直立操作，是小棚和大棚的中间类型。常用的中拱棚主要为拱圆形结构，一般用竹木或钢筋作骨架，棚中设立柱。主要应用于春早熟或秋延后生产的绿叶菜类、果菜类蔬菜及草莓和瓜果等，也可用于菜种和花卉栽培。

（3）塑料大棚。塑料大棚是用塑料薄膜覆盖的一种大型拱棚。与温室相比，具有结构简单、建造和拆装方便、一次性投资少等优点；与中小棚相比，又具有坚固耐用、使用寿命长、棚体高大、空间大、必要时可安装加温和灌水等装置、便于环境调控等优点。主要应用于果菜类蔬菜、各种花草及草莓、葡萄、樱桃等作物的育苗。春茬早熟栽培，一般果菜类蔬菜可比露地提早上市20~30天，主要作物有黄瓜、番茄、青椒、茄子、菜豆等；秋季延后栽培，一般果菜类蔬菜采收期可比露地延后上市20~30天，主要作物有黄瓜、番茄、菜豆等。也可进行各种盆花和切花栽培，以及草莓、葡萄、樱桃、柑橘、桃等果树栽培。

（4）现代化大型温室。现代化大型温室具备结构合理、设备完善、性能良好、控制手段先进等特点，可实现作物生产的机械化、科学化、标准化、自动化，是一种比较完善和科学的温室。这类温室可创造作物生育的最适环境条件，能使作物高产、优质。主要应用于园艺作物生产，特别是价值高的作物生产，如切花、盆栽观赏植物、园林设计用的观赏树木和草坪植物以及育苗等。

2. 设施养殖项目

目前主要是畜禽、水产品和特种动物的设施养殖。近年来，设施养殖正逐渐兴起。设施养殖装备类型及其应用简介如下。

（1）设施养猪装备。常用的主要设备有猪栏、喂饲设备、饮水设备、粪便清理设备及环境控制设备等。这些设备的合理性、配套性对猪场的生产管理和经济效益有很大的影响。由于各地实际情况和环境气候等不同，对设备的规格、型号、选材等要求也有所不同，在使用过程中要根据实际情况确定。

（2）设施养牛装备。主要有各类牛舍、遮阳棚舍、环境控制、饲养过程的机械化设备等，这些技术装备可以配套使用，也可单项使用。

（3）设施养禽装备。现代养禽设备是用现代劳动手段和现代科学技术来装备的，特别是在养鸡的各个生产环节中使用，各种设施实现自动化或机械化，可不断提高禽蛋、禽肉的产品率和商品率，达到养禽稳产、高产优质、低成本，以满足社会对禽蛋、禽肉日益增长的需要。主要有以下几种装备：孵化设备、育雏设备、喂料设备、饮水设备、笼养设施、清粪设备、通风设备、湿热降温系统和热风炉供暖系统等。

（4）设施水产养殖装备。设施水产养殖主要分为两大类：一是网箱养殖，包括河道网箱养殖、水库网箱养殖、湖泊网箱养殖、池塘网箱养殖；二是工厂化养鱼，包括机械式流水养鱼、开放式自然净化循环水养鱼、组装式封闭循环水养鱼、温泉地热水流水养鱼、工厂废热水流水养鱼等。

目前，设施农业的发展以超时令、反季节生产的设施栽培生产为主，具有高附加值、高效益、高科技含量的特点，发展十分迅速。随着社会的进步和科学的发展，我国设施农业的发展将向着地域化、节能化、专业化发展，由传统的作坊式生产向高科技、自动化、机械化、规模化、产业化的工厂型农业发展，为社会提供更加丰富的无污染、安全、优质的绿色健康食品。

（四）休闲观光农业项目

休闲观光农业是一种以农业和农村为载体的新型生态旅游业，是把农业与旅游业结合在一起，利用农业景观和农村空间吸引游客前来观赏、游览、品尝、休闲体验、购物的一种新型农业经营形态。休闲观光农业主要有观光农园、农业公园、教育农园、森林公园、民俗观光村等多种形式。

现代农业不仅具有生产性功能，还具有改善生态环境质量，为人们提供观光、休闲、度假的生活性功能。也就是说，农业生产不仅要满足"胃"，还要满足"心"，满足"肺"。随着人们收入的增加以及闲暇时间的增多，人们渴望多样化的旅游，尤其希望能在广阔的农村环境中放松自己。休闲观光农业的发展，不仅可以丰富城乡人民的精神生活，优化投资环境，而且能实现农业生态、经济和社会效益的有机统一。

休闲观光农业创业要具备以下条件：一是当地要有值得拓展的旅游空间，休闲观光创业项目要有自己的特点，不能完全雷同；二是农业旅游项目要能够满足人们回归大自然的愿望，软硬件设施要满足游客的需要；三是周围要有休闲观光消费的群体，消费群体要有一定的消费能力；四是休闲观光项目要能够增加农业生产的附加值，要能配套开发出相应的旅游产品。

（五）农产品加工项目

农产品加工业有传统农产品加工业和现代农产品加工业两种形式。传统农产品加工业指对农产品进行一次性的、不涉及对农产品内在成分改变的加工，也是通常所说的农产品初加工。现代农产品加工业指用物理、化学等方法对农产品进行处理，改变其形态和性能，使之更加适合消费需要的工业生产活动。依托现代农产品加工业实现创业成功的例子不胜枚举，那么是否也可以依靠当地农产品资源进行现代农产品加工创业呢？创业之初，完全可以把规模放小一点，充分考虑市场风险，随着技术和市场的不断成熟再不断改进加工工艺并扩大规模，最终实现创业成功。

农产品加工业创业应有的条件：一是产品要有丰富的市场需求；二是加工原料要有充足的来源；三是要有能赢得良好口碑的产品。

（六）农村新型服务业项目

农村新型服务业是适应农村生产生活方式变化应运而生的产业，业态类型丰富，经营方式灵活，发展空间广阔。农村新型服务业包括生产性服务业和生活性服务业。

1. 生产性服务业

为适应农业生产规模化、标准化、机械化的趋势，支持供销、邮政、农民合作社及乡村企业等，开展农技推广、土地托管、代耕代种、烘干收储等农业生产性服务，以及市场信息、农资供应、农业废弃物资源化利用、农机作业及维修、农产品营销等服务。

引导各类服务主体把服务网点延伸到乡村，鼓励新型农业经营主体在城镇设立鲜活农产品直销网点，推广农超、农社（区）、农企等产销对接模式。鼓励大型农产品加工流通企业开展托管服务、专项服务、连锁服务、个性化服务等综合配套服务。

2. 生活性服务业

改造提升餐饮住宿、商超零售、美容美发、洗浴、照相、电器维修、再生资源回收等乡村生活服务业，积极发展养老护幼、卫生保洁、文化演出、体育健身、法律咨询、信息中介、典礼司仪等乡村服务业。

积极发展定制服务、体验服务、智慧服务、共享服务、绿色服务等新形态，探索"线上交易+线下服务"的新模式。鼓励各类服务主体建设运营覆盖娱乐、健康、教育、家政、体育等领域的在线服务平台，推动传统服务业升级改造，为乡村居民提供高效便捷的服务。

（七）农村电子商务项目

1. 培育农村电子商务主体

引导电商、物流、商贸、金融、供销、邮政、快递等各类电子商务主体到乡村布局，构建农村购物网络平台。依托农家店、农村综合服务社、村邮站、快递网点、农产品购销代办站等发展农村电商末端网点。

2. 扩大农村电子商务应用

在农业生产、加工、流通等环节，加快互联网技术应用与推广。在促进工业品、农业生产资料下乡的同时，拓展农产品、特色食品、民俗制品等产品的进城空间。

3. 改善农村电子商务环境

实施"互联网+"农产品出村进城工程，完善乡村信息网络基础设施，加快发展农产品冷链物流设施。建设农村电子商务公共服务中心，加强农村电子商务人才培养，营造良好市场环境。

农村电子商务创业应有的条件：一是网络基础设施；二是物流配送；三是产品质量；四是市场需求；五是营销能力。

二、创业资金的筹措

农村创业资金的筹措可以通过多种途径来实现。

（一）自有资金

自有资金是创业过程中最基础且最重要的资金来源。这通常包括个人的储蓄、投资回报，甚至是家庭财产。使用自有资金进行创业，创业者无须向外部机构或个人申请资金，可以更快地启动项目。

（二）亲友借款

亲友借款是创业资金筹措中一种常见且相对简单的方式。它基于个人与亲友之间的信任关系，通常不需要烦琐的手续和审批流程。这种借款方式的优点在于其灵活性和快速性，亲友之间往往能够迅速达成借款协议，并使资金快速到位。然而，亲友借款也存在一些潜在的风险和挑战。如果借款未能按时偿还，可能会损害与亲友之间的关系，甚至导致家庭纷争。因此，在选择亲友借款作为创业资金筹措方式时，务必谨慎考虑，确保与亲友充分沟通，明确借款金额、还款期限和还款方式等关键条款。同时，要恪守信用，按时偿还借款，以维护良好的人际关系和信誉。

（三）银行贷款

创业者可以向商业银行或农村信用社等机构申请贷款。这些贷款通常具有较低的利率，还款期限灵活，可以根据项目的实际情况和创业者的还款能力进行定制化的还款计划。然而，申请银行贷款需要一定的抵押物或担保人，而且贷款审批过程可能较为复杂和耗时。此外，贷款会增加创业者的财务风险，需要定期偿还本金和利息。

（四）政府补贴和扶持资金

为了支持农村创业和农业发展，各级政府会提供一定的补贴和扶持资金。这些资金旨在降低创业成本和风险，鼓励更多的人投身于农村创业。创业者可以通过申请相关的政府项目或基金来获得这些资金。与银行贷款相比，政府补贴和扶持资金通常无须偿还，且申请流程相对简单。然而，这些资金的申请条件可能较为严格，竞争也较为激烈。

（五）合作伙伴投资

寻找志同道合的合作伙伴共同投资创业项目，不仅可以筹集到更多的资金，还可以带来行业资源、管理经验和市场渠道等方面的支持。这种方式的优点在于可以分担风险和成本，同时借助合作伙伴的经验和资源加速项目的推进。然而，引入合作伙伴也可能导致股权稀释和管理层决策权的分散。因此，在选择合作伙伴时需要谨慎考虑其背景、信誉和实力等因素。

三、创业团队的组建

创业团队是决定创业企业发展和影响企业绩效的核心群体，是新创企业成败的关键因素，它对吸引投资者是至关重要的。一般来说，创业团队的组建分为以下几个程序。

（一）明确创业目标

创业目标是开展创业活动的基础。在成立创业团队前，首先要明确创业的目标，这是整合创业团队的起点。创业者需要明确创业目标才能够决定创业团队的人员构成，才能够有进一步的创业计划。创业者在识别和综合评价多种创业机会过程中，要制定出相应的创业总目标，进而决定寻找具体的人才共同创业。

（二）制订创业计划

在明确创业目标后就需要制订相应的计划，这种计划可以分为总计划和多个子计划。创业者在制订创业计划的过程中要充分考虑到已具备的创业资源、自身的优劣势和下一步需要的资源。同时，一份较为完备的创业计划也有利于加深合作伙伴对创业活动预期的了解，吸引有意向的合作伙伴加入团队中。在制订计划的过程中，需要充分考虑到创业各阶段的目标和影响因素，制订出相应的阶段性计划和阶段性任务。

（三）寻找符合条件的团队成员

在初步明确创业目标和制订创业计划后，创业者就可以根据创业的需要寻找符合条件的团队成员组成创业团队。创业者可通过自己的社会网络来寻找能够形成优势互补的较为可靠的合作伙伴。在对寻找到的合作伙伴进行筛选的过程中还需要关注对方的思想素质，创业者不仅要从教育背景、工作经历、生活阅历等方面考察合作伙伴的综合素质，更要考察合作伙伴的个人品德，关注合作伙伴的忠诚度和坦诚度。可以说，在一个创业团队中，团队成员间相互的知识结构越合理，创业成功的可能性就越大。

（四）职权划分

在创业团队中进行职权的划分主要是依据预先的创业计划，根据创业的需要，对不同的团队成员进行相应的职责分工，确定每位团队成员所要承担的职责及其所能获得的或者享有的相应的权限。明确的职责分工能够保障团队内部的良性运行，保障各项工作有条不紊地进行，团队成员依据职权划分各司其职，执行预先制订的创业计划。同时，在划分职权的过程中需要充分考虑团队成员的结构构成，职权的划分必须明确且具有一定的排他性，避免出现职权过重或职权空缺。此外，由于创业活动的复杂性和动态性，对于职权的划分同样也不能是一成不变的，需要适时根据外部环境的变化和团队成员的流动及时调整。

（五）建立团队制度体系

完整系统的团队制度体系为创业活动的顺利进行提供了必要支撑，严格把控制度体系有利于规范团队成员的个人行为，激励团队成员恪尽职守、各司其职。严格的团队制度体系为克服在团队发展过程中可能出现的利益分歧提供了重要保障。

需要明确的是，创业团队的组建并不是严格遵守以上各个程序，很多创业团队在组建过程中并没有严格的步骤划分。

第三节　农产品品牌建设与市场拓展

一、农产品品牌建设

农产品品牌指用于区别不同农产品的商标等要素的组合，如"蒙牛""伊利"等。我国农产品买方市场逐渐形成以及农业产业化的发展使农产品的市场竞争日益激烈，竞争形式不断创新，大量外来名牌农产品对我国农产品市场造成强烈的冲击。农产品品牌已经成为农产品取得市场竞争优势的重要手段。

(一) 建立农产品品质差异性

产品品质的差异性是建立品牌的基础，如果是同质的农产品，消费者就没有必要对农产品进行识别、挑选。随着科学技术的发展，只有在农产品品质上建立差异性，才能建立起真正的农产品品牌。

1. 优化农产品品种

不同的农产品品种，其品质有很大差异，主要表现在色泽、风味、香气、外观和口感上，这些直接影响消费者的需求偏好。当优质品种推出后，得到广大消费者的认知，消费者就会尝试性购买；当得到认可后，就会重复购买；多次重复购买，就会形成品牌偏好，这时品牌形象就会逐步建立起来，继而形成品牌忠诚度。

在农产品创品牌的实际活动中，农产品品种质量的差异主要根据人们的需求和农产品满足消费者的程度，即从实用性、营养性、食用性、安全性和经济性等方面来评判。如大米，消费者关心其口感、营养和食用安全性，大米品种之间的品质差异越大，就越容易促使某种大米以品牌的形式进入市场，得到消费者认可。

2. 优选生产区域

许多农产品种类及其品种都有生产的最佳区域。不同区域地理环境、土质、温度、湿度、日照等自然条件的差异都直接影响农产品品质的形成。许多农产品，即使是同一品种，在不同的区域其品质也相差很大。例如，红富士苹果，陕西、山西、山东以及东北地区等不同种植区域由于自然条件的差异，造成同一品种的口感又有些许差异。因此，因地制宜发展当地农产品生产，大力开发当地名、优、特产品的生产，有利于农产品品牌的创立与发展。

3. 坚持科学的生产方式

生产中采用不同的农业生产技术措施也直接影响产品质量，如农药选用的种类、施用量和方式，这直接决定农药残留量的大小；再如播种时间、收获时间、灌溉、修剪、嫁接、生物激素等的应用，也会造成农产品品质的差异。因此，在农产品生产过程中，必须坚持科学的生产管理方式，才能确保产品品质。

4. 优化营销方式

市场营销方式也是农产品品牌形成的重要方面，包括从识别目标市场的需求到让消费者感到满意的所有营销活动，如市场调研、市场细分、市场定位、市场促销、市场服务和品牌保护等。营销方式是农产品品牌发展的基础，而品牌的发展又进一步提高了农产品竞争力。

(二) 注册和保护农产品品牌商标

注册商标是农产品取得法律保护地位的唯一途径。没有法律保护地位的农产品终究要被他人侵蚀、淘汰。然而，一旦品牌商标被他人抢注或冒用，不但品牌价值大打折扣，更重要的是会损害产品品牌的形象，影响企业的声誉。因此，农产品生产企业在创立品牌的同时，应积极进行商标注册，使之得到法律的保护，获得使用品牌名称和品牌标记的专用权。

（三）开展适当且合理的宣传

1. 加大广告投入

加大广告投入，选择好的广告媒体。广告是企业用来向消费者传递产品信息的最主要的方式。广告需要支付费用，一般来说，投入的广告费用越多，广告效果越好，要使优质农产品广为人知，加大广告宣传的投入是必要的。可利用广告媒体如报纸、杂志、广播、电视和户外广告等来传播信息。在媒体选择时要注意根据媒体特点、受众特点、产品特点选择媒体工具、确定广告频率和广告的时机。

在进行广告宣传时应注意坚持以下3个原则。一是真实性原则。《中华人民共和国广告法》对广告宣传活动提出了应当真实合法、符合社会主义精神文明建设的要求等几项基本要求，并特别指出，广告不得含有欺骗和误导消费者的内容。广告的生命在于真实，进行广告宣传必须如实地向消费者介绍产品，不可夸大其词误导消费者。二是效益性原则。设计、制作、发布广告时要做好市场调查，有些广告媒介费用很高，要根据宣传的目标、规模、任务、市场通盘考虑，从实际出发，节约成本，力争以最少的广告费用取得最大的效益。三是艺术性原则。广告内容是通过艺术形式反映和表现出来的，无论是电视广告、印刷广告、广播广告或其他广告，都分别或全面地通过美的语言、美的画面、美的环境将广告理念烘托出来。要处理好真实性和艺术性的关系，艺术形式不得违背真实性原则，要运用新的科学技术，精心设计、制作广告，要给人以美感，要使广告的受众从中得到启发、受到感染。

2. 改善公共关系，塑造品牌形象

通过有关新闻单位或社会团体，无偿地向社会公众宣传、提供信息，从而间接地促销产品。公共关系促销较易获得社会及消费者的信任和认同，有利于提高产品的美誉度、扩大知名度。公共关系着眼于农产品经营企业长期效益和间接效益，好的公共关系决策能够实现无心插柳柳成荫的效果。

3. 注重产品包装，抬升产品身价

进口的泰国名牌大米，如金象、金兔、泰香等大多包装精致。而我国许多农产品却没有包装，有些即使有包装也较粗糙，这不利于品牌的拓展。包装能够避免运输、储存过程中对产品的各种损害，保护产品质量；精美的包装还是一个优秀的"无声推销员"，能引起消费者的注意，在一定程度上激起购买欲望，同时还能够在消费者心目中树立起良好的形象，抬升产品的身价。例如，褚橙精美的包装，给消费者留下了深刻印象，对褚橙的销售起到了促进作用。

（四）依靠科技打造品牌

科技是新时期农业和农村经济发展的重要支撑，也是农产品优质、高效的根本保证。因此，创建农产品品牌，需要在产前、产中、产后各环节全方位进行科技攻关，不断提高产品的科技含量。

1. 围绕市场需求

在农作物、畜禽、水产的优良和高效新品种选育上重点突破，促进品种更新换代，以满足消费者不断求新的需求。

2. 围绕新品种选育

做好与之配套的良种良法的研究开发与推广工作，着力解决降低动植物产品药物残留问题，保证食品卫生安全，以消除进入国际市场的障碍。

3. 围绕产后的保鲜

在储运、加工、包装、营销等环节开展相应的技术攻关，加大对保鲜技术的研究，延长产品的保质期，根据消费者购买力和价值取向设计开发不同档次的产品，逐步形成一个品牌、多个系列，应用现代营销手段扩大品牌知名度，培育消费群体，提高市场占有率。

（五）注重品牌整合传播

创建农产品品牌，还要增加对品牌产品的宣传投入，塑造品牌形象，打响知名品牌。善于利用媒体广告以及博览会、招商会、网络营销、专题报道、展销会和公共关系等多种促销手段，进行品牌的整合宣传，提高公众对品牌形象的认知度和美誉度，做大做强农业品牌。重视现代物流新业态，广泛运用现代配送体系、电子商务等方式，开展网上展示和网上洽谈，增强信息沟通，搞好产需对接，以品牌的有效运作不断提升品牌价值，扩大知名度。

二、农产品市场拓展

（一）提高产品质量

产品质量是农产品竞争力的核心。优质的农产品不仅能够满足消费者的基本需求，还能提供额外的价值，如营养价值、口感体验等。为此，农业生产者应采用先进的农业技术和管理方法，确保农产品的安全性、新鲜度和营养价值。同时，通过建立严格的质量控制体系，对生产过程进行监督和检测，确保每批农产品都能达到高标准。此外，获得相关的质量认证，如有机认证、绿色食品标志等，也是提高产品质量和市场认可度的有效途径。

（二）提升品牌形象

品牌形象对于农产品的销售至关重要。一个良好的品牌形象能够使消费者产生信任感，并愿意为之支付溢价。为了建立和提升品牌形象，农业生产者可以通过包装设计、广告宣传、公关活动等手段，塑造农产品的独特价值和品牌故事。同时，通过参与展会、获得奖项、媒体报道等方式，增加品牌的曝光率和社会认可度。此外，与知名人士或机构合作，如邀请专家背书、与旅游景点联名等，也是提升品牌形象的有效策略。

（三）创新营销策略

在竞争激烈的市场中，创新的营销策略可以帮助农产品脱颖而出。农业生产者可以通过市场调研，了解目标消费者的需求和偏好，从而制订个性化的营销计划。例如，通过社交媒体营销、内容营销等方式，与消费者建立情感联系，提升品牌亲和力。此外，利用大数据和人工智能技术，对市场趋势进行分析预测，实现精准营销，提高营销效率和效果。

（四）加强服务

优质的客户服务能够提升消费者的购买体验，增强消费者对农产品的满意度和忠诚度。农业生产者应建立完善的售后服务体系，提供咨询、退换货、投诉处理等服务。同时，通过定期的消费者满意度调查，收集反馈信息，不断优化服务流程和提升服务质量。此外，提供定制化服务，如礼品包装、节日定制礼盒等，可以满足消费者的个性化需求，增加产品的附加值。

第三章 农民专业合作社

第一节 农民专业合作社的产生与发展

一、农民专业合作社的概念

合作社是人们自愿联合,通过共同所有和民主控制的企业,来满足社员经济、社会、文化方面共同需求和渴望的自治组织。合作社既是人们自愿结成的群众性社团组织,也是自治组织,又是具有法人地位的身份和经营企业。

农民专业合作社是在农村家庭承包经营基础上,同类农产品的生产经营者或者同类农业生产经营服务的提供者、利用者,自愿联合、民主管理的互助性经济组织,为解决市场经济新形势下农户分散小生产与大市场的矛盾,生产同类产品或提供同类服务的农户组成的市场主体。这一定义包括三方面的内容:第一,农民专业合作社坚持以农村家庭承包经营为基础;第二,农民专业合作社同类农产品的生产经营者或者同类农业生产经营服务的提供者、利用者组成;第三,农民专业合作社的组织性质和功能是自愿联合、民主管理的互助性经济组织。

农民专业合作社以其成员为主要服务对象,提供农业生产资料的购买,农产品的销售、加工、运输、贮藏以及与农业生产经营有关的技术、信息等服务。

(一) 农民专业合作社的原则

农民专业合作社的原则是农民专业合作社建设与发展的核心。成员以农民为主体;以服务成员为宗旨,谋求全体成员的共同利益;入社自愿,退社自由;成员地位平等,实现民主管理;盈余主要按照成员与农民专业合作社的交易量(额)比例返还。

(二) 农民专业合作社的特点

(1) 它是一种具有互助性的经济组织。首先,农民专业合作社是一个经济组织,着重解决的是农民组织化程度不高和农民进入市场难、竞争力弱的问题;其次,农民专业合作社是以成员自我服务为目的而成立的,参加合作社的成员都希望借助联合起来的力量,以合作互助提高规模效益,解决单个人在生产经营中不能解决的问题。这种合用互助的特点决定了合作社是以其成员主要服务对象,并以服务成员为宗旨,致力于完成一家一户办不了、办不好、办了不合算的事。

(2) 农民专业合作社建立在农村家庭承包经营基础之上,农民成立专业合作社,不能够改变和动摇家庭承包经营这个农村基本生产经营制度。

(3) 农民专业合作社是以农民为主体的专业性经济组织。从定义上可以看出,它是同类农产品的生产经营者或者同类农业生产经营服务的提供者、利用者,自愿联合、民主管理的互助性经济组织。因为只有"同类"才能够有共同利益的需求,而农民专业合作社正是为了满足这种共同利益的需求。所以它经营服务内容具有很强的专业性。

(4)农民专业合作社是自愿联合、民主管理的经济组织。《中华人民共和国农民专业合作社法》第四条规定的农民专业合作社应当遵循的"入社自愿、退社自由"和"成员地位平等,实行民主管理"的原则充分体现了农民专业合作社是在成员自愿联合、民主管理的基础上形成的,任何单位和个人都不得违背农民意愿、强迫他们成立或参加农民专业合作社。

(5)农民专业合作社是以盈余返还为特征的经济组织。合作社的当年盈余,再按一定比例弥补亏损和公积金后,应当按成员与合作社的交易量(额)比例返还,返还总额不得低于可分配盈余的60%,这是合作社与一般企业的区别。

二、农民专业合作社的类型

农民专业合作社以自身功能为标准可分为三大类,即生产类合作社、服务类合作社和农业联合合作社。

(1)生产类合作社。根据农业生产的特点成立的生产类合作社,如果蔬生产合作社、生猪生产合作社、粮食生产合作社等。

(2)农业服务类合作社。根据服务的性质可分为农业供销合作社,侧重于农产品和农业生产资料的供给销售成立的合作社;农业信用合作社,侧重于农村资金的互助合作,解决农业生产的小额资金短缺问题、提高农村资金的使用效率成立的资金互助合作社;农民消费合作社。

(3)农业联合合作社(农合社)。将独立的农民专业合作社按照一定的形式联合起来形成的农民专业合作社联合社。合作社的联合可以促进现代农业新技术的应用,能实现农业生产的规模效益,还能使农民在市场中拥有一定的发言权。

三、我国农民专业合作社发展的历史背景、意义和作用

(一)农民专业合作社发展的历史背景

一是政府支持和引导;二是农村家庭承包制的实行;三是社会主义市场经济的确立和农业市场化的扩大和加深;四是农业产业化经营和社会化服务的发展。

(二)农民专业合作社发展的意义和作用

(1)发展农民专业合作社是社会主义市场经济发展的必然产物。实行以家庭联产承包经营为基础的双层经营体制,一方面确立了农户自主生产经营的地位,调动了农民的生产积极性,改变了农村的生产生活面貌;另一方面统一经营层次的断档,形成了单个农户小规模生产经营的格局,面对千变万化的市场,小而散的农户很难获得准确的市场信息,农户生产的产品难以适应市场的需求,造成了产品销售难的问题,增大了农户生产的市场风险。

农村中善经营、会管理的能人,自发牵头成立了一些专业合作社,把一部分小农户联合起来,解决了农民组织化程度低、势单力薄、生产规模小和难以适应市场需求的问题,提高了市场竞争力,降低了市场风险,增加了农民收入。

实践证明,农民专业合作社的建立和发展,是农民参与市场竞争的客观要求,是现阶段推动农业结构调整、提高农产品的市场竞争力、增加农民收入、适应市场经济发展的必然产物。

(2)发展农民专业合作社是完善双层经营体制的重要内容。现阶段要解决农民小生产

和大市场之间的矛盾，就必须提高农民的组织化程度，把农民联合起来，成立农民专业合作社，既支持家庭联产承包责任制这个基础，充分尊重农民的生产经营自主权，又解决了农民一家一户解决不了、基层组织统一不了的事情，在一定程度上弥补了双层经营层次"统"的空缺，有效地完善了农村双层经营体制。

（3）发展农民专业合作社可以增加农民收入。一是发展农民专业合作社可以实现小生产与大市场的对接，提高农民进入市场的组织化程度和提高农产品的市场竞争力。二是农民加入农民专业合作社，可以批量购进农业生产资料，组织批量农产品统一销售，能最大限度地降低生产成本，稳定农产品的市场价格，提高农产品的销售利润率。三是农民专业合作社利用公平、公开、公正的利益分配机制，将组织内部加工和流通环节所获得的利润返还给合作社成员，有效促进农民收入稳定增加。

（4）发展农民专业合作社可提升农业产业化水平，促进现代农业发展。一是现代农业要求采用先进的生产技术、先进的组织方式和先进的经营理念。发展农民专业合作社，解决了产前、产中、产后服务问题，能更加广泛地采用先进的生产技术，自觉调整农业生产布局和结构，转变农业增长方式；自觉应用现代经营方式，促进农产品转化增值；自觉发展高产、高效、生态农业，加快农业标准化进程。二是发展农民专业合作社能够直接发挥农业产业化经营的组织功能，可以使分散的农户从育种到生产、加工、贮藏、保险流通消费，形成一个完整的产业链和利益共同体。三是发展农民专业合作社能够实现农业龙头企业与农户有效衔接，形成"企业+合作社+农户"的产业化组织模式，使农户走上农业产业化经营道路，促进现代农业发展。

（5）发展农民专业合作社可以增强农民民主管理意识，促进农村社会和谐发展。发展农民专业合作社的最大特点是民办、民管、民受益，坚持民主、合作、诚实、守信的原则，发扬团结、互助、平等的精神。农民参加合作社既有利于增强科技意识、营销意识、合作意识，还可以增强农民的集体意识、民主意识和法治意识，提高农民的自我组织、自我管理和自我提高能力，推进农村基层民主制度建设。农民专业合作社可以有效发挥民意、民智的作用，合作社的发展能够有效地改进政府对农民的服务和管理，促进政府职能的转变，促进农村社会的和谐发展。

第二节 农民专业合作社设立的基础和原则

一、农民专业合作社设立的背景基础

农民专业合作社制度基础是农村家庭联产承包基本经营制度。农产品生产的专业化、规模化和农产品交易的市场化是农民专业合作社设立的前提条件。土地承包经营权的稳定是农民专业合作社发展的前提。党的十一届三中全会以来，我国实行家庭联产承包经营的基本经营制度，土地承包经营权经过几次调整，土地承包经营权虽说一再延长，但在农民心中并没有稳定，很大一部分人还在担心有一天土地承包经营权会发生变化，只有土地承包经营权进行确权，才能有效促进经营土地的合理流转和以经营土地入股形成土地经营的适度规模化。

农业生产中拥有的有技术、懂经营、善管理、热心合作事业的农村"能人"大批涌现，是农民专业合作社设立、发展的人才基础。

《中华人民共和国农民专业合作社法》由 2006 年 10 月 31 日第十届全国人民代表大会常会委员会第二十四次会议通过，2017 年 12 月 27 日第十二届全国人民代表大会常务委员会第三十一次会议修订，该法规范农民专业合作社的组织和行为，鼓励、支持、引导农民专业合作社的发展，保护农民专业合作社及其成员的合法权益，推进农业农村现代化。

二、农民专业合作社设立和发展的基本原则

（1）坚持农村家庭联产承包基本经营制度，农民专业合作社的设立和发展不改变我国农业的家庭联产承包的基本经营制度。

（2）坚持把农民自愿、农民受益作为发展合作社的根本出发点。

（3）引导合作社健康有序发展，规范政府与合作社之间的关系。在合作社的设立和发展中政府只扮演政策指导、服务和监督的职能。

（4）坚持产业带动和合作社发展相结合，合作社发展与国家农业产业发展规划相一致。

（5）坚持自力更生为主，政府扶持为辅的原则。

第三节　农民专业合作社成员的权利及义务

一、农民合作社成员的权利

根据《中华人民共和国农民专业合作社法》第二十一条规定，农民专业合作社的成员享有以下权利。

（一）享有表决权、选举权和被选举权

参加成员大会，并享有表决权、选举权和被选举权，按照章程规定对本社实行民主管理。

（1）参加成员大会。这是成员的一项基本权利。成员大会是农民专业合作社的权力机构，由全体成员组成。农民专业合作社的每个成员都有权参加成员大会，决定合作社的重大问题，任何人不得限制或剥夺。

（2）行使表决权，实行民主管理。农民专业合作社是全体成员的合作社，成员大会是成员行使权力的机构。作为成员，有权通过出席成员大会并行使表决权，参加对农民专业合作社重大事项的决议。

（3）享有选举权和被选举权。理事长、理事、执行监事或者监事会成员，由成员大会从本社成员中选举产生，依照《中华人民共和国农民专业合作社法》和合作社章程的规定行使职权，对成员大会负责。所有成员都有权选举理事长、理事、执行监事或者监事会成员，也都有资格被选举为理事长、理事、执行监事或者监事会成员，但是法律另有规定的除外。在设有成员代表大会的合作社中，成员还有权选举成员代表，并享有成为成员代表的被选举权。

（二）利用本社提供的服务和生产经营设施

农民专业合作社以服务成员为宗旨，谋求全体成员的共同利益。作为农民专业合作社的成员，有权利用本社提供的服务和本社置备的生产经营设施。

（三）按照章程规定或者成员大会决议分享盈余

农民专业合作社获得的盈余依赖于成员产品的集合和成员对合作社的利用，本质上属于全体成员。可以说，成员的参与热情和参与效果直接决定了合作社的效益情况。因此，法律保护成员参与盈余分配的权利，成员有权按照章程规定或成员大会决议分享盈余。

（四）查阅

查阅本社的章程、成员名册、成员大会或者成员代表大会记录、理事会会议决议、监事会会议决议、财务会计报告会计账簿和财务审计报告，成员是农民专业合作社的所有者，对农民专业合作社事务享有知情权，有权查阅相关资料，特别是了解农民专业合作社经营状况和财务状况，以便监督农民专业合作社的运营。

（五）章程规定的其他权利

合作社章程在同《中华人民共和国农民专业合作社法》不抵触的情况下，还可以结合本社的实际情况规定成员享有的其他权利。

二、农民专业合作社成员的义务

农民专业合作社在从事生产经营活动时，为了实现全体成员的共同利益，需要对外承担一定义务，这些义务需要全体成员共同承担，以保证农民专业合作社及时履行义务和顺利实现成员的利益。

根据《中华人民共和国农民专业合作社法》第二十三条的规定，农民专业合作社的成员应当履行以下义务。

（一）执行成员大会、成员代表大会和理事会的决议

成员大会和成员代表大会的决议，体现了全体成员的共同意志，成员应当严格遵守并执行。

（二）按照章程规定向本社出资

明确成员的出资通常具有以下两个方面的意义。

一是以成员出资作为组织从事经营活动的主要资金来源。二是明确组织对外承担债务责任的信用担保基础。但就农民专业合作社而言，因其类型多样，经营内容和经营规模差异很大，所以对从事经营活动的资金需求很难用统一的法定标准来约束。

农民专业合作社的交易对象相对稳定，交易人对交易安全的信任主要取决于农民专业合作社能够提供的农产品，而不仅仅取决于成员出资所形成的合作社资本。由于我国各地经济发展的不平衡，以及农民专业合作社的业务特点和现阶段出资成员与非出资成员并存的实际情况，一律要求农民加入专业合作社时必须出资或者必须出法定数额的资金，不符合目前发展的现实。因此，成员加入合作社时是否出资以及出资方式、出资额、出资期限，都需要由农民专业合作社通过章程自己决定。

（三）按照章程规定与本社进行交易

农民加入合作社是要解决在独立的生产经营中个人无力解决、解决不好，或个人解决不合算的问题，是要利用和使用合作社所提供的服务。成员按照章程规定与本社进行交易既是成立合作社的目的，也是成员的一项义务。成员与合作社的交易，可能是交售农产品，也可能是购买生产资料，还可能是有偿利用合作社提供的技术、信息、运输等服务。

成员与合作社的交易情况，按照《中华人民共和国农民专业合作社法》第四十三条的规定，应当记载在该成员的账户中。

（四）按照章程规定承担亏损

由于市场风险和自然风险的存在，农民专业合作社的生产经营可能会出现波动，有的年度有盈余，有的年度可能会出现亏损。合作社有盈余时分享盈余是成员的法定权利，合作社亏损时承担亏损也是成员的法定义务。

（五）章程规定的其他义务

成员除应当履行上述法定义务外，还应当履行章程结合本社实际情况规定的其他义务。

第四节 我国农民专业合作社的设立及变更

一、农民专业合作社设立应具备的条件

有5名以上符合规定的成员。农民专业合作社应当有5名以上的成员，其中农民至少应当占成员总数的80%。成员总数20人以下的，可以有1个企业、事业单位或者社会组织成员；成员总数超过20人的，企业、事业单位和社会组织成员不得超过成员总数的5%。具有管理公共事务职能的单位不得加入农民专业合作社。

有全体设立人参加的设立大会通过的符合农民专业合作社法的章程；有符合农民专业合作社法规定的组织机构。成员大会、成员代表大会、理事长、理事会、执行监事或者监事会等，其中的成员代表大会和理事长必须设立。

有符合法律、行政法规规定的名称和章程确定的住所；有符合章程规定的成员出资。合作社必须有一定的财产，作为独立承担责任的保证，成员出资是合作社财产的主要来源。

二、农民专业合作社的人员组成

具有民事行为能力的公民，以及从事与农民专业合作社业务直接有关的生产经营活动的企业、事业单位或者社会团体，能够利用农民专业合作社提供的服务，承认并遵守农民专业合作社章程，履行章程规定的入社手续的，可以成为农民专业合作社的成员。但是，具有管理公共事务职能的单位不得加入农民专业合作社。

农民专业合作社的成员为农民的，成员身份证明为农业人口户口簿；无农业人口户口簿的，成员身份证明为居民身份证和土地承包经营权证或者村民委员会（居民委员会）出具的身份证明。农民专业合作社的成员不属于农民的，成员身份证明为居民身份证。

三、农民专业合作社设立的程序

(1) 发起筹备。成立筹备委员会、拟定名称、确定业务范围、资金筹集、起草申请书等，制定合作社章程。

(2) 在一定范围内吸收社员。

(3) 推荐理事会、监事会人选。

(4) 召开由全体设立人参加的设立大会。组建工作机构。

(5) 进行工商注册登记、取得法人资格。

四、农民专业合作社的组织机构

(1) 成员大会与成员代表大会。农民专业合作社成员超过 150 人的，可以按照章程规定设立成员代表大会。成员代表大会按照章程规定可以行使成员大会的部分或者全部职权。依法设立成员代表大会的，成员代表人数一般为成员总人数的 10%，最低人数为 51 人。

(2) 理事会与理事长。农民专业合作社设理事长 1 名，可以设理事会，理事长为本社的法定代表人。理事长、理事由成员大会从本社成员中选举产生，依照《中华人民共和国农民专业合作社法》和合作社章程的规定行使职权，对成员大会负责。理事会会议表决，实行一人一票。

(3) 监事会或执行监事。农民专业合作社可以设执行监事或者监事会。理事长、理事、经理和财务会计人员不得兼任监事。执行监事或者监事会成员，由成员大会从本社成员中选举产生，依照《中华人民共和国农民专业合作社法》和合作社章程的规定行使职权，对成员大会负责。监事会会议的表决，实行一人一票。

(4) 经理农民专业合作社的理事长或者理事会。可以按照成员大会的决定聘任经理和财务会计人员，理事长或者理事可以兼任经理。经理按照合作社章程规定或者理事会的决定，可以聘任其他人员。经理按照合作社章程规定和理事长或者理事会授权，负责具体生产经营活动。

五、农民专业合作社的设立大会及职权

设立农民专业合作社应当召开由全体设立人参加的设立大会。设立时自愿成为该社成员的人为设立人。

设立大会行使下列职权：通过本社章程，章程应当由全体设立人一致通过；选举产生理事长、理事、执行监事或者监事会成员；审议其他重大事项。

六、农民专业合作社的设立登记

申请设立农民专业合作社，应当由全体设立人指定的代表或者委托的代理人向农民专业合作社所在地的县（市）、区工商行政管理部门登记，并提交下列文件。

(1) 登记申请书。
(2) 全体设立人签名、盖章的设立大会纪要。
(3) 全体设立人签名、盖章的章程。
(4) 法定代表人、理事的任职文件和身份证明。
(5) 出资成员签名、盖章的出资清单。
(6) 住所使用证明。
(7) 法律、行政法规规定的其他文件。农民专业合作社的业务范围属于法律、行政法规或者国务院规定在登记前须经批准的项目的，应当提交有关批准文件。

申请人提交的登记申请材料齐全、符合法定形式，登记机关能够当场登记的，应予当场登记，发给营业执照。除前款规定情形外，登记机关应当自受理申请之日起 20 日内，做出是否登记的决定。予以登记的，发给营业执照，登记类型为农民专业合作社；不予登记的，应当给予书面答复，并说明理由。营业执照签发日期为农民专业合作社成立日期。

营业执照分为正本和副本，正本和副本具有同等的法律效力。登记机关应当将农民专业合作社的登记信息通报同级农业等有关部门。工商管理部门办理农民专业合作社登记时，不收取任何费用。

七、农民专业合作社成员的退出

（1）农民专业合作社成员要求退社的，应当在会计年度终了的3个月前向理事长或者理事会提出书面申请；其中，企业、事业单位或者社会组织成员退社，应当在会计年度终了的6个月前提出；章程另有规定的，从其规定。退社成员的成员资格自会计年度终了时终止。

（2）成员在其资格终止前与农民专业合作社已订立的合同，应当继续履行；章程另有规定或者与本社另有约定的除外。

（3）成员资格终止的，农民专业合作社应当按照章程规定的方式和期限，退还记载在该成员账户内的出资额和公积金份额；对成员资格终止前的可分配盈余，依照《中华人民共和国农民专业合作社法》第四十四条的规定向其返还。

（4）资格终止的成员应当按照章程规定分摊资格终止前本社的亏损及债务。

八、农民专业合作社的变更登记、合并、分立和撤销

（1）农民专业合作社的名称、住所、成员出资总额、业务范围、法定代表人姓名发生变更的，应当自做出变更决定之日起30日内向原登记机关申请变更登记，并提交下列文件：法定代表人签署的变更登记申请书；成员大会或者成员代表大会做出的变更决议；法定代表人签署的修改后的章程或者章程修正案；法定代表人指定代表或者委托代理人的证明。

（2）农民专业合作社变更业务范围涉及法律、行政法规或者国务院规定须经批准的项目的，应当自批准之日起30日内申请变更登记，并提交有关批准文件。农民专业合作社的业务范围属于法律、行政法规或者国务院规定在登记前须经批准的项目有下列情形之一的，应当自事由发生之日起30日内申请变更登记或者依照本条例的规定办理注销登记：许可证或者其他批准文件被吊销、撤销的；许可证或者其他批准文件有效期届满的。

（3）农民专业合作社成员发生变更的，应当自本财务年度终了之日起30日内，将法定代表人签署的修改后的成员名册报送登记机关备案。其中，新成员入社的还应当提交新成员的身份证明。农民专业合作社因成员发生变更，使农民成员低于法定比例的，应当自事由发生之日起6个月内采取吸收新的农民成员入社等方式使农民成员达到法定比例。

（4）农民专业合作社修改章程未涉及登记事项的，应当自做出修改决定之日起30日内，将法定代表人签署的修改后的章程或者章程修正案报送登记机关备案。

（5）变更登记事项涉及营业执照变更的，登记机关应当换发营业执照。

（6）因合并、分立而解散的农民专业合作社，应当自做出解散决议之日起30日内，向原登记机关申请注销登记，并提交法定代表人签署的注销登记申请书、成员大会或者成员代表大会做出的解散决议以及债务清偿或者债务担保情况的说明、营业执照和法定代表人指定代表或者委托代理人的证明。

成立清算组的农民专业合作社应当自清算结束之日起30日内，由清算组全体成员指

定的代表或者委托的代理人向原登记机关申请注销登记，并提交清算组负责人签署的注销登记申请书、农民专业合作社依法做出的解散决议，农民专业合作社依法被吊销营业执照或者被撤销的文件，人民法院的破产裁定、解散裁判文书、成员大会、成员代表大会或者人民法院确认的清算报告、营业执照和清算组全体成员指定代表或者委托代理人的证明。

经登记机关注销登记，农民专业合作社即终止。

第四章 家庭农场

第一节 家庭农场的概述

一、家庭农场

2008年中央一号文件首次提出发展家庭农场,2013年中央一号文件和党的十八届三中全会再次鼓励和支持承包土地向家庭农场等规模经营主体流转,发展多种形式的适度规模经营。发展家庭农场是提高农业集约化经营水平的重要途径。经营者通过直接承包集体土地或租赁土地,由单个农户家庭或几个农户家庭进行经营。家庭农场指以家庭成员为主要劳动力(无常年雇工或常年雇工数量不超过家庭务农人员数量),从事农业的规模化、集约化、商品化生产经营,以家庭农场收入为家庭主要收入来源(占80%以上),具有本地农村户籍的经营主体。专业大户是指从事某一种农产品生产、具有一定生产规模和专业种养水平的农户。

美国、法国、日本等发达国家已实现农业现代化的条件下,农业生产多数采用的仍是家庭农场经营模式。家庭经营也能很好地协调农业劳动对象与自然环境的关系,是农业生产最适合的组织形式。我国发展家庭农场,在统分结合的双层经营体制下扬长避短,通过土地流转形成土地的适度规模经营,克服了家庭联产承包责任制土地规模小、农业收入少、生产方式落后的缺陷,实现了家庭经营的社会化生产。

二、家庭农场的认定

目前,我国还没有统一的家庭农场认定标准和登记办法。各地按照"生产有规模、产品有标牌、经营有场地、设施有配套、管理有制度"的要求,探索不同生产领域专业大户、家庭农场的认定标准,但一般要求具备以下条件。

(一)适度规模经营

适度规模经营指在既有条件下,适度扩大生产经营单位的规模,使土地、资本、劳动力等生产要素配置趋向合理,以达到最佳经营效益的活动。适度规模经营不仅有利于改善农场的基础设施条件和提高物质装备水平,也有利于降低生产成本,提高经济效益。各地农业经营条件和农业收入不完全一样,也没有形成一个统一的标准,一般经营耕地面积在60~300亩(1亩≈667平方米)。

(二)具有本地农村户籍且以家庭为经营单位

具有本地农村户籍且以家庭为经营单位,常年至少有两个劳动力以从事农业生产为主,少量雇用季节工。两个劳动力的要求实际上是鼓励农民夫妻或父子都在务农,不主张大量雇用家庭以外的劳动力,这保证了家庭农场的家庭性质,防止经营规模过大,现在有些种植专业大户经营几千亩甚至上万亩耕地,实际上已超出了家庭经营的范围。经营规模超过500亩的基本上都是雇工生产，而且生产方式比较粗放，没有起到集约化生产的作用。

（三）农场主年龄55岁以下

农场主年龄55岁以下，具有初中以上文化程度，并有5年以上务农经验。年龄和文化程度的要求是为了适应农业专业化、机械化、市场化、信息化的需要，鼓励有文化的年轻人从事农业，解决农业生产后继乏人的问题，同时要求家庭农场主具有一定的农业生产技能。

（四）对耕地至少拥有5年经营权

土地流转期限过短，耕地面积经营权得不到保障，家庭农场就无法对土地进行长期投资，就不可能安心稳定地从事农业生产。应鼓励家庭农场与土地转出农户签订10年以上的长期合同。

（五）农业收入占家庭全部收入的80%以上

要求家庭农场以务农为主业。把农业生产作为兼业的农户不能称为家庭农场。

（六）有良好的生态效益

实现清洁生产，废弃物集中处理。在农业生产活动中要维护生态平衡，要求做到既获得较大的经济效益，又获得良好的生态效益。

只有同时满足以上这些条件的农户才可称为家庭农场。专业大户和家庭农场有类似之处。它们都是以家庭为经营单位，农业收入是家庭全部和主要收入来源。但是，专业大户更多的是围绕某一种农产品从事专业化生产，有的专业大户经营规模太大，主要是依靠雇工生产，而且租期短，经营规模很不稳定。因此，专业大户只是家庭农场的雏形。专业大户与家庭农场没有农业企业经营规模大，要想可持续发展，不仅要懂技术还要善经营、会管理，在土地流转、内部管理、农产品营销等方面也要遵循经营管理的相关规则。

第二节 家庭农场的经营模式与策略

一、土地有序流转才能稳定发展

土地既是农业最重要的生产要素，也是农民最重要的家庭财产。以农村土地家庭承包经营为基础发展专业大户和家庭农场，就需要通过流转土地经营权来扩大规模。按照中央的要求，依法赋予农民更加充分、更有保障的土地承包经营权，现有土地承包形成的全部权利义务关系保持稳定。

农村土地承包经营权流转是随着农村劳动力转移而出现的必然现象，反映了农地合理利用和优化配置的客观要求，适度规模经营、提高农地利用率和劳动生产率具有重要作用，是发展专业大户和家庭农场的必要条件。

专业大户和家庭农场在土地流转过程中，要依法办理土地经营权流转手续，使流转的土地有一个稳定的经营预期，才能保证经营土地的稳定性和可持续利用。

由于对专业大户没有户籍和雇工方面的限制，其经营规模的上限没有规定。而对于家庭农场，因为要求以家庭成员为主要劳动力，就有一个适度经营规模的问题。

二、量力而行确定生产规模

农业农村部组织专家以水稻、小麦、玉米生产为例，假设南方每年两季、北方每年一季,对不同条件下适度规模的目标值进行了测算。当前条件下的适度规模,北方地区为120亩,南方地区为60亩。各地根据本地的实际情况一般都有具体的规定。

三、懂技术、善经营、会管理

与传统农户相比,专业大户和家庭农场的一个显著特点是集约经营。因此,经营者应做到懂技术、善经营、会管理,这样才能把地种好,把畜禽养好,增加经济收入。

四、认证登记与做好生产记录

专业大户和家庭农场是在家庭承包经营的基础上发展起来的。无论是专业大户还是家庭农场,如果是经过登记的企业法人,应有独立的企业台账,做好财务收支记录;如果只是经过认定的自然法人,虽然没有严格的财务管理规定,但是做好财务记录对于成本核算也是有好处的。做好生产记录是了解生产过程、开展农产品质量追溯的基础。产品好不好,生产过程是否符合标准化生产的要求,往往要通过生产记录来证明。同时,完整的生产记录有利于总结经验,发现问题也好查找出处。

第三节 家庭农场的经营风险和管理

无论是专业大户还是家庭农场,绝大多数是一业为主,而且生产的农产品比较稳定,受农产品市场和价格影响较大。因此,应当立足当地的自然资源和市场优势,生产适销对路的农产品。如果是特种种植或者养殖产业,一定要做好市场调查,防止生产出来的产品卖不出去。即使是当地习惯生产的农产品,也会出现市场风险。

随着现代农业发展和家庭经营规模扩大,许多专业大户和家庭农场不仅需要雇用长期工,还需要雇用短期工。特别是大田粮食作物有季节性,农忙时人手不够的现象很普遍。近年来,农忙季节临时雇工非常困难,且价格不断上涨。因此,充分利用农民专业合作社和各类农业社会化服务组织,把一家一户办不了或者办起来不划算的事,通过社会化分工,由各类服务组织去做,是一个既省力又省钱的办法。

社会分工是提高工作效率的重要组织形式。发展专业大户和家庭农场也是我国实现农业生产专业化、规模化的重要途径。因此,应该培养合作意识要家庭成员合理分工,明确工作目标和责任,还要在生产过程中充分利用社会资源,提高工作效率和经济效益。

第五章 新型农业经营体系

第一节 新型农业经营体系内涵

一、新型农业经营主体的概念

新型农业经营主体,指具有较大经营规模、较好物质装备条件和经营管理能力,具备较高的劳动生产、资源利用和土地产出率的,以商品化生产为主要目标的农业经营组织。新型农业经营主体一般以农户家庭为基本组织单位,通过租赁、转包等形式,通过受让农户流出的土地,从事适度规模的农业生产、加工和销售。

二、新型农业经营主体的含义

农业经营主体,包括直接或者间接从事农产品生产、加工、销售和服务的任何个人和组织,指承担农业经营任务的当事者。农业经营主体的当事者需要拥有一定规模的土地、资金、资产、设备和劳动力,要具备一定的经营知识和经营能力,能够实现自主经营、自负盈亏,能够承担相应的法律责任。

三、新型农业经营主体的特点

新型农业经营主体适应我国地少人多的具体国情,具有比传统农户更高的技术装备水平和管理经营水平。具体而言,有以下特点。

(一) 以市场化为导向

传统农户的商品化率较低,农产品生产自给自足。新型农业经营主体在市场化、城镇化的大背景下,依照农产品需求提供相应的生产和服务,开展相应的经营活动,实现产品和服务与市场的有效对接,提高农产品的商品化率,获得较高的经济效益。

(二) 以专业化为手段

传统农户兼业化倾向明显,生产内容小而全。新型农业经营主体大都集中于农业生产的某一个或少数几个领域或品种,重点开展专业化的生产经营活动,分工明确,生产力水平有所提高。

(三) 以规模化为基础

传统农户受生产力水平的制约,扩大生产规模的能力较弱。而新型农业经营主体在农业生产技术和机械化水平不断提高、基础设施条件改善和大量劳动力转移的情况下,通过专业化的农业生产实现对资源的充分利用,从而能够扩大经营规模,提高规模效应,谋求较高的经济收益。规模化是合作化的结果,是实现产业化和市场化的前提,是新型农业经营方式的优势所在。

（四）以集约化为标志

传统农户由于缺乏资金和技术，提高土地产出率的主要方法是靠增加劳动投入。新型农业经营主体有较好的物质装备条件，可以集成各类生产要素，充分发挥资金、技术、信息、装备、人才等各方面的优势，以较高的生产技术、经营管理水平和装备条件实现对生产资源要素的集约利用，提高劳动生产率、土地产出率和资源利用率。

四、新型农业经营体系的概念

新型农业经营体系，指集专业化、组织化、集约化、社会化于一体的农业经营体系。专业大户、家庭农场、农民专业合作社和农业产业化龙头企业等新型农业经营主体共同构成了新型农业经营体系，但在现代农业中具有不同的定位。

专业大户和家庭农场主要承担农产品生产的功能，对小规模农户具有示范效应，带动传统农户采用先进技术和生产手段，增加资本和技术等生产要素的投资。农民专业合作社发挥带动散户、组织大户、对接企业、联结市场的功能，进而提升农民组织化程度。农业产业化龙头企业具有技术、资金、人才、设备的优势，能够实现先进生产要素的集成，承担着农产品加工和市场营销方面的功能，为农户提供产前、产中、产后的各类服务。

在新型农业经营体系中，各种新型农业经营主体相互合作、互相融合，共同推动传统农业向现代农业的转变。家庭农场的经营性质较为综合，可能出于效率和效益的考虑，将一部分生产性服务外包给农民合作社等特定组织，在农地租赁方面也会借助于农民专业合作社，以避免面对分散农户的高昂交易成本。家庭农场也可能成为专业合作社社员。与此类似，农业产业化龙头企业也可能为了降低与分散农户的交易成本而加入合作社，或者直接领办合作社。除此之外，家庭农场、农民专业合作社、农业产业化龙头企业等新型农业经营主体自身也会因为产品和服务的交易而产生经济合作关系。

五、新型农业经营主体形成的背景

农业生产面临的突出问题和已经成熟的发展新型农业经营主体的条件是新型农业经营主体形成的两大背景。

随着经济的快速发展，工业化、城镇化、市场化也在深入发展，农村富余劳动力开始向城镇和二三产业转移，农村劳动力的结构和收入来源等发生了很大变化，从事农业的劳动力老龄化趋势明显，谁来种地和怎么种地的问题日渐突出。

我国已进入工业化中期阶段，工业文明也将向农村、农业、农民固有的领域高速地推进和渗透。工业化和城镇化的深入推进带动农村劳动力的大量转移，农村土地流转日趋顺畅。同时，随着农业信息化的推进，以及服务社会化和生产机械化的发展，培育新型农业经营主体的条件已经逐渐成熟。土地流转面积占家庭承包耕地的比重不断扩大，规模经营发展迅速。

此外，农业高新技术逐渐传播和实践，新材料、新装备集成应用，机械化程度也逐渐提高，现代农业管理经营知识日益普及，我国农业要素环境持续好转。

在以上几方面的背景下，培育新型农业经营主体已经成为发展农村经济、推进农业现代化的大势所趋。

新型农业经营主体的资金来源主要有以下几种：自有资金，互助资金，以农村信用社为主的金融服务、担保贷款、民间借贷等。民间自发的融资比较多，保险发展较慢，债券、证券等融资形式还未形成大规模发展的态势。

第二节 新型农业经营体系的构成和意义

一、新型农业经营体系的构成

(一) 专业大户和家庭农场

专业大户和家庭农场是在农村分工分业发展的背景下，逐步形成的以家庭成员为主要劳动力，面向市场从事集约化、专业化、标准化生产经营，以务农为家庭收入主要来源的农业生产经营组织。专业大户和家庭农场具有经营规模较大、不存在委托代理、契约化交易为主、监督成本较低等基本特征。

(二) 农民专业合作社和股份合作社

农民专业合作社是农户为提高市场谈判地位、降低生产和交易成本、增强融资和抗风险能力、分享生产经营增值收益，通过联合与合作组建起来的一种生产经营组织形式。农民专业合作社是在家庭承包经营基础上，由同类农产品的生产经营者或生产经营服务的提供者、利用者，实行自愿联合、民主管理的互助性经济组织。股份合作社是农民以土地或资产入股方式组建起来的合作性经济组织。农民专业合作社的基本特征是成员以农民为主体、决策实行一人一票、分配主要按惠顾额返还，通过横向联合扩大经营规模。

(三) 农业产业化龙头企业和公司制经营方式

公司制经营方式是市场化程度较高的现代农业经营组织形式。公司制企业具有产权明晰、治理结构完善、管理效率较高，以及技术装备先进、融资和抗风险能力较强、产品附加值高、辐射带动能力较强等基本特征。农业产业化龙头企业主要从事农产品生产、加工或流通，并通过各种利益联结机制与农户相联系，使农产品生产、加工、销售有机结合，实行一体化经营。

(四) 公益性服务组织和经营性服务组织

农业社会化服务组织大体上可以分为两类：一类是公益性服务组织，以国家设在基层的公益性服务机构为主体；另一类是经营性服务组织，即除公益性服务机构外的各种服务组织。实际上，许多专业大户、农民专业合作社、龙头企业也都不同程度地为农户提供生产经营服务，它们既是经营主体，又是社会化服务组织。

二、构建新型农业经营体系的意义

新型农业经营体系是对农村基本经营制度的丰富和发展，是对以家庭承包经营为基础、统分结合双层经营体制的完善。构建新型农业经营体系是发展现代农业的需要。我国农村正在发生深刻变化，农业经营方式面临很多新的挑战，经营规模小、方式粗放、组织化程度低、服务体系不健全、劳动力老龄化等问题表现突出，因此，构建新型农业经营体系符合农业经营方式的发展要求，培育专业大户、家庭农场、农民合作社、农业产业化龙头企业等新型农业经营主体，发展多种形式的农业规模经营和社会化服务，有利于解决现存的问题，保障和推动农业更好、更快地发展。

新型农业经营主体是构建现代农业产业体系的依靠力量。新型农业经营体系可以将资金、技术和现代经营管理理念引入农业，延长农业产业链条，提高农业的附加值，推动构建现代农业产业体系，提高农业的抗风险能力和市场竞争力。

长远来看，在我国新型农业经营体系中，专业大户和家庭农场将成为大宗农产品和商品粮的主要生产者，为小规模分散经营农户提供示范效应，带动小规模分散农户增加资本、技术等生产要素的投入，带动小规模分散农户采用先进技术和生产手段，提高农业生产的集约化水平。农民专业合作社将成为农业社会化服务的主要提供者，发挥带动散户、组织大户、对接企业、联结市场的作用，带领农民提升组织化程度，引领农民进入国内外市场。农业产业化龙头企业将主要致力于农业产前投入、产中服务、产后收储、加工和流通环节，以及资源开发利用和规模化养殖领域，发挥其在资金、人才、技术、设备等方面的优势。

第三节 新型职业农民在现代农业建设中的作用

一、确保国家粮食安全和重要农产品有效供给

我国农产品需求呈刚性增长，确保十几亿中国人吃饱吃好、吃得安全放心，最根本的还要依靠农民，特别是要依靠高素质的新型职业农民。同传统小农户、兼业农户相比，职业农民有文化、懂技术、善经营、会管理，农业综合生产能力和效益会更好。

二、提高现代农业综合效力

随着资本、技术等现代生产要素不断进入农业领域，农业规模化、专业化、标准化、集约化水平不断提高，作为生产关键要素之一的农业劳动力素质也需要适应这种形势变化。但客观上看，目前农民素质不高是导致我国农业生产中单位产出较低、农业竞争力不强的重要因素。因此，要实现传统农业向现代农业转变，关键是提高农民素质、培养职业农民。

三、提升农业综合效益

随着现代农业的快速发展，农业功能的不断拓展、环节不断增多、岗位不断细化，农村居民分工分业也呈加快发展趋势。通过职业农民领办各类合作社、企业，将生产、加工、运输、贮藏、销售等环节联成一体，多层次提高农产品附加值，从而获得生产、加工、流通等环节的收益，提高农业整体效益，增强农业发展的竞争力。

第六章 农业龙头企业

第一节 农业产业化龙头企业概述

一、农业产业化龙头企业概念

以农产品生产、加工或流通为主,通过订单合同、合作方式等各种利益联结机制与农户相互联系,带动农户进入市场,实现产供销、贸工农一体化,农产品生产、加工、销售能有机结合、相互促进,具有开拓市场、促进农民增收、带动相关产业等作用,在规模和经营指标方面达到规定标准并经过政府有关部门认定的企业。

二、农业产业化龙头企业的优势

(一) 提升农产品竞争力

农业产业化龙头企业弥补了农户分散经营的劣势,将农户分散经营与社会化大市场有效对接,利用企业优势进行农产品加工和市场营销,增加了农产品的附加值,弥补了农户生产规模小、竞争力有限的不足,延长了农业产业链条,改变了农产品直接进入市场、农产品附加值较低的局面。同时,将技术服务、市场信息和销售渠道带给农户,提高了农产品精深加工水平和科技含量,提高了农产品市场开拓能力,减小了经营风险,提供了生产销售的通畅渠道。通过解决农产品销售问题刺激了种植业和养殖业的发展,农产品竞争力得到了提升。

(二) 较为雄厚的资金、技术和人才优势

龙头企业改变了传统农业生产自给自足的落后局面,使用工业发展理念经营农业,加强了专业分工和市场意识,为农户农业生产的各个环节提供一条龙服务,包括生产技术、金融服务、人才培训、农资服务、品牌宣传等生产性服务,实现了企业与农户之间的利益联结,显著提高了农业的经济效益,促进了农业可持续发展。

(三) 有利于促进农民增收

一方面,龙头企业通过收购农产品直接带动农民增收。企业与农户建立契约关系,成为利益共同体,向农民提供必要的生产技术指导,提高农业生产的标准化水平,促进农产品质量和产量的提升,保证了农民的生产销售收入;同时也增强了我国农产品的国际竞争力,创造了更多的市场需求。农户还可以以资金等多种要素的形式入股农业产业化龙头企业,获得企业分红。另一方面,农业产业化龙头企业的发展创造了大量的劳动就业岗位,释放了农村劳动力,解决了部分农村劳动力的就业问题。

(四) 提升农业产业竞争力

农业产业化龙头企业的发展提高了农业产业化水平,促进了农产品产供销一体化经

营。通过技术创新和农产品深加工,提高资源的利用效率,提高了农产品质量,解决了农产品难卖的问题。同时,改造了传统农业,促进大产业、大基地和大市场的形成,形成从资源开发到高附加值的良性循环,提升了农业产业竞争力,起到了农产品结构调整的示范作用和市场开发的辐射作用,带动农户走向农业现代化。

(五)具备核心竞争力和抗风险能力

龙头企业注意培养企业的核心竞争力,增强抗风险能力。农业产业化龙头企业是农村的有机组成部分,具有一定的社会责任。龙头企业参与农村村庄规划,配合农村建设,合理规划生产区、技术示范区、生活区、公共设施等区域,并且制定必要的环保标准,推广节能环保的设施建设。在形成完全的公司化管理后,龙头企业还可以将农民纳入社会保障体系,从而维护了农村社会的稳定发展。

第二节 农业产业化龙头企业的申报和认定

一、申报农业产业化龙头企业条件

(一)企业组织形式

依法设立的以农产品生产、加工或流通为主业,具有独立法人资格的企业,包括依照《中华人民共和国公司法》设立的公司,其他形式的国有、集体、私营企业以及中外合资经营、中外合作经营、外商独资企业,直接在工商行政管理部门注册登记的农产品专业批发市场等。

(二)企业经营的产品

在企业中,农产品生产、加工、流通的销售收入(交易额)占总销售收入(总交易额)的70%以上。

(三)生产、加工、流通企业规模

生产、加工、流通企业规模如表6-1所示。

表6-1 生产、加工、流通企业规模

项目	东部地区	中部地区	西部地区
总资产	1.5亿元以上	1亿元以上	5 000万元以上
固定资产	5 000万元以上	3 000万元以上	2 000万元以上
年销售收入	2亿元以上	1.3亿元以上	6 000万元以上

(四)农产品专业批发市场年交易规模

农产品专业批发市场年交易规模如表6-2所示。

表6-2 农产品专业批发市场年交易规模

项目	东部地区	中部地区	西部地区
年交易额	15亿元以上	10亿元以上	8亿元以上

（五）企业效益

企业的总资产报酬率应高于现行一年期银行贷款基准利率。

企业诚信守法经营，应按时发放工资、按时缴纳社会保险、按月计提固定资产折旧，无重大涉税违法行为，产销率达93%以上。

（六）企业负债与信用

企业资产负债率一般应低于60%；有银行贷款的企业，近2年内不得有不良信用记录。

（七）企业带动能力

鼓励龙头企业通过农民专业合作社、家庭农场等新型农业经营主体直接带动农户。通过建立合同、合作、股份合作等利益联结方式，带动农户的数量一般应达到表6-3的要求。

表6-3 带动农户的数量

项目	东部地区	中部地区	西部地区
带动农户	4 000户以上	3 500户以上	1 500户以上

企业在从事农产品生产、加工、流通过程中，通过合同、合作和股份合作方式从农民、新型农业经营主体或自建基地直接采购的原料或购进的货物占所需原料量或所销售货物量的70%以上。

（八）企业产品竞争力

在同行业中，企业的产品质量、产品科技含量、新产品开发能力处于领先水平，企业有注册商标和品牌。

产品符合国家产业政策、环保政策和绿色发展要求，并获得相关质量管理标准体系认证，近2年内没有发生产品质量安全事件。

（九）农业产业化国家重点龙头企业申报条件

申报企业原则上应是农业产业化省级重点龙头企业。符合以上（一）~（三）、（五）~（八）要求的生产、加工、流通企业可以申报作为农业产业化国家重点龙头企业；符合以上（一）（二）（三）（四）（五）（六）（八）要求的农产品专业批发市场可以申报作为农业产业化国家重点龙头企业。

二、申报材料要求

（1）企业的资产和效益情况须经有资质的会计师事务所审定。

（2）企业须提供资信情况证明。

（3）企业的带动能力、带动方式和利益联结关系情况须由县级以上农村经营管理部门提供说明，应将企业带动农户情况进行公示，接受社会监督。

（4）企业的纳税情况须由企业所在地税务部门出具企业近3年内纳税情况证明。

（5）企业产品质量安全情况须由所在地农业或其他法定监管部门提供书面证明。

三、项目申报程序

（1）申报企业直接向企业所在地的省（自治区、直辖市）农业产业化工作主管部门提出申请。

(2) 各省（自治区、直辖市）农业产业化工作主管部门对企业所报材料的真实性进行审核。

(3) 各省（自治区、直辖市）农业产业化工作主管部门应充分征求农业、发改、财政、商务、人民银行、税务、证券监管、供销合作社等部门对申报企业的意见，形成会议纪要，并经省（自治区、直辖市）人民政府同意，按规定正式行文向农业农村部推荐，并附审核意见和相关材料。

四、农业产业化龙头企业认定

由农业经济、农产品加工、种植养殖、企业管理、财务审计、有关行业协会、研究单位等方面的专家组成国家重点龙头企业认定、监测工作专家库。

在国家重点龙头企业认定监测期间，从专家库中随机抽取一定比例的专家组建专家组，负责对各地推荐的企业进行评审，对已认定的国家重点龙头企业进行监测评估。专家库成员名单、国家重点龙头企业认定和运行监测工作方案由农业农村部向全国农业产业化联席会议成员单位提出。

第三节　农业产业化龙头企业相关政策

一、政策补贴

(1) 耕地地力保护补贴。补贴对象为拥有耕地承包权的种地农民。如果农民将土地流转，一定要签订相关协议，没有签订协议的补贴将发给拥有土地承包权者。

(2) 适度规模经营补贴。用于支持农业信贷担保体系建设运营、农业生产社会化服务等方面。

(3) 农机购置补贴。用于农民和农业生产经营组织购买国家支持的先进适用农业机械。

(4) 优势特色主导产业发展补贴。用于支持区域优势、地方特色的农业主导产业发展，国家现代农业产业园建设等方面。

(5) 绿色高效技术推广服务补贴。用于高产创建、良种良法、深松整地、施用有机肥、旱作农业等重大农业技术推广与服务，基层农技推广体系改革与建设等方面。

(6) 畜牧水产补贴。用于畜禽粪污处理与资源化利用、南方现代草地畜牧业发展、优质高效苜蓿示范基地建设、畜牧水产标准化养殖及畜牧良种推广等方面。

(7) 农村一二三产业融合发展。用于农产品产地初加工、产品流通和直供直销、农村电子商务、休闲农业、农业农村信息化。

(8) 农民专业合作社补贴。用于税收优惠、金融支持、财政扶持、涉农项目支持、农产品流通、人才支持政策。

(9) 农业结构调整补贴。用于粮改豆、粮改饲、耕地休耕、重金属污染耕地修复及种植结构调整等方面。

(10) 新型职业农民培育补贴。支持符合条件的龙头企业开展中低产田改造、高标准基本农田、土地整治、粮食生产基地、标准化规模养殖基地等项目建设，切实改善生产设施条件。国家用于农业农村的生态环境等建设项目,要对符合条件的龙头企业原料生产基地予以适当支持。

二、税收优惠

暂免征收企业所得税条件如下。
(1) 经过全国农业产业化联席会议审查认定为重点龙头企业。
(2) 生产经营期间符合《农业产业化国家重点龙头企业认定及运行监测管理暂行办法》的规定。
(3) 从事种植业、养殖业和农林产品初加工,并与其他业务分别核算。

第七章　新时代农民素质素养提升

第一节　新时代农民素养相关概述

一、农民素养的主要内容

新时代农民素养，就是指在推进农村经济建设、政治建设、文化建设、社会建设和生态文明建设过程中农民所必需的品行、能力和素养。培育新时代农民素养最重要的就是要不断提高农民的文明素养，形成与农业和农村现代化建设相适应的先进的观念、思想、道德、文化、知识、智慧、技能等，提升农民建设新农村的能力和水平。

从新农村建设所涵盖的经济建设、政治建设、文化建设、社会建设和生态文明建设的具体需要来看，新时代农民素养主要包括以下内容。

（一）农民思想道德素养

思想道德素养是一个人思想素养和道德素养的融合和统一，是思想和道德的外在表现，也是一个人在社会中的行为规范的标准。思想素养和道德素养二者相互制约、相互促进，共同构成人的思想和灵魂。一个人的思想素养由其在社会生活中形成的世界观、人生观、价值观和社会观共同组成。道德素养是个人在道德上的自我锻炼，以及由此达到的较高的道德水平和道德境界，是人们道德思想认识和道德行为的综合反映。思想道德素养在农民的综合素养中处于核心地位。思想道德素养与科学文化素养共同构成新时代农民最基本的素养。

（二）农民法治素养

所谓法治素养，是指一个人认识和运用法律的能力。一是指法律知识，即知道法律相关的规定；二是法律意识、法律观念，即对法律尊崇、敬畏，有守法意识，遇事首先想到法律，能履行法律的判决；三是用法能力，即个人将法律知识与法律意识内化后运用在生活实践中的行为体现。一个人的法治素养如何，是通过其掌握、运用法律知识的技能及其法律意识表现出来的。

（三）农民科学素养

国际上普遍将公民科学素养概括为三个组成部分，即对于科学知识达到基本的了解程度；对于科学的研究过程和方法达到基本的了解程度；对于科学技术对社会和个人所产生的影响达到基本的了解程度。只有在上述三个方面都达到要求者才算是具备基本科学素养的公众。目前，各国在测度本国公众科学素养时普遍采用这个标准，我国也采用这一标准。这里所说的农民科学素养指农民了解必要的科学知识，具备科学精神和科学世界观，以及用科学态度和科学方法判断各种事物的能力。世界科学技术发展史表明，科学素养是公民素养的重要组成部分，公民的科学素养反映了一个国家或地区的"软实力"，从根本

（四）农民信息素养

信息素养是一种综合能力，它包含人文、技术、经济、法律等诸多因素，和许多学科有着紧密的联系。信息技术支持信息素养，通晓信息技术，强调对技术的理解、认识和使用技能。而信息素养的重点是内容、传播、分析，包括信息检索以及评价，涉及更宽的方面。它是一种了解、搜集、评估和利用信息的知识结构，既需要通过熟练的信息技术，也需要通过完善的调查方法，通过鉴别和推理来完成。信息素养是一种信息能力，信息技术是它的工具。信息素养包含技术和人文两个层面的意义：从技术层面来讲，信息素养反映的是人们利用信息的意识和能力；从人文层面来讲，信息素养也反映了人们面对信息的心理状态，或者说面对信息的修养。

（五）农民生态文明素养

生态文明素养是"生态文明"与"素养"的有机结合，生态文明素养指对以人与自然、人与人、人与社会，和谐共生、良性循环、全面发展、持续繁荣为基本宗旨的文化伦理形态所保持的敬畏之心和平素养成的良好习惯。生态文明素养是一个综合性指标，有的学者将其描述为"了解生态系统中的环环相扣、物物相联，产生积极关心的态度，然后以行动在生活中表现出来，成为生态文明素养的三部曲"。

二、培育农民素养的现实意义

（一）培育农民素养是新时代乡村振兴的必然要求

实施乡村振兴战略是党的十九大作出的重大决策部署，是决胜全面建成小康社会、全面建设社会主义现代化国家的重大历史任务，是新时代"三农"工作的总抓手。人是生产力中最活跃的因素，乡村振兴，关键在人。农民是乡村振兴的主体，也是受益者，是乡村振兴的动力来源。因此，培育农民素养是新时代乡村振兴的必然要求。只有把亿万农民的积极性、主动性、创造性调动起来，才能有效地推进乡村振兴。

1. 新时代实施乡村振兴战略的意义

农业、农村、农民问题是关系国计民生的根本性问题。没有农业、农村的现代化，就没有国家的现代化。农业强不强、农村美不美、农民富不富，决定着亿万农民的获得感和幸福感，决定着我国全面建成小康社会的成色和社会主义现代化的质量。如期实现第一个百年奋斗目标并向第二个百年奋斗目标迈进，最艰巨、最繁重的任务在农村，最广泛、最深厚的基础在农村，最大的潜力和后劲也在农村。实施乡村振兴战略，是解决人民日益增长的美好生活需要和不平衡不充分的发展之间矛盾的必然要求，是实现"两个一百年"奋斗目标的必然要求，是实现全体人民共同富裕的必然要求。

党的十八大以来，在以习近平同志为核心的党中央的坚强领导下，坚持把解决好"三农"问题作为全党工作的重中之重，持续加大强农、惠农、富农政策力度，扎实推进农业现代化和新农村建设，全面深化农村改革，农业、农村发展取得了历史性成就，为党和国家事业全面开创新局面提供了重要支撑。党的十八大以来，粮食生产能力跨上新台阶，农业供给侧结构性改革迈出新步伐，农民收入持续增长，农村民生全面改善，脱贫攻坚战取得全面胜利，农村生态文明建设显著加强，农民获得感显著提升，农村社会稳定、和谐。农业、农村发展取得的重大成就和"三农"工作积累的丰富经验为实施乡村振兴战略奠定了良好基础。

当前,我国发展不平衡、不充分问题在乡村最为突出,主要表现在:农产品结构性供过于求和供给不足并存,农业供给质量亟待提高;农民适应生产力发展和市场竞争的能力不足,新型职业农民队伍建设亟须加强;农村基础设施和民生领域欠账较多,农村环境和生态问题比较突出,乡村发展整体水平亟待提升;国家支农体系相对薄弱,农村金融改革任务繁重,城乡之间要素合理流动机制亟待健全;农村基层党建存在薄弱环节,乡村治理体系和治理能力亟待强化。

在中国特色社会主义新时代,乡村是一个可以大有作为的广阔天地,迎来了难得的发展机遇。我们有党的领导的政治优势,有社会主义的制度优势,有亿万农民的创造精神,有强大的经济实力支撑,有历史悠久的农耕文明,有旺盛的市场需求,完全有条件、有能力实施乡村振兴战略。必须立足国情农情,顺势而为,切实增强责任感、使命感、紧迫感,举全党、全国、全社会之力,以更大的决心、更明确的目标、更有力的举措,推动农业全面升级、农村全面进步、农民全面发展,谱写新时代乡村全面振兴新篇章。

2. 实施乡村振兴战略的总体要求

习近平总书记在党的十九大报告中指出,农业、农村、农民问题是关系国计民生的根本性问题,必须始终把解决好"三农"问题作为全党工作的重中之重。要坚持农业、农村优先发展,按照产业兴旺、生态宜居、乡风文明、治理有效、生活富裕的总要求,建立健全城乡融合发展体制机制和政策体系,加快推进农业、农村现代化。

乡村振兴,产业兴旺是重点。一个地区的乡村振兴,必须有产业支撑。产业是乡村振兴战略的核心,也是逐步实现农民就地城镇化、就近就业化的核心因素。产业是经济社会发展的基础,也是乡村振兴战略的基础。必须坚持质量兴农、绿色兴农,以农业供给侧结构性改革为主线,加快构建现代农业产业体系、生产体系、经营体系,提高农业创新力、竞争力和全要素生产率,加快实现由农业大国向农业强国转变。

乡村振兴,生态宜居是关键。将新农村建设总要求中的"村容整洁"替换为实施乡村振兴战略总要求中的"生态宜居"是农村生态和人居环境质量的新提升,更加突出了重视生态文明和人民日益增长的美好生活需要。党的十九大报告指出,建设生态文明是中华民族永续发展的千年大计。既强调人与自然和谐、共处、共生,要"望得见山,看得到水,记得住乡愁",也是"绿水青山就是金山银山"理念在乡村建设中的具体体现。

乡村振兴,乡风文明是保障。乡风文明既是乡村振兴战略的重要内容,更是加强农村文化建设的重要举措。实施乡村振兴战略,实质上是在推进融生产、生活、生态、文化等多要素于一体的系统工程。文化是农村几千年发展历史的沉淀,是农村人与物两大载体的外在体现,也是乡村振兴战略的灵魂所在。因此,在实施乡村振兴战略的过程中应转变过去"重经济,轻生态,轻文化"的发展理念。

乡村振兴,治理有效是基础。党的十九大报告指出,加强农村基层基础工作,健全自治、法治、德治相结合的乡村治理体系。培养造就一支懂农业、爱农村、爱农民的"三农"工作队伍。从原来的"管理民主"提升到"治理有效",在实现从管理向治理转变的同时,也更加注重治理效率。自治、法治、德治相结合的乡村治理体系,为破解乡村治理困境指明了方向,充分体现了系统治理、依法治理和综合治理的理念。

乡村振兴,生活富裕是根本。将"生活富裕"放在实施乡村振兴战略总要求的最后,体现了乡村振兴战略的根本目的。将新农村建设总要求中的"生活宽裕"置换为实施乡村振兴战略总要求中的"生活富裕",在目标导向上显然要求更高,这与我国当前正处于全面建成社会主义现代化强国的新时代密切相关。进入新时代,我国社会主要矛盾已经转化为人民日益增长的美好生活需要和不平衡不充分的发展之间的矛盾。与之前相比,当前我国城乡居民收入和消费水平明显提高,对美好生活的需要内涵更丰富、层次更高,因此仅用"生活宽裕"难以涵盖新时代农民日益增长的美好生活需要。

(二)培育农民素养是发展现代农业的需要

发展现代农业是社会主义新农村建设的首要任务。现代农业的核心是科学化,现代农业依靠的是科学技术的进步,科学技术的进步有效地促进了农业生产能力和生产效率的快速提高,以及农村经济水平的大幅度提升。现代农业的目标是产业化,农业生产链向产前、产后延伸,这样就形成了比较好的整体式的产业链条,从而打破了传统的生产模式,走上了生产集约化、专业化、产业化、科学化的轨道。因此,需要具有科学的管理理念、采用先进的管理技术和经营方式来组织生产。

我国正处在从传统农业向现代农业转变的重要时期,科学技术正在不断地被应用于农业生产之中,科技成果的转化最终需要通过农民的吸收消化才能更好地被运用于生产建设之中,从而有效地推进机械化、信息化、农业生产能力水平等方面的快速提升。因此,必然需要具备较高的科技素质、掌握大量的科技知识和技能的新型农民;需要培养一大批适应现代化农业生产的新型农民,进而提高我国农业以及农产品的国际竞争力。因而,发展现代农业需要较高素养的农民。只有不断培育一批又一批高素养的农民,把农村巨大的人力资源转化为人力资本优势,才能为新农村建设注入内在、持久的动力。

(三)培育农民素养是实现农村工业化、城镇化和产业化的需要

改变农村经济发展滞后的状况,统筹城乡经济社会发展,推进农村工业化、城镇化、农业产业化,建设社会主义新农村,是由传统农业经济向现代农业经济转变、由传统的乡村社会向现代的城市社会转变、由传统农业向现代农业转变的必然要求。随着现代农业的发展,农业生产效率的大幅度提高必将解放出大量的劳动力,而农村剩余劳动力则需要向非农产业转移,向二三产业转移。同时,新农村的建设为二三产业的发展创造了良好的机遇,为农村剩余劳动力的转移创造了就业机会,拓宽了农民就业的空间。城乡经济社会发展的需要对农村劳动力的素养提出了更高的、新的要求。因此,提高农民素养是有效实施农村人力资源开发、将农村压力转变为巨大的人力资源优势、实现农村人力资源的优化配置、推进城乡经济社会的协调发展的重要举措。

(四)培育农民素养是促进农民增收的重要途径

2018年6月,习近平总书记在山东考察时指出,农业农村工作,说一千、道一万,增加农民收入是关键。农民增收是农村经济发展的基础,是社会主义新农村建设的一项重要任务。农业综合生产能力大幅度提升,农业生产质量化、规模化、科学化,提高了生产效率,推进了农村工业化和城镇化的建设,促进了农村剩余劳动力的转移,从而为农民提供了更多的就业机会,同时也拓宽了农民的增收渠道。是否能较好地掌握科技知识和技能且运用于生产之中,使之转化为现实生产力,与农民素养的高低具有直接关系。其掌握和运用科技能力的强弱,直接影响着经济的发展和自身收入的水平。素养较高、具备职业技能的农民具有顺利转岗就业的优势,在转岗就业中比较容易实现从事具有较高层次且收入较高的工作。促进农民增收是一个根本的问题。因此,必须通过提高农民素养,增强他们创

业和就业的能力，这是有效促进农民增收致富的重要途径。

第二节 新时代农民文化素养提升

一、农村教育资源整合

（一）农村教育资源整合的概念

农村教育资源整合指通过有效地组织和调配各种教育资源，包括教育设施、师资力量、教学材料等，以促进农村地区教育的发展和提升。这个整合过程是为了使教育资源能够高效利用，缩小城乡之间的教育差距，为农村学生提供更优质的教育机会。

（二）农村教育资源整合的途径

农村教育资源整合是一项系统工程，涉及教育规划、资金投入、技术应用、人力资源等多个方面。通过有效的资源整合，可以显著提升农村地区的教育质量和效率，为农村学生提供更加公平和优质的教育机会。

1. 优化学校布局与结构

为了提高教育资源的使用效率，需要对农村地区的学校布局进行科学规划和调整，包括合并规模小、条件差的学校，以及优化教育资源分配，确保每个学生都能在适宜的学习环境中接受教育。同时，应当加强基础设施建设，提供必要的教学设备和资源，以满足学生的学习需求。

2. 增加教育经费投入

政府应当加大对农村教育的财政支持力度，确保农村学校有足够的经费用于教学、科研和基础设施建设。此外，鼓励社会各界参与到农村教育事业中来，通过捐赠、资助等方式为农村学校提供资金支持。这些资金可以用于改善教学条件、提升教师待遇、丰富课外活动等，从而提高农村学校的教育质量。

3. 提升教育信息化水平

随着信息技术的发展，教育信息化成为提高教育质量和效率的重要手段。在农村地区，应当加大对计算机、互联网接入、多媒体教学设备等数字化教育资源的投入。通过网络教育资源，农村学生可以接触到更广泛的知识和信息，享受到与城市学生同等的教育资源。此外，教育信息化还有助于教师之间的交流与合作，提升教学水平。

4. 整合教师队伍

优秀的教师队伍是提高教育质量的关键。在农村地区，应当通过提供专业培训、职业发展机会和适当的激励措施，吸引和留住优秀教师。同时，应当加强教师之间的交流与合作，通过城乡教师交流、教师培训等方式，提升农村教师的教学能力和专业素养。

5. 推进"农科教结合"

将农业、科技与教育相结合，可以有效地提升农村教育的实用性和针对性。通过与农业技术推广部门的合作，农村学校可以为学生提供与农业生产实践相结合的课程和培训，使学生能够学到实用的农业知识和技能。此外，还可以通过农业科技项目，激发学生的学习兴趣和创新精神。

二、科学文化素养提升

(一) 科学文化素养的内涵

农民科学文化素养指农民所具备的科学文化知识，对科学技术的认识、接受和运用能力等方面的素质。科学文化素养通常反映农民接受文化科技知识教育的程度，掌握文化科技知识量的多少、质的高低以及运用于农业生产实践的熟练程度。在现代社会，科学文化素养在农民整体素质中起着主导性作用。

科学文化素养的高低直接影响科技成果在农业生产中的转化和应用，从而决定了农业现代化的进程。只有提高农民的科学文化素养，才能真正解决"三农"问题，才有可能实现我国农业和农村的现代化。科学文化素养的提高还是农民物质上脱贫致富的重要途径，也是农民精神生活脱贫致富的根本保障。农民科学文化素养的高低，很大程度上反映了农业生产水平的高低，直接影响农民走向富裕的进程与途径。

(二) 科学文化素养要求

1. 科学素养要求

对于高素质农民来说，对其科学素养的要求是：了解科学技术知识，懂得科学方法；基本了解自然界和社会之间的关系；能够认识到科学技术、科学方法的作用，能够运用科学方式和思维方式方法处理日常生活中的困难和问题；掌握相应的基础农业科学，通过在生产活动中对科技成果的应用，如无人机植保技术，最终将科技成果转化为劳动力。

2. 文化素养要求

一个人的文化素养高低一般由其文化基础的高低决定。文化基础一般由其受教育程度来衡量。相对来说，一个人的学历越高，其文化基础相应也越好。对于高素质农民来说，"有文化"是最基本的素养要求，文化基础决定其接受和消化科学信息的能力，决定其不断发展和提升的能力。因此，对高素质农民来说，设立最基本的文化基础要求是必需的。在高素质农民培育课题的相关研究和实践中，人们普遍认为高素质农民必须接受良好的中等或高等教育。对于大多数未来劳动力来说，接受良好的中等或高等教育（至少是中等教育），具备与所从事职业相适应的文化知识水平，除相对偏远和贫困地区外，这对于我国目前的农村教育条件来说，总体上都可以满足。

(三) 科学文化素养的提升策略

1. 牢固树立科技致富观念

从事生产，增加收入，必须抓住机遇，迎接挑战，扬长避短，趋利避害，研究和实践新的农业发展理念。纵观每位率先走上富裕道路农民的创业史，不难看出他们除具有普通农民所具有的吃苦耐劳、艰苦创业的精神外，他们的思想观念与时代也是相适应的，既对形势与政策有一定的了解，又能把握好机遇，敢于大胆尝试，更重要的是他们都掌握了一定的科学技术，以科技知识武装头脑，以科技农产品占领市场，以科技手段创造高效益。

2. 积极参加农民职业技能培训

通过加强农村的教育和科技推广服务工作，努力提高广大农民的科学文化素养，努力提高广大农村经济社会发展的科技含量。因此，必须采取多种形式，通过多种途径、多种渠道加强农民特别是青年农民的职业技能培训，使每个农民掌握1~2项农业实用技术；

必须改革农村科技、教育体制，实行农科教相结合；必须激励农民学习技术，有条件的地方可给获得技术员职称的农民以补贴；推行"绿色证书"制度，对获得"绿色证书"的农民争取农业生产贷款可考虑免除担保手续，从而造就一种学科技光荣、用科技获得实惠的社会风尚。

3. 主动学习科学文化知识

"科技兴农"就是"知识兴农"。高素质农民要多渠道地接受政府对于农业科学的思想教育、宣传，充分利用广播、电视、报纸、书刊、会议、培训等多种形式学习先进科学文化知识，同时将转变思想观念放在首位，适时抛弃传统的小农意识，走出安于现状、不思进取的误区。通过政府对农村农业发展的多渠道信息网络，积极学习市场供求趋势，农产品价格变动，农业新技术、新品种等方面的信息。只有不断接受教育，树立科学意识，爱科学、学科学、用科学，才能跟上社会发展的步伐。

三、农民终身学习的意义与途径

（一）终身学习的概念

终身学习是随着终身教育的发展而被提出来的。终身学习是从学习者的视角强调人的一生都要持续学习，以人的持续发展适应复杂的社会生活。当前世界已经进入一个终身学习的时代。终身学习是实现人和社会可持续发展的基本路径。

（二）农民终身学习的意义

农民终身学习的意义深远而重大，它不仅关乎农民个人的成长与发展，也影响着农村社会的进步和繁荣。

1. 终身学习有助于农民保持和提升农业生产技能

农业技术日新月异，新的种植方法、新的农机具和新的农业理念不断涌现。农民通过终身学习，可以及时掌握这些新技术和新理念，提高农业生产效率，增加农产品产量和质量，从而提升农业收入。

2. 终身学习能够增强农民的市场竞争力

在全球化和市场化的背景下，农产品市场竞争日益激烈。农民需要具备市场营销、品牌建设等方面的知识，才能更好地将农产品销售出去。通过终身学习，农民可以不断提升自己的市场意识和营销能力，增强农产品的市场竞争力。

3. 终身学习有助于农民实现个人全面发展

学习不仅是获取知识和技能的过程，更是提升个人素质、塑造品格的过程。农民通过终身学习，可以培养自己的创新思维、批判性思维和解决问题的能力，提升个人的综合素质。同时，学习也可以丰富农民的精神生活，提高生活品质。

4. 农民终身学习对于农村社会的进步具有重要意义

一个拥有知识和智慧的农村社会，能够更好地应对各种挑战，把握发展机遇，推动农村社会不断进步。农民的终身学习能够培养更多的创新人才，推动农业科技的发展，为农村社会的繁荣贡献力量。

（三）农民终身学习的途径

农民终身学习的途径是多样化的，旨在满足不同农民的学习需求，提升综合素质和生产技能，从而为乡村振兴战略提供人才支持和智力保障。

1. 政府组织的培训项目

政府组织的培训项目通常由农业农村部门负责实施，这些项目不仅包括农业技术和管理知识的培训，还涉及法律法规、市场营销、环境保护等多方面内容。这些培训项目旨在帮助农民适应现代农业的发展，提高经营管理能力和市场竞争力。此外，政府还会根据乡村发展的实际需求，定期举办专题培训班，如乡村旅游、农产品加工、电子商务等，以培养具有专业技能的新型农民。

2. 职业教育和继续教育

职业教育和继续教育为农民提供了提升学历和专业技能的机会。涉农高校和职业技术学院根据农业产业发展的需要，开设相关专业和课程，通过定向培养、函授教育、网络教育等多种形式，使农民能够在不脱离生产的同时，接受系统的高等教育和职业培训。这种教育模式有助于农民更新知识结构，提高创新能力和创业能力，促进农业产业结构的优化升级。

3. 利用远程教育平台

随着信息技术的发展，远程教育平台成为农民学习的新途径。通过中国农村远程教育网、全国农业科教云平台、云上智农 App、农广在线 App 等平台，农民可以随时随地接触到丰富的学习资源，包括农业新技术、市场信息、政策法规等。这些平台通常提供视频课程、在线讲座、互动问答等服务，使农民能够根据自己的需求和节奏进行学习。此外，一些平台还提供认证考试和学分累积，鼓励农民持续学习并取得相应的资格证书。

4. 建立乡村成人终身教育体系

乡村成人终身教育体系的建立，旨在为农民提供一个持续学习的保障和支持。这一体系包括成人教育中心、乡村夜校、社区学习中心等多种形式，旨在为农民提供方便、灵活的学习机会。教育大纲规划将根据乡村的实际情况和农民的具体需求制定，确保教育内容的实用性和针对性。通过这一体系，农民可以学习到与当地产业发展紧密相关的知识和技能，同时也能够提升自身的文化素养和综合素质。

5. 利用现有中小学校资源

利用乡村现有的中小学校资源进行成人教育，是一种资源共享和优化配置的体现。在学生放学后或假期期间，学校可以开放图书馆、实验室、体育场等设施，为农民提供学习和交流的场所。此外，学校的教师也可以参与到成人教育中，发挥他们的专业优势，为农民提供指导和帮助。这种模式不仅能够提高教育资源的使用效率，也能够为农民提供就近学习的机会，降低学习成本。

第三节　新时代农民法治素养提升

一、农民法治素养的相关概念

（一）法治

法治与法律是不同的，法律制度只是法治中的一个部分，并且法治的发展也不能仅仅依靠法律制度。关于法治这一概念，当前学者们各抒己见。关于法治的最早阐述是古希腊著名哲学家亚里士多德。他认为："法治应当优于一人之治。"法治应当包括两重含义：已成立的法律获得普遍的服从，而大家所服从的法律又应该本身是制定得良好的法律。有学者认为，法治就是政府制定法律制度，并将法律制度进行公开公布，在法律面前不论贫富都一视同仁，没有特例而言。还有法学家认为，在封建专制社会中，国王就是国家的法律，而在资产阶级自由国家中，法律就是国家的国王。

当前，我国法学家对法治的解释是以批判、吸收资产阶级优秀法治理论为基础的，最为著名的法治解释就是由卓泽渊提出的。他认为："法治是与人治相对立的、以民主为前提和目标的、以制约权力与保障人权为基本特征的、依法办事的社会管理机制、社会活动方式和社会秩序状态。"

可见，关于法治的论述是多种多样的，但都反映了不同历史时期和社会制度体系对于国家法治的理解，本书针对法治的解释是以法理界普遍认同的解释为基础，并结合本书实际作出的狭义解释。所谓法治，是指社会不同利益群体在国家管理和社会公共生活中自觉遵守民主法治、自由平等和人权的有机统一。这一定义主要源于以下几点。一是法治与专制是相互排斥的，不容特权的存在。法治是以保障公民基本权利免受专制意识摆布为核心的，法律是法治的基础和基本准则，因此要对国家统治者的权力进行限制，发展民主法治，最终达到法治状态。卢梭指出："凡是实行法治的国家——无论它的行政形式如何——我就称之为共和国；因为唯有在这里才是公共利益统治着，公共事务才是作数的。一切合法的政府都是共和制的。"因此，在法治发展过程中要始终贯彻民主理念，要以民主为基础，实现法治的终极目标。二是新型民主追求自由平等，是现代社会发展的必然要求。在这里，平等指权利义务的对等性，即享受权利和承担义务是相互平等的，只有实现平等才能实现真正自由，也就是说平等是自由的前提。卢梭认为，平等对于国家稳定是非常重要的，不能出现极端差距，也就是不能有富豪也不能有赤贫，一旦出现这两个极端等级就会造成社会分化。法律的平等性在自由资本主义阶段是不可或缺的，在社会主义国家是同样重要的。从法治意义上来讲，其在本质上要求人格的平等，不论贫贱高低，法律面前人人平等，没有特权存在，唯有服从法律。孟德斯鸠曾提出，在一个法律国家，自由是有条件的，是指人们能够做的事情，自由是在法律允许的范围内进行的，是法律赋予的权利，如果公民能够做法律禁止的事情，那么他就不会享有自由了。自由与权利是统一体，不可割分开来。自由需要以法律制度为保证，否则就不是真正的自由。因此，在民主法治建设中要让公民理解并形成自由观念，创造良好的法治环境，使公民能够在社会生活中享受真正的自由。三是法治的最终目的是广大公民的人权享有，通过法治能够保护公民的合法人权，实现自由平等，使每个人都在社会中能够更好地生存和发展。当前，世界上对法治与非法治国家的区分标准就是基本权利的保障状况，法治对于基本权利的保障就是要保护公民的权利得以持续、有效获得，不被非法侵害。因此，就需要政府建立科学有效的管理机制，以公共管理为基础，配套完善的法律制度，形成健康、有序的社会秩序，保护公民的公共权益和国家集体利益，严禁任何形式的侵权行为。

上述关于法治的相关分析主要是从定义角度展开的，遵循从抽象到具体的原则，虽然科学性相对缺乏，但是对法治概念做出了较为详细的阐述。同时，提出这一定义也是基于本书的研究需要，服务于农民法治意识分析。当前，我国大力推进依法治国进程，其中占人口大多数的农村法治建设显得尤为重要，没有农村地区的法治就不可能实现真正的依法治国。

（二）法治素养

所谓法治素养，指人们在法律认知的基础上实现的法律意识层面的升华，更侧重于法的本质要求和价值目标，是在人们法律意识的基础上进而实现的，个人学法用法综合能力的升华和发展。如果一个人具备法律素养，那么他会遵纪守法，形成守法用法观念，可以在法律制度下成为良民。但是，这样的公民不必然会成为自主运用民主权利、改善和发展法律的主人。也就是说，公民如果仅仅具备法律意识，而不具备民主意识，那么他很可能成为法律制度下的奴隶。法治素养不仅仅要求人们要守法、用法，还需要自觉运用、分析和判断法律制度的效果和对于社会的影响程度，一旦发现不利于社会发展的法律，就要主动去改进或废止，从而真正成为法的主人，实现人与法的和谐统一，谋求人类发展的更广阔空间。社会发展最终要实现由必然王国向自由王国的过渡。这就需要个体主体意识的觉醒，从而实现全人类的解放。法治素养与法律意识是不同的概念，法律意识更多的是知法、用法层面，有时候它可能会产生负面作用，因为法律是有局限性的，并且一定时期还会存在"恶法"，这就会阻碍社会的发展。而法治素养是更高级的个人品质，它要求人们以积极向上的态度，理性去分析判断法律的运行效果，体现出社会个体的人文关怀，有利于全社会的文明进步。一旦社会个体具备了法治素养，并在日常生活中得以运用和发展，必然会推动法治的进步，发挥出最大的主观能动性。马克思曾说过："人们按照自己的物质生产力建立相应的社会关系，正是这些人又按照自己的社会关系创造了相应的原理、观念和范畴。"在法律领域内，社会关系主要体现为法律权利义务关系，通过提高公民的法治素养可以促进法律制度的完善和发展。当前，我国提出了社会主义民主法治理念，推进依法治国，发展基层民主制度。所谓社会主义法治理念，指一种思想理念体系，旨在指导我国的社会主义现代化法治建设，以法治的功能性质、内在要求、价值目标和路径实现为基础，搭建完善的立法、司法和守法体系，强调法律监督作用，体现社会主义法治内在精髓。我国致力于建设社会主义法治国家，需要以科学完善的法治理念为指导，帮助公民培养法治素养。

（三）农民的法治素养

农民法治素养是法治素养的子概念，它是农民关于法律现象的思想、观点、知识和心理的统称，包括农民的法律知识水平，对现行法律的评价和解释，对社会成员及自己法律权利和义务关系的看法，以及法律需求等。农民法律意识是社会存在及法律体系在农民头脑中的反映，它受到许多社会因素的影响。同时，由于意识的反作用，农民法律意识必然也会对社会存在及社会现象产生一定的影响。评价衡量农民法治素养程度时，可围绕四个方面进行研究分析，即农民对法律的认知程度、农民对法律执行的评价、农民对权利义务的认识、农民维护权利的能力。我国农村是典型的乡土社会，由于区域政策存在差别，造成目前农村发展水平不一致：有的已达到小康，这部分农民的法律意识较强，懂得利用法律武器保护自己的应有权利；还有大部分的农民生活在传统、保守、发展相对滞后的乡土社会里，他们的法律意识相对很淡薄。本书研究的对象主要是后者，也是法治素养亟待提高的对象。他们中的大多数因为经济、地域、风俗的限制，横向交流比较少，往往靠当地的风俗道德、礼仪规约、情感心理等来调控和维持社会关系。他们对礼俗、习惯的重视超过了法律，法律在他们心中严重缺位。这些农民的法治素养有3个明显特点。

1. 服从意识强

中华民族有着五千年悠久灿烂的历史文化,儒家思想对人们的影响最为深刻,尤其是在农村,这种思想更是深入人心。儒家思想作为维护封建王朝的正统思想,强调"君为臣纲,父为子纲,夫为妻纲"。在漫长的历史发展过程中,人们产生了根深蒂固的服从意识,养成了"服从天命""知足常乐"的性格,再加上农业生产带有季节性、艰苦性及自然灾害风险,农民往往自感地位低下,容易逆来顺受。这种服从意识仍然沉积在现代农民社会中,使得农民个体权利意识淡薄,很少积极主张自身权利。当他们在温饱、安宁、人身、财产等方面遇到不公正的待遇或者遭到侵害的时候,听从长辈或乡村组织安排是他们的第一选择。人们在行为选择时,首先考虑是否符合长辈的要求、会不会冒犯当权者的利益,而不管是否符合正义和法律。服从长辈安排、服从政府安排已成了农民心理上的惯性思维。相反,对法律则显得生疏,甚至对法律的保护还存有一种排斥的心理。

2. 宗族意识深

宗族指拥有共同祖先的人群集合,在我国(尤其是在农村)有着漫长的历史。宗族内部的一些观念现在仍旧影响着农民为人处世的思维。改革开放以来,我国广大农村虽然实行了家庭联产承包责任制,但农村群体仍以家庭为主要单位,农民依旧生活在以村、组为纽带的熟人社会中。他们仍然注重乡礼乡情,习惯于接受传统风俗礼仪的管理约束,能充分认识到法律作用的农民还不多。在很多农民的心里,发生在家族、村组内部的事都是"家事",靠约定俗成的"老规矩"来解决。在一些宗族势力比较强大的地方,甚至出现了"族规说了算、法律靠边站"的不正常现象,如阻止男方做上门女婿,嫁出去的女儿犹如泼出去的水,在娘家没有财产继承权。在村"两委"班子(村党支部委员会、村民委员会)换届选举时,人多势众的家族为了维护家族利益,显得特别团结,往往把持、操纵选举,以推出自己的"代言人"。还有一些家族,为了争一块祖坟山或纠纷山的权属,不惜铤而走险,组织非正常集体上访,给政府部门及司法机关施加压力,有时还会唆使家族成员与对方群体械斗,极易酿成流血冲突。

3. 避讼思想浓

中国几千年的传统思想倡导天人合一,强调人与人的和谐相处、人与自然的和谐相处,把"和"作为最高价值标准,不主张狱讼。"和为贵"的思想在农村逐渐演变成"忍为尚"。尤其是当他们的合法权益受到侵犯时,有时候宁愿自己吃亏,也不愿意运用法律进行维权。在他们看来,"打官司"的人多是认死理、难缠、"一根筋""斤斤计较"的人,"上法庭"并不是值得显耀,甚至是一件没面子的事。要是"吃上官司"成为被告,那简直就像犯下了"大罪",当地村民是会另眼相看的。时至今日,"打官司"也是不得已而为之的事。在农村,邻里关系是极其重要的一种社会关系,当其遇到挑战时,农民往往习惯于自我约束、友善调解,大事化小、小事化了,最终互给"面子"、借梯下楼、息事宁人。"忍一时风平浪静,退一步海阔天空""和为贵"是许多农民的为人处世原则。

二、农民法治素养提升的必要性

(一)有利于夯实乡村振兴的经济基础

党的十九大报告提出实施乡村振兴战略,指出农业、农村、农民问题是关系国计民生的根本性问题,必须始终把解决好"三农"问题作为全党工作的重中之重。要坚持农业农村优先发展理念，按照产业兴旺、生态宜居、乡风文明、治理有效、生活富裕的总要求，建立健全城乡融合发展体制机制和政策体系，加快推进农业农村现代化。产业兴旺则是乡村振兴的经济基础，提升农民的法治素养，培育农民的契约精神，增强其诚实守信、合法生产、依规经营等法治意识，有利于在产业兴农中做到质量兴农、品牌强农，有助于乡村产业做强做大，激发乡村产业在农村经济发展中的旺盛活力，实现农村经济的可持续发展。

当前，深化农村集体林权制度改革是乡村振兴过程中的一个重要改革举措，其中有许多涉及农民权益的法律规定，关系到构建实施乡村振兴战略的制度基础，对保障农民合法权益、完善乡村治理具有重大意义。农民了解相关的法律制度，有助于保障自身合法的财产权益，增强自身的获得感、幸福感、满足感，从而激活农村各类生产要素的潜能，进一步释放改革活力，推进农村经济的发展。

(二) 有利于维护乡村社会和谐稳定

2016 年 5 月，习近平总书记在安徽凤阳县小岗村主持召开农村改革座谈会时强调指出，农村稳定是广大农民的切身利益，要坚定不移地维护乡村社会的和谐稳定。乡村社会的和谐稳定是农民群众幸福安康的前提，是乡村振兴应有的内容，农民法治素养的提升有利于维护乡村社会的和谐稳定。农民法治观念的增强，积极遵守村规民约，可以减少矛盾的发生；或者是在矛盾发生后，能遵循法律的路径，妥善解决纠纷，防止事件的激化，避免事态的扩大。当前，随着互联网在农村的发展，一些网络犯罪为了逃避执法部门的打击，悄悄转战农村，乡村违法犯罪呈逐年增加的态势。因此，提升农民的法治素养，使其掌握基本的法律常识，有利于维护乡村社会的和谐稳定，保障文明平安乡村建设，让农村成为安居乐业的美丽家园。

(三) 为乡村振兴战略提供法治保障

实施乡村振兴战略，是党的十九大作出的重大决策部署。为实施好乡村振兴战略这一重大工程，必须要用法治的手段来保障乡村振兴战略的顺利实施和有序推进。提升农民法治素养，有利于引导农民实现村民自治，提高农村社会法治化管理水平；有利于预防和减少乡村振兴过程中的社会矛盾，维护农民的切身利益；有利于引导农民加强对基层行政执法、司法的有效监督，确保行政、司法部门公开、公平依法办事，促进农村的民主法治建设，切实为乡村振兴战略提供法治保障。

三、提升农民法治素养的路径

(一) 加强普法教育，增强农民法治意识

著名学者博登海默曾说过，法律是指导人们行动的指南，在社会组织中，如果法律不能且无法为人所知，那么就失去了法律应有的作用，法律就是一纸空话。法律认知是形成法律信仰的前提和基础，如果对法律没有基本的认知和了解，那么便很难形成正确的法律信仰。这就需要加强普法教育宣传和法治教育宣传，从而帮助农民培养法治素养和树立法律信仰。

当前农村的普法活动虽然正在蓬勃开展，但是很多效果却不尽如人意，实效性不强，不过最起码使广大农民了解了基本的法律常识，起到了一定的作用。农民在接受法律的过程中不是自发主动的，在一定程度上还需要进行灌输式教育。当地政府在一些普法内容和

方式上要注意力求改变，以争取普法活动达到最佳的效果。

1. 普法教育的内容和对象要有针对性，形式要灵活多样

第一，要突出农村普法重点，做到针对有效。普法教育要以农村的改革和发展为中心开展，全盘考虑稳定大局，突出普法重点，结合农村实际有针对性地开展普法教育。首先要明确普法教育的对象。有句话说得好："村看村，户看户，群众看的是党员和干部。"在村民自治过程中，党员干部发挥着重要作用，是村民自治的中坚力量。因此，普法教育应该首先针对农村地区的党员干部，只有他们增强法律意识，了解和掌握基本法律知识，提高依法办事水平，才能更好地服务乡村发展，才能做到为广大农民服务。并且，其对于引导农民学法用法有着积极作用，有助于改善农村的法治氛围。因此，必须要对党员干部开展针对性的普法宣传教育。其次，要突出普法的核心内容，大力普及相关法律法规，尤其是涉及农民切身利益的基层民主建设的法律知识，对农业产业发展、土地流转和农产品教育方面的相关法律制度也要进行宣传。同时，要结合农村的重点工作开展，紧紧围绕农民关心的热点问题，以提高农民法治意识为目的，大力普及相关法律制度。要以农民的实际需求为出发点，以农民关心的民生问题为切入点，既达到普法宣传的教育目的，又做到服务广大群众，时刻将农民的实际问题放在心上，增强农民的法律意识，在普法效果上力求做到看得见、摸得着，让农民切切实实地感受到普法的作用。利用好政府开展的严打禁赌活动，以此为契机大力开展普法教育，做好法治宣传。教育、引导农民树立权利义务观念，按照法律法规办事，在涉及农民自身利益的问题上，帮助农民解决家庭和社会纠纷，村委组织也要依法处理村中事务，依法维护农民的合法权益，从而维护农村的和谐稳定。同时，还要紧紧围绕民主法治的政治核心，大力开展普法教育，以建设民主法治村为契机，贯彻《中华人民共和国村民委员会组织法》的主线要求，抓好"四议两公开"制度，保障农民的合法权益。要让广大农民做到学法、守法和用法，明确重要性，能够主动转变思想观念，做到"我要学法"。

第二，要在农村普法的方式方法上进行创新，增强实效性。任何工作的开展都必须联系实际情况，农村普法教育也是如此。必须做到结合农民的生产实践，深入农民的日常生活中去，在普法时间上要避开农忙季节，不耽误农业生产。首先，要坚持传统的宣传方式，也就是将文艺和电影普法、媒介传播、法律咨询服务等群众喜闻乐见的形式结合起来，多进行案例分析和现身说法，让农民参与审判的现场旁听，通过这些生动、活泼的方式，可以将原先的抽象晦涩的法律条文转变为通俗易懂的形式，使农民真正能够听得懂、记得住、用得上。其次，要充分发挥现代传媒的作用，尤其是借助新媒体的力量进行法律传播。通过电视广播、网络通信等方式，广泛传播法律知识，现代传媒具有覆盖面广、传播速度快和影响力大等特点，应充分利用好现代传媒的这一优势，提高普法宣传的科技含量，提升普法宣传效果。同时，要组织一系列的法治宣传教育活动，开展好农村地区的法治宣传月、法治宣传周等主题活动。在一些新法律法规的出台生效日进行广泛宣传，要和政府机关的相关部门进行联合宣传，如工商税务以及国土安全等部门开展专业性法律宣传，将农村地区的普法氛围调动起来。要发挥好农村的法律调节作用，维护农村的社会秩序，提前化解农村纠纷，做好农民的法律援助服务，围绕农村实际做到深入浅出，扩大法律服务和宣传教育的覆盖面，达到良好的宣传教育效果。

2. 加大国家对农村普法教育的投入力度

普法宣传教育的顺利开展离不开国家的大力支持，要想提高农村的普法效果，必须由国家进行多方面的支持，才能确保普法的持久性。因为农村地区的各方面条件相对落后，普法教育工作不是一蹴而就的，而是一项长期性工作，需要持续坚持才能出效果。因此，需要树立持久思想，不断巩固农村的普法阵地，推动普法宣传教育的持续开展。

首先，要建立完善的普法宣传网络，建立健全普法组织领导机构。领导要重视，上下级之间要做到互通，要派专人负责统筹安排，同时要给予经费支持。并且，要建立普法监督和检查机制，对之前的普法教育效果进行后续的追踪和调研，真正使普法能够有人抓、有人管。在司法建设上，不断普及乡镇司法所，赋予乡镇司法所更多职能，明确定位，发挥好普法宣传的排头兵作用。同时，还要将农村普法教育纳入考核体系，作为文明建设的重要环节来抓，真正将普法送教育到千家万户。

其次，要加强普法宣传队伍建设，提高普法宣传水平。队伍建设是普法效果的重要影响因素，因此要不断充实法律志愿者队伍，发掘现有的法律人才资源，让那些法律知识掌握较深、热心社会公众的老干部成为法律志愿者的主体，让他们现身说法，能取得更好的效果。充分发挥好乡镇司法所的作用，司法机关要为广大农民提供法律服务，建立帮扶结对制度，各机关要确立帮扶对象，经常性地下乡进行普法宣传，为广大农民提供法律咨询、纠纷调解等快捷式法律服务。还要建立城乡干部讲师团，以普法宣传为目的，根据划片的原则进村入户开展普法，要以农民的生产实际为出发点，明确村"两委"的职责，选出人民调解员，牵头组织农民进行法律知识学习。各级领导干部也要充分发挥带头作用，在生产生活中身体力行，做到守法、用法。

最后，要加强普法基础设施建设。例如，在村民活动比较集中的地方设置普法宣传栏，借助村委会、小广场、村民活动中心等场所，定期更换宣传内容，其中要多宣传一些与农民生产生活实际相关的内容。其他职能部门也要抓准时机，针对不同时期的热点问题进行分类整理，突出热点问题，选取典型案例，整理成图画或者影像资料，做好普法宣传。

3. 农村普法教育要特别重视增强农民的权利意识

法律规定了农民应该享有的权利，法律是以权利的实现为核心的。如果法律中没有权利的要求，那么就不会产生法律需求，人们对于法律也就会比较淡漠。权利意识的形成不是单一式的，它与法律信仰相互关联，并呈现互动关系。增强农民的权利意识可以引发其对法律价值的思考，形成法律认同。同时，法律信仰的树立还可以帮助扩张农民的权利意识，从而提高其法治意识。

权利意识的产生源于近代一些思想先进改革者的呐喊，他们追求自由平等，对权利意识提出了新的诉求。缺乏法律知识会让权利仅仅成为一张废纸，无法转化为现实权利。因此，要培养农民的法律信仰，通过这种方式唤醒农民的主体权利意识，引导农民注重自身权利的获得，尊重独立人格和自由利益。树立权利本位思想，使法律能够在农民心中有一席之地，激发他们的法律热情，从而逐步形成忠诚的法律信仰。因此，在普法宣传教育过程中，要重视农民权利意识，不能仅仅是简单地宣传制度和法规，不能只是进行宣传和说教，要把重点放在法律思想的传递上，将法律精神融入宣传内容中，培养农民形成真正的法律信仰，提高农民法治意识，推进城镇化进程。

（二）完善法律体系，畅通农民维权渠道

随着农村经济的快速发展，我国农村社会发生了很大变化，社会矛盾层出不穷，利益多元化引发社会纠纷，侵权行为经常发生。在这种情况下，人们的维权需求不断增强，对于法律诉求越来越渴望。受限于农村经济的落后，一些农民在受到侵权伤害时，往往难以选择诉讼手段，因为诉讼成本相对较高，而且还要耗时费力，在这种情况下农民更多地选择私力救济。并且，一旦发生侵权行为，农民不一定都能依靠私力救济来解决，这时候进行维权就显得比较困难。

农民的文化水平不高，对于司法维权流程不熟悉，这就会影响农民的维权选择。农民知道得最多的一种维权方式可能就是上访，但是这种方式也存在一定阻碍。政府在上访问题上也非常谨慎，经常与农民因上访而斗智斗勇，并且也被媒体大量曝光，这体现了农民维权的艰辛与不易。因此，政府要不断拓宽农民维权渠道，完善立法、司法和行政管理体系，降低维权成本，妥善处理农村纠纷案件，维护农民的合法权益和农村社会的稳定。

1. 完善立法，让法律真正进入村民生活

当前，农村地区正在大力推进法治建设，要做到依法治村，必须完善立法，建立健全农村立法体系，巩固群众基础。当前，我国涉农立法正在逐年增加，但仍存在一些问题，突出表现为立法指导思想与农民生产实际相脱离，法律制度很难融入村民自治，农民的法律认知不强，无法将法律认知上升为法律信仰，因此要大力加强农村立法。

首先，要完善农村各项法律法规，针对当前农村自治法律的缺陷进行有效弥补，在处理新问题、新矛盾时做到有法可依。例如，在基层民主选举问题上要加强立法，因为在实际选举过程中容易出现违法违规现象，这些问题一旦出现是无法及时、有效地进行纠错和制裁的。同时，随着农村经济的快速发展，农村生产关系发生很大变化，这样就会出现一些新问题、新矛盾。还有涉及农民切身利益的土地征收、流转及产权确认方面的法律法规也亟须完善。因此，针对以上农村地区的法律缺失，要加强立法，逐步完善。

其次，要以农民的生产实际为基础，树立科学、合理的立法指导思想，在立法内容上应该更加务实，避免超前性和空虚性，让法做到亲和、可操作。同时，立法要考虑农民的主体地位，在立法时体现农民的情感和利益需求，切合农民心理需求，拉近与农民的距离，并且能够被农民广泛接受和运用。

最后，要结合农村的法治现状进行法律制定，将农村的法治资源进行科学、有效的整合，加强吸收利用，将国家法律与乡风民俗结合起来，形成统一的社会规范，完善道德、法律和习俗内容，从而稳定社会秩序。村规民约是广大农民生产生活实践的产物，其中一些积极因素对于国家法律具有补充作用，因此要将村规民约中的积极内容融入国家法律，维护农村社会的公序良俗，从而更加贴近农村发展实际，得到农民的理解和认可。通过加强农村立法，使法律更加贴近农民生活实际，真正走进农民心中，提高农民法治意识，形成法治认同，有助于指导村民自治实践。

2. 规范纠正农村行政执法工作

当前，农村地区的行政执法存在不规范的现象，政府机关行政人员在处理一些事务时过多采用行政干预方式，而忽视了村民自治的自主性。因此，要加强各级行政执法人员的思想意识，在关系农民切身利益的问题处理上，要摒弃官僚主义作风，增强为民服务意识，纠正错误思想，明确自身定位，做到对农民负责。

要进一步规范执法流程，在行政执法过程中严格遵循流程办事，不能存在任意执法现象，使农民感受到执法人员的正规和公正。要做到以农民利益为重，改变以往的简单工作方式，避免出现以权压法的行为，体现公平公正，树立政府的良好形象。在政府行政执法的过程中还要打击各种违法乱纪行为，尤其是贪污腐败，必须重点打击。

同时，要加强对执法人员的选拔，坚持德才兼备原则，并且进行定期的学习培养，着力提高他们的法治意识，并将其内化为思想意识，表现为执法行为的法治性。这样就能够逐步改变人们以往的执法认识，得到农民的认可和支持。在乡村治理方面，要结合农村生产实际，建立和完善监督机制，充分发挥基层人大代表的作用，对于执法人员的执法行为进行监督，及时解决各种纠纷，化解矛盾，解决农民的一般诉求，从而更好地保护农民权益，使农民对法律有信心，有利于提高农民的法治意识。

3. 司法有效深入乡村，加强权利的法律保障和救济

通过司法渠道寻求权利保障是最佳的渠道，也是在法治社会中的最后一道屏障。当前，我国的司法制度还不够完善，尤其是在农村地区，农民的司法意识比较淡薄，对司法存在距离感，司法作用没有得到充分发挥。这使得农民的合法权益得不到有效保护，从而抑制了对农民法治意识的培养。以目前的基层司法现状来看，必须完善司法体系，让司法保障走进农村。

首先，要保证司法的独立性，在村民自治过程中，基层政府的行政权与司法部门的司法权不能完全分离，并且出现行政权对司法权的干预，这就使得司法不能独立、公正运行。因此，基层司法部门要严格做到独立司法，不受基层行政权力的干扰。进一步明确行政部门与司法部门的职能划分，建立完善的监督体系，充分发挥好各自的职能，让广大农民看到司法的独立性，增强司法信心，维护法律的权威和农村的法治秩序。

其次，基层司法机关要充分行使司法权，逐步扩大乡镇法庭自主权，合理分配司法资源，提高司法效率。在我国目前的司法体系下，基层法院只是设置到县一级，乡镇法庭更多的是基层法院设在乡镇的司法机关联络部门，职能和权限比较小，很多都只是在名义上存在，并未发挥实效。因此，农民纠纷案件往往由县级法院审理，农民需往返奔波，很多当事人都因嫌麻烦而放弃了诉讼。因此，要赋予乡镇法庭更多的自主权，充分发挥司法职能作用，让司法深入乡村，做到因地制宜，及时解决各种案件诉求，更好地为农民提供法律援助，维护农民合法权益。

最后，要加大资金投入，合理配置人员，更好地发挥司法作用。当前，农村地区的司法运行效率较低，缺乏足够的资金保障，并且在人员配置上十分短缺。在实际处理过程中，有些司法人员对待农民态度冷漠，处理案件时也是消极怠工，导致因为司法工作人员的素质较低和态度懈怠而产生大量长期未决的案件。此外，还存在司法腐败现象，这是我们面临的重要问题，这个问题不解决好，就无法真正做到司法公正。因此，必须保证司法的公正性，赢得农民的信任。要完善农村司法队伍建设，提高队伍的整体业务素质和思想素质，加强职业道德教育，树立职业精神。要关注司法的实际运用，不能套用统一的司法模式，坚持原则性和灵活性相结合，结合农民实际情况和地域特色，在体现法律的权威性的同时，还能够让农民感受到法律的合情性，使他们体会法的情理，消除原有的畏法避法情绪，让农民能够认可、接受法律。此外，还要加强司法制度建设，尤其是要建立完善的监督机制，提高司法执行的效率。在一些容易出现的法律责任方面要加强监督管理，提高整体办案质量。加强对司法办事流程的监督，对于破坏司法公平公正的行为要坚决制止，同司法腐败行为做斗争，确保司法公正，更好地维护法律尊严，使广大农民能够在良好的司法环境下获得法律救济，推进村民自治合法有序进行，帮助农民逐步树立法律信任，提高法治素养。

4. 健全农村法律援助法律服务机制，提高法律服务水平

除立法、司法和行政体制的健全和完善外，还要进一步加强农村基层法律援助服务的运行机制，帮助农民掌握更多的法律知识，解决他们的法律疑问、法律咨询和化解矛盾纠纷。随着村民自治的快速推进，需要农民提升自我管理能力，尤其是在自我教育和服务方面必须逐步加强，但是目前在这些方面还存在一些问题，农民缺乏足够的法律认知，在出现问题时不能得到有效帮助。因此，需要加强法律服务体系建设，为广大农民提供完善的法律援助和服务，着力向农村倾斜，解决农民的诉讼难问题。

维护农民的权益要坚持人人平等的原则，不能以金钱作为维权的分界线，坚持正确的法治取向和法治精神。政府必须要发挥主动作用，健全法律服务体系，坚持为农民服务的原则，要加大财政支持，合理调配资金，加强农村地区法律援助的机构设置，扩大法律服务社会影响力，同时还要加强人员配备，让基层司法所的工作人员充分发挥法律服务作用，在农村设置专门的法律援助机构，选拔一批优秀的法律工作者到农村进行定期宣讲，及时解决农民生产生活中的矛盾纠纷。在这一过程中，政府要解决他们的活动经费和生活保障问题，并且要求他们树立为民服务意识，提高自身职业道德素养，提升业务能力，对于涉及民生的诉求要及时解决处理。不定期地深入农民生活，主动询问农民的法律问题，并对相关问题做出正确、专业的解答，获得农民的信任和认可。

村委干部在行使自治权的过程中难免会存在一些问题，这就需要法律工作者充当好法律顾问的角色，对于村民自治过程中的法律问题进行及时解答，为村委干部提供专业的法律服务。真正做到让农民感受切身利益，实现村民自治的有效运行，保护农民的合法权益，发挥好法律救济作用，让法律成为农民生活的必需品，从而逐步提高公民的法治意识。

（三）发展农村教育，提高农民文化素质

当前，我国农民的整体素质偏低，在民主法治建设过程中主动性不强，因此必须大力发展农村教育，尤其是基础教育和职业教育，不断提高农民的文化素质，从而为农民法治意识的提高提供文化支撑。

1. 抓好农村基础教育

基础教育是整个教育体系中的重要环节，提高农民法治意识就要从基础教育着手，不断提高农民科学文化素质，培养农民法治素养。当前，我国的基础教育主要采取九年义务教育的方式，从根本上说，这是提高农民素质、发展农村经济的重要环节。国家要大力推进农村基础教育，加大资金投入，尤其是偏远地区的农村教育，更要加强关注。目前，国家已经免除了农村义务教育阶段学生的学杂费，并出台一系列政策支持农村教育（如贫困家庭补助、免费教科书等），这些政策的出台推动了农村基础教育的发展，提高了农民文化素质。受城乡二元发展体制的影响，城乡之间的教育资源分配不合理，农村地区在基础设施建设、教育经费投入及师资队伍建设等方面还比较落后，与城市地区相差甚远。因此，国家必须重视农村基础教育，大力推进农村教育发展，通过出台相关政策法规，逐步调整二元体制问题，建立健全教育经费保障体制，改善教学条件，促使城乡教育资源合理流动，加强师资队伍建设，提高农村教育办学质量，从而为提高农民法治意识打好基础。

2. 开展农村特色教育

虽然农村教育相对落后，但是在义务教育阶段，城乡教育课程是统一的，没有做特别区分，因此需要结合农村实际，开展特色教育。

第一，在农村教育的初中义务教育阶段，增设相关的基础法律课程，结合村民自治实践增加关于民主法治的相关法律法规。首先，要组织熟悉农村实际，对农村法律法规有深入了解的法学专家教授，统一编写农村的法律基础课程；其次，要实现农村教师的定期流动，选拔优秀的农村教师进行法律知识培训，掌握法律知识课程的内容，明确目标定位，提高农村教师法律水平，使其在实际教学中能够有扎实的理论功底做支撑，保证教学质量；再次，要开设相关的农村法律基础课程，密切联系农村实际，激发学生的学习兴趣；最后，要通过农村基础法律课程的学习使相关法律法规深入民心，启蒙学生的民主法治意识，为农民整体法治意识的提升打好基础。

第二，加强农村职业教育发展，关注农村学生的技能培训，而不是一味追求升学率。由于一部分农村学生不能进入高一级学习阶段，因此就需要加强对这部分学生的职业教育。在当前的农村职高专业设置上，更多的是与城市发展需求相契合的专业，可以让学生毕业之后尽快适应城市工作环境，增加就业机会。但是，针对农村留守学生的农业相关技能培训却相对缺乏，使得他们没有掌握农业生产技术。很多年轻的农民都希望能够进城务工，找到一份好工作，在职业高中阶段对专业选择尤为关注，希望能有一技之长，导致这些学生一毕业就进城，农村青年大量流失。因此，要摆正思想，正确认识农村基础教育，转变以往的教育观念，大力发展素质教育，坚持理论联系实际的原则，逐步改革职业高中教学课程，创新教育方式，以提高农民整体知识水平和技能为目标，开设相应的农业技能培训。此外，国家要加大资金投入，对于学习农业技能的学生给予财政补贴，减免学杂费，在毕业后的农业就业方面给予政策支持，从而促使更多的年轻学生学习农业技能，并且把所学知识运用到生产实践之中，也可以培养出一批优秀的技术型人才，更好地推进农村的生产发展。

（四）弘扬乡风文明，加强法治环境建设

受长期封建思想的影响，农村地区的人治思想十分严重，我国正处于社会转型期，正由传统社会向现代社会转变，在这一过程中要充分发挥政府的主导作用，将传统优秀文化进行吸收整合，学习和借鉴优秀的国外经验，不断完善我国的法律制度，真正在实践中做到严格执法、公正司法。结合农村的生产实践，积极开展法律宣传活动，逐步培养农民法治意识，从而改善农村法治环境，推进城镇化建设。

1. 立足农村实际，创新普法形式

加快普法进程任何工作的开展都必须联系实际情况，农村普法教育也是如此。必须做到结合农民的生产实践，深入农民的日常生活之中，在普法时间上要避开农忙季节，不耽误农业生产。此外，要做好重点对象的选择，尤其是青年群体和外出务工人员，要利用好这部分人群的返乡假期，做好普法宣传活动。同时，还要考虑不同地区农民的文化差异问题，通过形式多样的普法宣传活动，将原先的抽象晦涩的法律条文转变为通俗易懂的内容，使农民树立法治意识，真正做到懂法、用法。

2. 发展农村社会文化事业，改善农村人文环境

大力发展农村文化事业，可以帮助改善农村人文环境，提高农民的文化素养，对于培养农民法治意识，对推进城镇化建设有着积极作用。

首先，要以农村经济建设为基础，不断促进农民增收，改善农民生活水平。由于我国

目前的农业发展较为落后，农业生产力低下，农民更多地依靠土地获得收入，收入水平不高，在基本生活水平不能达到基本要求的情况下，会抑制农民的文化需求。因此，要大力发展农村经济，实现规模化、产业化经营，不断提高农民收入，先解决农民的基本生活问题，然后再激发农民的精神文化需求。加大对农业产业的调整，不断拓宽农民增收渠道，发展特色农业和高附加值农业，同时还要加强农村基础设施建设，不断提高农民消费能力，尤其是文化消费能力。

其次，要大力弘扬农村优秀文化，加强文化传播，引导农民树立正确的文化观。政府部门要高度重视农民的文化需求，从农村实际出发，调动农民积极性，引导他们树立正确的文化价值观，正确看待多元文化碰撞，顺应时代的文化需求。一方面，要不断拓宽农民的信息渠道，打破原有的封闭环境，让农民能够快速接触国家的惠民政策和信息，及时掌握新的农业科技成果，激发建设新城镇的热情；另一方面，要完善农村公共设施建设，大力推进政府的"村村通"工程，让每家每户都能用上有线广播电视，同时要建设村文化室，形成完备的公共服务体系，满足农民的精神文化需求。此外，还要加强农村文化管理，将农村文化建设纳入整体规划建设，不断完善农村文化事业，促进农村文化产业发展，健全和完善公共文化设施，打击非法文化活动。对于不符合社会发展的乡村文化要及时消除，充分发挥先进文化的引导作用。

最后，要不断提升政府的扶持力度，合理配置文化资源，在文化设施的投入上要逐步增加，政府的惠农政策要落到实处，向文化建设倾斜。要保证资金投入到位，才能加强基础设施建设（如乡村文化室图书馆、卫生服务站等），这些与农民的精神文化需求息息相关。同时，还要开展形式多样的文化活动，不断满足农民的文化需求，既要对优秀传统文化进行宣传，又要创新改革，优化农村法治环境。

（五）拓展传播渠道，提升法治宣传效果

农村地区是我国法治建设的薄弱地区，需要我们加强农村法治建设，不断进行法律传播，推动法治建设。在法律传播过程中要推动法律法规的出台，选择良好的法律传播信息，在法律传播的内容上要进行筛选，以农村法治化为大背景，结合不同地区、不同情况，不断拓展传播渠道，提升法治宣传效果。

1. 要把农村法律传播置于依法治国的大背景下

法治是衡量一个国家民主政治水平的重要内容，我国将依法治国定为国家的战略方针，是适应社会发展需求的必然选择。农村地区的法律传播也要依靠依法治国的基本方略。因此，要坚持依法治国这条主线，置身于这个大背景之下，任何时候都不能有所偏离，否则就难以达到应有的目的。也就是说，在具体进行法律传播时要结合农村实际，传播相关法律知识，及时让农民掌握最新的农业农村信息，传播基本法律常识，提高农民法治意识。同时，还要传播国家的法治信息和法治思想，培养农民的法治意识，提高法治素养。

2. 要充分考虑对农村法治建设主体的法治素养培育

法治国家的主体是人民群众，这是民主法治国家的重要标志。在我国，推动法治建设的主体就是人民群众。农村人口占全国人口的大多数，在推动法治化进程中起到主导作用。因此，必须促进广大农民形成法治意识，这是实现法治国家的前提之一。由于受封建传统思想的影响，农民习惯于服从，也就是法律制度下的顺民。农民已经习惯了被动式的

管理方式，把自己的命运交给统治者，缺乏权利意识，不敢用法律维护自身利益。这样的话就会导致权力滥用现象，从而极大地挑战法律的公正性和权威性。随着改革开放的推进，村民自治制度应运而生，农村地区的社会秩序发生了很大变化，逐步向法治秩序过渡。在传播法律制度的同时，要加强对农民法治素养的培养，帮助农民形成主体意识，提高法治能力。

3. 针对不同区域、不同群体，传播的法律信息要有区分度

由于我国人口众多，地域广阔，因此不同民族和地域之间的农村发展水平是不一致的，存在不平衡性。农民在法律诉求方面具有很大差异性。如平原地区和山区的农民，发达地区和欠发达地区的农民，都各不相同。因此，在进行法律传播时，既要考虑基本法律知识的普及，还要结合不同地区的差异性进行有针对性的法律传播。例如，必须及时向农民传播一些关系农民切身利益的法律条文，从而激发农民法治热情，提高农民的法治素养，最终服务于城镇化建设。

当前，在法治中国建设稳步推进的时代背景下，农民法治素养的培育对于推进法治中国建设的历史进程具有深刻影响。面对全面推进依法治国这一重大法治议程，农民法治素养的发展在很大程度上反映了当代中国法治运行的基本状况。应当看到，中国城乡经济发展处于不平衡的现实状况，基于此，城乡法治发展同样存在不充分、不平衡的区域差异性。诚然，农民法治素养的提升仍有诸多需要改进的问题，需要整合国家法治与区域差异并统一于新时代法治社会。对于当前转型期的农村法治，应从经济基础、主体意识、民主政治、法律文化等方面深入分析，始终本着从中国国情出发、坚持自主创新型改革发展道路的精神探寻解决困境的方案，深刻认识当代农民法治素养的现实特点，积极推进农村法治发展的区域分析与差异化研究，深入总结中国农民法治素养培育的经验教训，强化农村主体法治意识，不断提升农村治理体系与巩固基层政权，以期实现新时代农村法治建设现代化的宏伟愿景。

第四节 新时代农民数字素养提升

一、数字农业与数字农业技术的应用

（一）数字农业

1. 数字农业的概念

数字农业是数字技术在农业领域的综合和全面应用。具体来讲，数字农业将遥感、地理信息系统、定位系统、计算机技术、通信和网络技术、自动化技术等高新技术，与地理学、农学、生态学、植物生理学、土壤学等基础学科有机地结合起来，实现在农业生产的全过程中对农作物从规划、投入、生产到农产品收获、加工、营销等全过程的模拟、监测、判断、预测和建议，达到提高资源利用率、降低成本、提高生产效率和产品质量、改善生态环境的目的。

国际上对数字农业有了比较系统、全面的定义，即数字农业是将数据作为农业生产的要素之一，用现代数字技术对农业生产的对象、环境和全过程进行可视化表达、数字化设计与管理的现代农业新业态。

数字农业使数字技术与农业生产的各个环节实现有机融合，对改造传统农业、转变农业生产方式具有重要意义。数字农业中的数据具有多源头、多维度、动态性及时效性等显著特点。数据维度是多元全面的，数据量是大规模、海量的。数字农业要在大量动态时空数据的基础上，对农业的某一自然现象或生产经营过程等进行数字孪生。例如，土壤中残留农药和农作物生产的数字化、农业自然灾害及农产品市场流通的数字化等。

2. 数字农业的特点

（1）生产智能化。数字农业通过集成物联网传感器、无人机监测、智能农机等先进技术，实现作物生长环境的实时监测和自动化管理。精准农业实践如变量施肥、智能灌溉系统，根据作物实际需求调整投入，极大提升了农业生产的智能化水平，确保作物健康成长，提高产量和品质。

（2）管理数据化。数字农业依托大数据平台，对农业生产过程中产生的海量数据进行收集、存储和分析。通过数据挖掘和模型分析，为农业生产提供科学的决策支持，实现种植、养殖、加工等各环节的精细化管理。数据化管理有助于优化资源配置，提高农业生产效率，降低生产成本，增强农业竞争力。

（3）信息网络化。数字农业利用互联网技术，构建起覆盖农产品生产、加工、储运、销售等全链条的信息网络。通过电子商务、社交媒体等线上渠道，实现农产品的直接销售和品牌推广，缩短供应链，提高产品流通效率。同时，数字平台也为农民提供了更广阔的市场信息和交易机会，促进农产品价值最大化。

（4）服务个性化。数字农业通过分析土壤特性、气候变化、作物生长规律等多维度数据，为农民提供个性化的种植建议和管理方案。结合智能决策系统，农民能够根据实时数据调整农事操作，实现精准农业实践。此外，数字服务平台还能提供市场分析、风险评估等增值服务，帮助农民把握市场动态，规避经营风险。

（5）环境友好化。数字农业倡导绿色生产理念，通过精准施肥、节水灌溉等环保技术，减少化学投入品的使用，降低农业生产对环境的影响。利用遥感监测和环境模拟技术，对农业生产活动进行环境影响评估，确保农业生产活动与自然资源保护相协调。数字农业的可持续发展模式有助于构建生态文明，实现农业生产与生态环境的和谐共生。

（二）数字农业技术的应用

1. 农业生产数字化

（1）种业数字化。种业数字化指通过大数据、人工智能、物联网、智能装备等在种业全产业链的应用，实现育种科研、制种繁种、生产加工、营销服务和监督管理服务的多场景信息化，品种创新数字化，生产经营智能化和产业体系生态化。

种业数字化主要体现在四方面。一是实现田间性状数据移动采集、实时传输、自动汇总，提高采集的规范性和准确性。二是做到各个育种环节的业务数据高效无缝对接。三是制定统一的作物育种性状数据采集标准，为育种大数据资源建设提供基础保障。四是育种全程信息化管控，有利于全面掌握研发能力、研发规模和研发进度，做到精准施策，大幅提升管理效率。

（2）种植业数字化。种植业数字化是数字技术在农作物种植各个环节的应用，通过获取、记录农业生产经营各个环节的数据，计算分析得出应对方案，为种植业各个环节的流程提供智能决策，以提高生产效率。

种植业数字化主要体现在三方面。一是在线监测农作物生长信息，并根据农作物生长需要自动调控设施环境，开展灌溉、施肥、防病、除虫、除草等自动化生产管理，降低生产成本。二是配备标准化、智能化的病虫害监测设备，重点布置自动识别虫情测报灯、自动计数害虫性诱捕器、流行性病害自动监测预报器等，实现病虫监测数据的自动化采集。三是获得农作物生长过程中的墒情、气象信息、生长情况等实时监测数据，并基于算法分析，得到农作物的全周期生长曲线，及时获得预警信息和生产管理指导建议。

（3）林草数字化。林草数字化是利用遥感、地理信息系统和全球定位系统等数字技术，经过大数据分析，对森林草原火灾、有害生物等进行预测，提升灾害防控监管和灾害应急快速反应能力。

林草数字化主要体现在三方面。一是打造以森林资源"一张图"、草原资源"一张图"为基础的经营、管理、监测一体化的监管体系，实现林草生态全面感知、风险预警可控、林地动态监管、物种实时保护。二是通过对林场相关数据的采集和分析，实现防火、防病虫害、防盗猎、生态效益实时监测及古树名木管理等功能，提高林场对森林资源的管护能力，实现林场的可持续经营。三是对林草业基地进行数字化改造，通过木材加工、营销等环节的数字化，提升林草业的生产经营水平。

（4）畜牧业数字化。畜牧业数字化是综合运用现代信息技术和智能装备技术，将畜牧养殖管理和技术数字化，利用互联网平台，实现畜牧养殖数字化、智能化管理，推动畜牧养殖由传统的粗放型向知识型、技术型转变。

畜牧业数字化主要体现在四方面。一是对规模化养殖场进行疾病监测和疫病传播跟踪，提高动物疫病防控能力与处置效率。建立动物电子免疫档案，实现动物疫病强制免疫信息化管理。二是对畜牧养殖过程进行全程监控，实现要素合理调配、养殖条件优化，提高监管能力，提升产品品质。三是记录全环节畜牧养殖流转信息，形成环环相扣的信息链条，有效防范不法分子违规开具检疫证明、违规调运等行为。四是数字牧场（养殖场）建设。通过对牧场（养殖场）全场设备数字化和网络化控制，收集环境指标、饲料消耗、环保指标等关键传感数据，实现畜禽养殖全过程的数据采集、数据分析、过程优化、智能控制和信息追溯，通过精细化养殖，提升效益。畜禽养殖主体建设智慧牧场管理系统，集成环境智能调控、精准饲喂、疫病防控、产品智能收集等设施设备，实现养殖全过程的统一集成化管理与智能化控制，降低生产成本、提高养殖效率。

（5）渔业渔政数字化。渔业渔政数字化综合应用现代信息技术，深入开发和利用渔业信息资源，促进渔业生产过程与监督管理的智能化和信息化，提升渔业生产和渔业管理决策的能力与水平，是加快渔业转型升级的重要手段和有效途径。

渔业渔政数字化主要体现在三方面。一是养殖户通过信息终端随时了解养殖环境的实时数据、水产品的生长情况、养殖车间的现场状况及设备装置的运行状态，实现对水体管理、环境调控、饵料投喂、放养密度、病害防控等养殖生产环节的精准把控。二是对渔业生产过程中产生的大量数据进行处理和分析，提供船位数据分析服务、国内渔业捕捞服务、远洋渔业服务、渔港服务、养殖管理和服务、水产品供应服务，为渔业生产提供辅助决策，提高渔业综合生产力。三是数字渔场建设。利用物联网、大数据、人工智能等现代信息技术，面向陆基工厂化养殖、池塘养殖、深水网箱养殖和海洋牧场养殖等不同场景，集成应用水体环境实时监控、饵料自动精准投喂、水产类病害监测预警、循环水装备控制、网箱升降控制等技术装备，建设智慧水产养殖管理平台，实现渔场水产品生长情况监测、疫情灾情监测预警及养殖渔情精准服务等功能，提高水产养殖效益。

2. 农产品加工智能化

农产品加工智能化利用物联网技术和设备监控技术，配备作业机器人、智能化电子识别和数字监测设备，建设农产品加工智能车间；建立果蔬产品包装智能分级分拣装置，实现果蔬产品的包装智能分级分拣；利用智能管理软件系统，实时准确地采集生产线数据，合理编排生产计划，实时掌控作业进度、质量与安全风险。

农产品加工智能化主要体现在三方面。一是加大产后烘干、储藏、保鲜等能力建设，有效减少农产品产后损失，提高防灾抗灾的能力，减损提质，保障农产品有效供给。二是提高农产品精深加工效率，减少后续加工难度及成本，增值富农，提升农产品价值产业链。三是以生产机械化来解决劳动力日益短缺的问题，省工节本，保障优势特色产业可持续发展。

3. 特色产业数字化监测

特色产业数字化监测利用物联网、大数据、区块链等现代信息技术，围绕乡村特色产业全产业链，采集生产基地、加工流通、品牌打造等方面的基础数据，实现特色产业监测指标与基础数据的直接对接。通过建立特色产业全产业链指标体系，建立乡村特色产业可信指数，实现乡村特色产业指标评价和指数化表达。

特色产业数字化监测主要体现在两方面。一是通过数据汇聚及可视化分析，实现特色产业画像及全国乡村特色产业"一张图"呈现，为乡村特色产业发展提供数据支撑与决策支持服务。二是及时发布特色产业运行情况，宣传特色产业建设成果。

4. 农产品市场数字化监测

农产品市场数字化监测利用自动定位匹配采集、信息智能识别与数据规则验证等信息技术，通过信息采集设备和信息采集系统，依据信息采集标准规范，对农产品交易地点、价格、交易量等多维度信息进行实时采集，并进行大数据分析，实现对农产品价格及变化趋势的监测预警。

农产品市场数字化监测主要体现在利用 App、微信公众号及时发布热点品种的市场供需和价格信息，为市场监管主体、农业生产经营主体和消费者提供决策依据。

5. 农产品质量安全追溯

农产品质量安全追溯是指运用信息化的方式，跟踪记录生产经营主体、生产过程和农产品流向等农产品质量安全信息，以满足监管和公众查询需要。

农产品质量安全追溯主要体现在两方面。一是规范企业生产经营活动，实现农产品来源可追溯、流向可跟踪、风险可预警、产品可召回、责任可追究，有效促进农业绿色生产。二是有效保障公众消费安全，当发生农产品质量问题时，可有效追查，提高检查部门的效率，同时保障消费者权益。

二、数字技能与信息利用能力提升

（一）农民的数字技能

农民的数字技能指农民利用数字技术获取、处理、分析和应用信息的能力，这些技能对于提高农业生产效率、拓宽农产品销售渠道、增强农村经济发展具有重要意义。具体来说，农民的数字技能包括以下几个方面。

1. 智能设备使用能力

农民能够熟练操作智能手机、电脑等智能设备。通过这些工具，农民不仅可以获取到最新的农业科技信息、气象预报、种植养殖技术，还能参与在线培训和远程咨询，不断提升自身的知识和技能。此外，智能设备还能够帮助农民进行日常管理和财务管理，提高工作效率。为了确保这些技能的有效运用，农民需要接受相应的培训，学习如何高效使用各类应用程序和软件，确保能够充分利用智能设备带来的便利。

2. 信息获取与甄别能力

在信息爆炸的时代，农民能够通过互联网等渠道获取大量关于农业生产、市场动态、政策法规等方面的信息。然而，信息的真实性和准确性对于决策至关重要。因此，农民需要培养甄别信息真伪的能力，学会从权威渠道获取信息，避免受到误导。这要求农民具备基本的信息素养，能够批判性地分析和评估所获得的信息，确保决策的科学性和有效性。通过参加相关的信息素养培训和实践，农民可以提高自己在信息海洋中的"导航"能力，做出更加明智的选择。

3. 网络营销与电子商务能力

随着互联网技术的发展，电子商务已经成为农产品销售的重要渠道。农民利用电商平台和社交媒体进行农产品的在线销售和宣传推广，不仅可以拓宽销售渠道，还能够提高农产品的市场竞争力和品牌影响力。此外，通过网络营销，农民还可以直接与消费者沟通，了解市场需求，及时调整生产策略。为了有效开展网络营销，农民需要学习相关的电子商务知识，掌握产品摄影、页面设计、客户服务、物流管理等技能，并通过实际操作不断提升自身的营销能力。

4. 数字安全意识

在使用数字技术的过程中，农民必须意识到网络安全的重要性。个人信息的泄露和网络诈骗等问题可能给农民带来严重的经济损失和信任危机。因此，农民需要培养良好的数字安全意识，学习如何设置复杂的密码、识别钓鱼网站、保护支付信息等，以确保自己的信息安全和财产安全。通过参加网络安全教育和培训，农民可以提高防范网络风险的能力，更加安心地享受数字技术带来的便利。

5. 数据分析与决策能力

大数据和云计算等现代技术为农业生产提供了强大的数据分析工具。农民能够利用这些技术对农业生产数据进行分析，如土壤湿度、作物生长周期、市场需求等，从而做出更加科学的种植和养殖决策。数据分析能力的提升有助于农民优化生产计划，提高产量和质量，降低成本和风险。为了掌握这些技能，农民需要接受专业的培训，学习如何收集和处理数据，运用统计学原理和数据分析软件，提高决策的科学性和准确性。

6. 数字技术推广应用能力

物联网、智慧农业等数字技术正在逐渐改变传统的农业生产方式。农民掌握并应用这些技术，可以提高农业生产的智能化和精准化水平，实现资源的高效利用和环境的可持续发展。例如，通过智能监控系统，农民可以实时监测作物生长状况和农田环境，及时调整灌溉和施肥策略。此外，通过无人机、自动化机械等设备，农民可以减轻劳动强度，提高作业效率。为了有效应用这些技术，农民需要不断学习和实践，与专业技术人员合作，逐步提升自身的技术水平和应用能力。

(二) 信息利用能力

1. 互联网农业信息的获取

(1) 学习使用搜索工具。有效的搜索技巧对于农民在互联网上找到所需信息至关重要。农民应学习如何使用搜索引擎的高级功能，比如使用特定的关键词搜索、排除不相关的词汇、限定信息发布的日期范围等。这些高级搜索技巧能够帮助农民快速地找到最相关和最权威的信息。此外，农民还可以学习使用专业的农业搜索引擎和数据库，这些工具通常提供更为专业和深入的农业相关信息。掌握这些搜索技巧，农民就能够更加高效地利用互联网资源。

(2) 关注官方和权威发布。农民在获取农业信息时，可以利用以下一些权威的信息平台，如农业农村部官方网站、国家农业科学数据中心、农业农村部大数据发展中心、中国农业大数据平台、中国农业农村信息网等。这些平台发布的信息通常是经过严格审核的，因此更为可靠。农民应养成关注这些官方渠道的习惯，如农业农村部门的通知、科研机构的研究成果发布等。这些信息不仅涉及农业生产技术，还包括市场动态、政策法规等对农民至关重要的内容。同时，农民也应关注这些信息的最新动态，以便及时了解和适应政策变化和市场趋势。

(3) 利用社交媒体和网络社群。社交媒体和网络社群为农民提供了一个获取信息和交流经验的新渠道。农民可以在这些平台上关注行业专家、农业组织和其他农民分享的知识和经验，同时也学习他人的知识和技巧。然而，社交媒体上的信息质量参差不齐，农民需要保持警惕，避免接收未经证实的信息。通过在社群中积极互动，农民可以建立起一个可靠的信息网络，同时也能够提升自己的信息筛选和判断能力。

2. 农业信息真伪的辨别

农民在网络上获取农业信息时，面临着信息真伪难辨的问题。为了辨别网络上农业信息的真实性，可以采取以下措施。

(1) 核实信息来源。信息的来源是判断其真伪的第一步。农民应优先选择政府官方网站、农业科研机构、知名农业企业和专业农业信息服务平台等权威渠道发布的信息。这些渠道的信息可信度较高。

(2) 多方对比验证。面对同一信息，农民可以通过多个渠道进行对比验证。如果多个权威来源的信息内容一致，那么该信息的真实性就更有保障。此外，对于网络上的农业信息，农民还可以通过查阅相关的研究报告、技术文档等，进一步核实信息的准确性。

(3) 咨询专业人士。对于不确定的信息，农民可以直接向农业专家、技术推广人员或有经验的同行进行咨询。这些专业人士具备丰富的知识和实践经验，能够提供准确的指导和建议。通过专业人士的帮助，农民可以避免受虚假信息的误导，做出更合理的决策。

(4) 培养批判性思维。在信息爆炸的时代，培养批判性思维对于辨别信息真伪至关重要。农民应学会不轻信网络信息，对于未经证实的信息保持怀疑态度。在实际应用中，农民可以通过小规模试验或实地考察，验证信息的可行性和有效性。通过这种方式，农民不仅能够辨别信息的真伪，还能够提升自身的信息素养和决策能力。

3. 农业信息的利用

农民有效利用农业信息对于提高农业生产效率、增加收益和适应市场变化至关重要。

（1）优化农资采购决策。农业信息的获取可以帮助农民在购买种子、肥料、农药等农资产品时做出更明智的选择。通过比较不同供应商提供的价格和产品质量信息，农民可以选择性价比更高的产品，降低生产成本。此外，了解农资产品的使用方法和注意事项，可以避免浪费和误用，提高资源利用效率。

（2）增强市场适应能力。通过关注市场价格信息和需求动态，农民可以及时调整生产计划和销售策略，以满足市场需求。例如，如果市场上某种作物的价格较高，农民可以考虑增加该作物的种植面积；如果某种作物的市场需求减少，农民可以转向种植其他更有市场前景的作物。此外，农民还可以通过网络平台直接销售农产品，拓宽销售渠道，提高收入。

（3）应对自然灾害和气候变化。农业信息平台提供的气候变化和灾害预警信息对于农民来说至关重要。农民可以根据这些信息提前做好防灾准备，如调整种植时间、采取防洪措施等，以减少自然灾害对农作物的影响。同时，了解气候变化趋势也有助于农民选择适应性强、抗逆性好的作物品种，提高农业生产的稳定性和可持续性。

（4）参与政策制定和乡村治理。农业信息平台不仅是农民获取生产技术的信息来源，也是了解国家农业政策、参与政策讨论的重要渠道。农民可以通过这些平台了解最新的农业补贴政策、税收优惠等信息，确保自己的权益得到保障。同时，农民还可以通过参与线上讨论和反馈，向政府和相关部门提出自己的意见和建议，参与到乡村治理和农业发展决策中。

三、农产品电子商务与网络营销能力提升

（一）农产品电子商务

1. 农产品电子商务的概念

农产品电子商务是一种全新的农产品交易模式，指在农产品生产加工与销售配送过程中全面导入电子商务系统，利用信息技术与网络技术，在网上进行信息的收集、整理、传递与发布，同时依托生产基地与物流配送系统，在网上完成产品或服务的购买、销售和电子支付等业务的过程。它充分利用互联网的易用性、实用性、广域性和互通性，实现了快速高效的网络化商务信息交流与业务交易活动。

2. 农产品电子商务模式

农产品电子商务模式多样，包括 B2B（企业对企业）、B2C（企业对消费者）、C2C（消费者对消费者）等。

（1）B2B（企业对企业）模式。B2B 模式主要针对的是农产品的批发交易，这种模式涉及的是企业之间的大宗商品交易。在这种模式下，农产品生产者或供应商通过电子商务平台向其他企业提供产品，这些企业可能是加工企业、餐饮业、超市或其他批发商。平台如慧聪网、中农网等提供信息服务和交易撮合，使得农产品能够快速、高效地流通到需要它们的企业手中。这种模式有助于农产品生产者扩大销售范围，同时也为企业提供了稳定和可靠的货源。

（2）B2C（企业对消费者）模式。B2C 模式是农产品电子商务中最常见的形式，它直接连接农产品生产者和最终消费者。通过第三方交易平台，如淘宝、京东、拼多多等，农民或农产品企业可以直接将产品销售给消费者。这种模式的优势在于它能够缩短供应链，

减少中间环节，从而降低成本并提高效率。同时，消费者也能够直接购买到新鲜、质量可靠的农产品。此外，B2C模式还有助于农产品品牌建设，通过平台的营销工具和活动，可以更好地进行农产品市场推广和品牌宣传。

（3）C2C（消费者对消费者）模式。C2C模式在农产品电子商务中也占有一席之地，特别是随着社交媒体和移动应用的普及，越来越多的农户通过这些平台直接向消费者销售农产品。这种模式允许农户以个人或小规模的形式参与电子商务，为消费者提供定制化和个性化的服务。消费者可以通过社交媒体平台了解农产品的生产过程和背后的故事，这种透明度和互动性有助于建立消费者信任，促进农产品的销售。

（4）集成化、智能化发展趋势。随着技术的进步，农产品电子商务开始向集成化和智能化方向发展。例如，一些生鲜零售企业通过整合线上平台、线下门店和餐饮服务，创造全新的购物体验。消费者可以通过线上平台下单，选择到店自提或在家享受送货上门服务，同时还可以在线下门店享受餐饮服务。这种模式不仅提高了消费者的购物便利性，也为农产品的销售提供了新的增长点。此外，智能化技术的应用，如大数据分析、物联网监控等，也在提高农产品流通效率、保障食品安全和提升消费者体验方面发挥着重要作用。

（二）农产品网络营销方法

1. 搜索引擎优化

搜索引擎优化（SEO）指通过优化网站的结构和内容，提高网站在搜索引擎中的排名，增加网站的流量和曝光度。通过合理选择关键词、优化网页标题和描述、改进网站结构和内部链接等方法，提高网站的搜索排名，增加用户率。

2. 搜索引擎营销

搜索引擎营销（SEM）指通过在搜索引擎中购买关键词的方式，将网站的链接展示在搜索结果页面的广告位上，吸引用户进入网站。相比于SEO，SEM能够更快地提升网站的曝光度和流量，但需要支付一定的费用。

3. 社交媒体营销

社交媒体营销指通过社交媒体平台，如微博、微信等，发布有关产品或服务的信息，吸引用户关注和转发，提高知名度和影响力。通过定期发布内容、与用户进行互动、开展活动等方式，吸引用户关注，增加潜在客户。

4. 内容营销

内容营销指通过发布有价值的内容，吸引用户关注和转化为潜在客户。内容可以包括文章、视频、图片等形式，通过有趣、有用的内容吸引用户注意，提高用户的认知和信任度。同时，通过内容的分享和传播，扩大影响。

5. 电子邮件营销

电子邮件营销指通过发送电子邮件，向用户提供有关产品或服务的信息，推动用户购买或转化。通过建立用户订阅系统，收集用户的电子邮件地址，并定期发送有价值的信息，可以增加用户的关注度，提高用户的转化率。

6. 移动营销

移动营销指通过移动设备，如手机、平板电脑等，向用户提供有关产品或服务的信息，吸引用户关注和转化。移动营销可以通过短信、应用程序、移动广告等方式进行，随着移动设备的普及和使用频率的增加，移动营销也成为一个重要的推广渠道。

7. 视频营销

视频营销指通过制作和发布有关产品或服务的视频，吸引用户观看和转化。视频可以通过视频网站、社交媒体等平台进行发布和传播，通过生动形象的视频展示，可以更好地吸引用户的注意，提高用户的转化率。

第八章 农业产业化与一二三产业融合发展

第一节 我国农业产业融合发展

一、农业产业化的本质及特征

农业产业化是以市场为导向，优化组合各种生产要素，使农业走上自我发展、自我积聚、自我束缚、自我调整的良性发展轨道的现代化经营方式和产业组织模式。它的实质是指对传统农业进行技术改造，推动农业科技提高的进程。这种经营模式从整体上推进传统农业向现代农业的转变。

（一）本质

农业产业化的本质从各角度都有不同的观点，主要的观点有以下3种。

1. 农业产业化是将农业产业系列一体化

其实质是通过企业对国内外市场的整体把握，最大化地提高农业效率。根据国内外农业市场经济发展的整体环境，将农业产品生产中的各个环节，包括企业、农业基地、农户等一体化，因而使当地农业走可持续发展的道路，协调有益地发展，推进当地农业现代化进程。

2. 农业产业化是一种新型的生产经营方式

这种方式同时要具有现代管理体系。也就是说，在当前中国的农业经济发展宏观调控下，按照经济发展的规律，将区域的农业发展产业化一体化，其中包含了当地区域的农业科技研发创新、现代农业知识的培训和辅导、农产品基地的建设生产、农产品的多元化加工、农产品的储存运输、农产品的对外贸易等环节集于一体化的管理和经营。

3. 农业产业化以提高农业和农村经济为主要目标

这种观点认为，农业产业化主要包含了3个因素，即特色支柱农产品、当地的龙头骨干企业、现代化一体化的经营模式，这三者有机结合、缺一不可。也就是按照市场经济发展规律，在以提高农业和农村经济为主要目标，行使家庭联产承包责任制的条件下，对农业和农村经济的传统产品、主要产业，实行分工明确的重新组合，各个环节互相紧扣以形成农业产业化实体，这种实体从一定意义上具有将农业产业利益较大优化的能力，从而使农业得到良性发展。

（二）特征

农业产业化有许多种外在特征，可以从各方面进行描述，现归纳如下。

第一种观点，农业产业化是在和传统农业作对比中产生的，其特征是：运用现代化农业的科学技术，将农业中农产品和农业技术手段进行改造和升级，不再是以往的靠天吃饭，逐步打破这一制约，和自然抗衡。

第二种观点，农业产业化的特征是：农业生产手段现代化，把城市与农村紧密相容结合起来，使城乡差距缩小、相互促进、共同进步，而且不管是大农业还是小农业都应该逐步专业化。城市和乡村的紧密结合还体现在农业与工商业的结合上，在市场机制下，农业与工商业之间应做到互利互惠，互相帮助。

二、推动农业产业化发展的措施

（一）政府加大投入

政府应建立健全农产品市场体系，加大政策性金融对"三农"的支持力度，是提高农民收入、实现农业产业化的关键。

（二）提高劳动者素质

劳动者素质的高低，直接影响着农业产业化的发展速度，加大教育资金投入以提高农民的文化水平，力求从根本上扭转农民传统落后的发展观念。继续发展农业中等、高等教育，培养农业及相关技术开发和推广应用的农业专门人才，开办各种形式的农业职业教育，提高农业后备军素质。

（三）充分发挥科技创新和技术推广的作用

从农业发展实际的需要出发，加快技术更新和科技成果的转化，使其发展成拥有自主知识产权、创新能力强的现代农业企业或企业集团。深化农业科技和技术推广体制改革，加大科技投入、培训力度，提高农产品的科技含量，增加经济效益。

（四）建立健全农业社会化服务体系

将农协组织合法化，制定有利于其成立与发展的法规政策，发挥规模优势，提高竞争能力；充分运用税收、信贷和补贴等经济手段扶持农协组织的发展；提高农业企业产业化经营服务水平。

（五）建设信用约束机制，完善调配机制

推进农业产业化涉及多种行业、多种部门的经济利益关系，只有处理好各个部门、行业之间的关系，致力于构成正当且公平的利益调配机制，才能使农业产业化拥有良好的发展态势。让农民切实地得到农业产业化所带来的利益，形成利益共享、风险共担的利益共同体，同时增强农民法治意识，解决好农户与企业的信用问题，农户和企业都可放心合作，在利益的驱动下更好地发展农业产业化经营。

第二节 农村一二三产业融合的意义

一、一二三产业对农村经济发展的意义

一二三产业是当前产业发展的重要类型，对于农村经济发展有显著意义，具体分析不同产业的意义可以更加全面地认识产业价值。

（一）第一产业的作用分析

第一产业是农村经济的支柱产业，是农村经济发展的根本。就目前的具体分析来看，乡村经济发展所仰仗的重要资源便是土地，因此土地是农村经济发展中的核心。基于土地

的利用，乡村经济发展中有着种植业、林木业以及养殖业等，这些产业为乡村经济的发展带来了活力。简言之，第一产业是乡村经济结构中的核心，是乡村经济的根本，所以稳定产业发展现实意义显著。

（二）第二产业的作用分析

第二产业是乡村经济安全性和稳定性提升的重要辅助力量。从具体的分析来看，第一产业的发展会受到极端天气等其他自然灾害的影响，脆弱性比较强，所以要想保证农村经济的进步，不能仅依靠第一产业。相比于第一产业，第二产业的抗灾能力和稳定性更强，而且当前阶段的城市产业转移和农村劳动力解放为乡村第二产业的发展提供了优越的条件，所以现阶段的乡村第二产业发展速度和水平在明显提升。简单来讲，乡村第二产业的发展提供了较多的就业岗位，而农业现代化水平的提升正好解放了大量的劳动力，这些就业岗位为劳动力的合理安排提供了条件，所以说第二产业成为乡村经济安全发展的重要推动者。

（三）第三产业的作用分析

第三产业是乡村经济发展的助推器。简单来讲，乡村经济最稳定的支持是第一产业，其规模大，比重高，对于乡村经济的整体性进步有显著作用，而第二产业是第一产业劳动力转移的重要承担者，而且第二产业丰富了乡村经济结构，对于乡村经济发展安全提升起到了重要的作用。至于第三产业，因为当前的农村经济发展观念和模式尚没有较为突出的转变，所以第三产业的发展依然比较慢。但是在当前乡村经济体制改革的推动中，部分区域已经通过试点的方式加强了农村第三产业的发展和利用，第三产业的布局进一步丰富了乡村经济发展结构，为乡村经济的发展提供新鲜的力量。

二、一二三产业融合对乡村经济振兴的作用

一二三产业融合对于乡村经济振兴而言有着突出的作用，当然，这种作用不是单方面的，而是从多个方面体现出来的。通过具体的分析可知，振兴作用主要表现为以下三点。

（一）实现乡村经济的可持续发展

就当前的分析来看，我国经济发展积极地走绿色化道路和可持续化道路，目的就是要实现我国经济的稳步提升，而过去的农村产业结构比较单一，一旦生产发生问题，农村经济便会遇到毁灭性打击。实现一二三产业融合后，这种局面能够得到有效的改善。首先是一二三产业的融合实现了农业对工业的支持，工业对农业的反哺作用也更加地显著，而且有了工农业的发展，服务业的繁荣程度也在显著地提升。三大产业相互影响，相互促进，有效提升可持续性发展。其次，一二三产业的融合实现了农村剩余劳动力的有效转移，尤其是第三产业的发展为农民发展副业提供了机遇，这使得农村产业结构的合理性有了明显的提升。

（二）提升乡村经济抗风险能力

一二三产业的融合有效改变了农村的单一收入结构，农村居民依然以农业生产为主，但是在农闲的时候，他们可以走进工厂从事第二产业的相关劳动，从而获取报酬。至于那些不愿意从事种植的农民，其可以通过土地流转将承包土地出租，自己可以进入厂房做工人。另外，有商业头脑或者是经济基础的农户可以在农村构建休闲度假中心满足当前的市场旅游需要。简言之，实现一二三产业的融合，农村居民的收入结构改变，整个农村抗风

险的能力得到了有效的提升。

(三) 实现乡村经济的规模化和现代化发展

仅仅是依靠乡村固有的经济模式进行发展和转型，乡村经济发展水平短时间内很难获得明显的提升。而传统的农业发展结构对于技术研发、人才引进也十分不利，所以农村经济发展的规模扩大较为困难，现代化水平提升也比较困难。实现一二三产业的融合，农村经济发展不仅有第一产业，更有第二产业和第三产业，其中二三产业的发展需要技术和人才，其对于人才的吸引力也较大，所以人才引进会更加方便。再者，有了二三产业作基础，技术研发和管理的提升也会有相应的转变，这能够有效促进乡村经济发展的现代化。

第三节　推进一二三产业融合发展的策略

一、发展多类型农村产业融合方式

(一) 着力推进新型城镇化

1. 城镇化与新型城镇化的概念

城镇化指非农业经济在社会占比的不断提高导致社会结构的整体转变。"城镇化"主要表现在以下几个方面：城市人口的增加；城市传统文化的丰富；服务业和旅游业等产业的快速发展；城市面貌的变化和城市面积的增长。如果城市得到充分发展，还将对周边地区的发展起到带动作用，树立该地区良好的经济文化意识，促进周边地区城镇化的发展。

新型城镇化概念是在旧的城镇化基础上衍生的，更进一步要求提高质量，将以前以扩张为主的目标转变为以科学的理念来设计城镇化建设。从我国新型城镇规划内容可以看出，要实现新型城镇化，就要实现人与人之间的协同发展，坚持以人为本。新型城镇化的内涵主要可以概括为三方面。一是新型城镇化以人民为中心，使人民享受到平等的社会服务。二是新型城镇化强调科学、协调发展，城乡统筹规划，共同发展。三是新型城镇化强调绿色、可持续发展，注重生态保护。新型城镇化有6个基本特征，即城乡统筹、城乡一体、产业互动、节约集约、生态宜居、和谐发展。推动新型城镇化就是推动城乡融合发展。立足城乡统筹，不放弃农村建设，致力于缩小贫富差距，实现城乡协同发展。因此，发展新型城镇化不是放弃农村，而是更好地发展农村。

2. 开展新型城镇化战略的必要性

(1) 新型城镇化是乡村振兴的重要途径。产业振兴为乡村振兴奠定基础，城乡产业融合是新城市的主要任务，产业和农村资源的自由流动是最终目标。我们可以通过增加城市、增加农业活动、尝试从事非农业工作及缩小它们之间的劳动力差距来提高农业价值。新型城镇化将为乡村振兴战略提供重要支持。

(2) 新型城镇化是乡村振兴的联合引擎。结合产业和城市建设的全面发展，从跨境到农村，融合一二三产业，完善产业农村一体化发展体系。新城区的建设，不仅可以实现农村与大、中、小城镇之间资源的运行和整合，而且可以促进农村经济的发展。这不但促进了城市发展，还振兴了农村地区。因此，新型城镇在乡村振兴中发挥着重要作用。

(3) 乡村振兴是新型城镇化的必然结果。市民是新城市的基础，共享是新城市的主要目的。确保农民工获得城市地位，得到与城市人口同等的关怀。这将彻底改变我国城市人口流动的问题。在一些地方，可以根据实际情况发展小城镇，以实现城市更多农民工的目标。城乡产业也是重要的城市目标。产业融合可以为农业发展节约能源，实现城乡一体化和农业现代化。

3. 新型城镇化和城乡融合发展对策

（1）提高城市群和城镇发展质量。构建世界级、国家级和区域级三级城市群体系，按照综合承载能力、开发强度和发展潜力标准，合理划定城市增长边界，优化空间布局，确定生产、生活和生态空间，明确城镇功能定位，提高城镇发展质量。推动区域一体化发展，不断增强城市群对农业转移人口的吸引力和承载力，使之成为推进新型城镇化的主体形态和吸纳新增城镇人口的核心载体。

（2）构建科学合理的城镇化格局。在规模格局上，优化提升中心城市功能，加快中心城市转型升级，充分发挥其引领带动作用。积极培育中小城市和特色城镇，有序推进设市工作，强化公共服务和产业支撑，促进大中小市和小城镇网络化发展。在空间格局上，着力抓好中西部尤其是老少边穷地区城镇化，加快城镇棚户区和城乡危房改造，积极培育一批新增长点、新增长极、新增长带，提高城镇的吸引力、承载力和产业支撑能力。

（3）加快农业转移人口市民化。进一步完善农业转移人口市民化的成本分担和利益协调机制。一方面，全面深化户籍制度及配套改革，完善城乡建设用地增减挂钩、人地钱挂钩机制及相关配套政策，促进符合条件的农业转移人口尽快落户城镇。另一方面，加快城乡基本公共服务均等化步伐，扩大居住证享受公共服务的范围，并逐步与户籍制度并轨，实现城镇基本公共服务常住人口全覆盖，最终实现市民化与城镇化同步。

（4）降低城镇化的资源环境成本。从根本上改变发展方式粗放、可持续性差、资源环境成本高的城镇化模式，坚持生态优先、绿色发展，统筹协调城镇化与资源环境的关系。全面推进节能、节水、节地、节材工作，大幅降低城镇化进程中的资源消耗和"三废"排放，提高资源配置和土地利用效率。推进低效产业用地再开发，走资源消耗低、环境友好、集约高效的绿色城镇化道路。

（5）完善城乡融合发展体制机制。实行新型城镇化与乡村振兴联动，加快农村承包土地和宅基地"三权"分置改革，完善进城落户农民农村"三权"自愿有偿退出机制和资本化途径，构建城乡统一的户籍登记、土地管理、就业管理、社会保障制度等公共服务和社会治理体系，促进城乡要素、产业、居民、社会和生态全面融合，推动城镇公共服务向农村延伸，使城市与乡村成为一个相互依存、相互融合、互促共荣的共同体。

（6）拓宽城乡融合发展融资渠道。大力推进农村金融创新，完善农村金融体系，适当增加农业政策性银行。农村金融服务机构要加大对农民工返乡创业的信贷支持力度，要明确将"取之于农"的存款按照一定投放比例"用之于农"。为农民贷款申请和发放提供可靠的依据，进而降低门槛，提高授信额度。

（二）加快农业结构调整

以农牧结合、农林结合、循环发展为导向，调整优化农业种植养殖结构，加快发展绿色农业。建设现代饲草料产业体系，推广优质饲草料种植，促进粮食、经济作物、饲草料三元种植结构协调发展。大力发展种养结合循环农业，合理布局规模化养殖场。加强海洋牧场建设。积极发展林下经济，推进农林复合经营。推广适合精深加工、休闲采摘的作物新品种。加强农业标准体系建设，严格生产全过程管理。

(三) 延伸农业产业链

农业产业链是整个乡村振兴中最重要的发展环节,在当前的现实情境下,可以通过构建农业全产业链,以拓展和延伸产业链、推动农民进入产业链、促进产业链协调顺畅、多种形式加速流通、减少环节、降低成本的投融资、电子商务、信息服务、物流配送等为一体的供应链生态系统,以一二三产业的融合为依托,整合出适应当前发展的模式。

(四) 大力发展农业新型业态

实施"互联网+现代农业"行动,推进现代信息技术应用于农业生产、经营、管理和服务,鼓励对大田种植、畜禽养殖、渔业生产等进行物联网改造。采用大数据、云计算等技术,改进监测统计、分析预警、信息发布等手段,健全农业信息监测预警体系。大力发展农产品电子商务,完善配送及综合服务网络。推动科技、人文等元素融入农业,发展农田艺术景观、阳台农艺等创意农业。鼓励在大城市郊区发展工厂化、立体化等高科技农业,提高本地鲜活农产品供应保障能力。鼓励发展农业生产租赁业务,积极探索农产品个性化定制服务、会展农业、农业众筹等新型业态。

(五) 引导产业集聚发展

产业集聚是当今世界经济中颇具特色的经济组织形式,是相同或相近产业在特定地理区域的高度集中、产业资本要素在特定空间范围的不断汇聚过程。产业集聚促进了区内企业组织的相互依存、互助合作和相互吸引,一方面,产业集聚有利于降低企业运营成本,包括人工成本、开发成本和原材料成本等,因而有利于提高企业劳动生产率,有利于提升企业竞争力;另一方面,集聚体内企业之间的相互作用,可以产生"整体大于局部之和"的协同效应,最终有利于提高区域竞争力,促进区域创新发展。

二、农村产业融合发展助推县域经济增长

(一) 产业融合、产业结构升级和县域经济增长

产业结构升级能够通过增强自身竞争力和提高劳动生产率,进而实现经济增长。已有研究表明,县域生产总值中约有4.4%的份额来自产业结构红利,产业结构的优化对县域生产总值增长的贡献达到24.35%。农村产业融合依托于农业,通过引进二三产业的资本和技术等生产要素,实现产业结构的整体升级。依据现实情况而言,农村产业由于其自身的自然资源有限性、供求缺乏弹性以及市场刚需等弱质性,在与二三产业成本收益的比较中始终处于劣势。因此,产业融合通过增加农业与二三产业的联系,能够赋予农业新的活力,成为现代化农业发展的必然趋势。

(二) 产业融合、城镇化水平提高和县域经济增长

城镇化水平的提高有助于经济增长。随着城镇化率的提高,农村剩余劳动力向制造业和服务业转移,优化了要素配置效率。同时,城镇群体的扩大,增加了消费、公共设施和服务等的需求,进而为经济转型和社会发展提供了源源不断的动力。而农村产业融合则加速了自身与新型城镇化的有机结合、联动发展。具体而言,近年来,受到政策调整和制度改革激励,农业加快自身的纵向延伸,通过农业产业化,实现了农工贸一体化发展。另外,农业与二三产业的横向融合发展,不断催生了农产品电商、休闲旅游和康养农家乐等多种新型农村形态。农村产业的纵向延伸和横向融合,有利于形成一批以农产品加工、销售、物流以及休闲旅游业等为特色的小城镇和产业园区,提供更多就业岗位,一定程度上

缓解了农民工结构性失业问题，同时对农村剩余劳动力，尤其是妇女和老年劳动力等弱势群体，就地就近工作提供了产业支撑。此外，农业与高新技术、信息技术的融合发展，打破了农村相对封闭的状态，增加了城乡交流频次，促进了农民生活、生产观念的城镇化和现代化，为城乡一体化水平的提高提供了不竭动力。

第四节 农村一二三产业融合发展的机制与路径

一、农村一二三产业融合发展的动力机制

（一）经营主体创新为农村产业融合发展提供创造力

经营主体创新从内生动力上支撑着农村产业融合发展，其衍生路径可以概括为：从经营主体类型创新到经营主体间的合作创新，再到推动产业融合发展。农村产业经营主体大致上可分为两类：一是在乡的家庭经营农户（或称"小农户"）和新型农业经营主体；二是下乡返乡的经营主体。

1. 在乡经营主体创新推动农村产业融合发展

新时代以来，中央层面提出加快培育新型农业经营主体，推动构建新型农业经营体系。新阶段，我国农村经营主体格局发生重大变化，由前一阶段的家庭经营农户占主导，转变为农业企业、农民专业合作社、家庭农场、小农户等多类型经营主体共同发展。在此过程中，包括家庭经营、集体经营、合作经营、企业经营在内的复合型现代农业经营体系逐渐得以完善。这一变化反映出我国农村产业经营主体的类型创新，在经营主体维度推动农村产业融合发展。

2. 下乡返乡经营主体创新推动农村产业融合发展

下乡返乡经营主体指的是农民工、大中专毕业生、退役军人、科技人员等到农村从事产业经营的群体。近年来，下乡返乡经营主体抓住乡村产业振兴机遇，在农村举办各类融合项目，推动农村产业融合发展。一方面，中央和地方基于推动乡村振兴和城乡融合发展等目的，大力支持上述各类主体下乡返乡开展产业经营，增强农村产业发展动力。另一方面，这些主体认识到农业农村资源在城乡居民消费需求升级背景下所显现的稀缺价值，以及农村产业融合发展的难得机遇，表现出参与农村产业发展的强烈意愿。下乡返乡经营主体在经营理念、资金积累、技术专长和市场渠道等方面具备一定优势。他们根据市场需求，深入开发农业农村资源，将经营领域从农业生产拓展至农村第二产业和第三产业，推动生产要素在一二三产业之间优化配置，创办诸如特色种养、加工流通、休闲旅游等融合业态，同时依托生产基地优势和流通仓储优势，探索发展"生鲜基地+冷链物流""中央厨房+食材冷链配送"等经营模式。在创办项目过程中注重与小农户合作经营，建立"订单收购+分红""农民入股+保底收益+按股分红"等多种合作模式，促进当地农民收入提升、素质提高和观念更新。他们在生产经营中集成应用农业先进技术，提升农业机械化水平，加强信息技术使用，注重产品质量安全，还带动了农村基础设施和人居环境的改善。总而言之，下乡返乡经营主体带来的新变化新动能，带动了不同经营主体间的合作创新，推动了农村产业融合发展。

(二) 技术创新和政策创新为农村产业融合发展提供驱动力

1. 技术创新驱动农村产业实现融合发展

技术创新下，替代性或关联性技术在不同产业之间扩散融合，使产业间有了共同的技术平台，引发不同产业之间的产品融合、业务融合和市场融合，使产业边界模糊乃至产业界限被重新划分，从而出现产业融合现象。就农村产业领域而言，技术创新打破了农村三次产业之间的技术壁垒，使其有了通用技术，进而逐渐消融了原有的产业边界，促成了产业融合发展。

当前，以信息技术和生物技术为代表的现代技术创新，为农村产业融合发展提供了强劲的驱动力。

一方面，互联网、大数据等现代信息技术加快扩散渗透于农村一二三产业当中，引起农业生产、加工、流通、销售和服务等多环节之间的融合，进而催生出跨界融合的新产品、新服务和新业态，满足日益升级的市场需求。现代信息技术使得农业与农产品加工业、现代物流、电子商务等服务业之间可联可控，推动其融合发展。依托现代信息技术优势，消费者需求和偏好等数据可以准确及时传递到农产品和服务供应链各环节，引导农村产业经营主体按照消费者需求组织生产、加工和流通，以及质量追溯等。现代信息技术深刻地改变了农业生产和服务方式，实现农业生产的实时监测和全方位的农业信息技术支撑。现代信息技术和农产品加工业生产过程的融合推动了拣选、加工、包装等智能制造设备的研发应用，增强了安全生产风险可控性和质量追溯准确性。信息技术与农村产业的融合不仅连通了农村产业的诸多环节，还催生了数字农业、智慧农业等融合业态，而这些融合业态的成长进一步推动农村产业加深融合。

另一方面，生物技术育种、基因工程、发酵工程、生物饲料和生物农药等现代生物技术应用于农业生产及相关产业领域，推动了产业融合发展。现代生物技术应用于农业，不仅能够提高农业产量、品质、抗性，还推动科技研发与农业生产融合，加快培育和推广优质、高产、多抗的农业新品种，以及生物农药、生物饲料等绿色农用生物产品。现代生物技术促进农业加快从动物、植物"二维结构"为主向动物、植物、微生物并重的"三维结构"转变，还推动农业与农产品加工业的融合互动，在生物燃料加工、农产品及原料综合加工利用等方面展现出良好前景。在农业中应用现代生物技术，强调绿色循环生态导向，通过培育有利于农作物生长的土壤和农田生态环境，用生物学方法防治有害生物，进而改善农业与环境的关系，提升农业生产潜能，产出绿色、高效、安全的农产品。同时，增强了农业的生态功能，提升了农业的生态价值，促进农业与相关产业的融合，推动了观光农业等融合业态的发展。

2. 制度创新驱动农村产业实现融合发展

制度创新指制度创新主体（包括个人、团体和政府）为获得更多追加利益而推动的对现存制度的积极变革。就农村产业而言，政府顺应和把握产业融合发展的客观趋势，推动有关制度创新，促进城乡要素合理流动，加快农村土地、资金等各种资源有效整合，从制度上支持农村产业融合发展。一方面，创新直接扶持农村产业融合发展的制度。另一方面，创新支持农村产业融合发展的间接引导制度。我国政府推进完成了农村承包地"三权"分置改革，在产权上明确了农户的承包权和经营权，支持农户按照相关规定来流转承包地经营权。这项改革激活了农村土地要素活力，规范了农村承包地流转，从土地要素上支持了农村产业融合发展的现实需求。一系列关于加快培育新型农业经营主体的制度支持这些主体成长和发展，引导他们发挥各自优势举办农村产业融合发展项目，创新促进了农村产业融合发展主体队伍的壮大。关于支持返乡下乡人员创业创新的制度改革，支持各地农村完善创新创业环境，引导这些人才利用各自优势发展融合类项目。"互联网+农业"、数字农业农村等创新制度，引导互联网技术、数字技术等现代信息技术加快向农业农村渗透，以现代信息技术的动能优势促进农村产业融合发展。此外，农村产业融合发展主体推动的经营组织制度创新，能够深挖经营潜能，促进互惠共赢，在经营层面推动农村一二三产业的融合发展。农村产业融合发展主体在提高竞争力、获得更高产业收益的目标激励下，创新经营组织制度，结成农业产业化联合体、田园综合体等联结更紧密、涉足业态更多、地域范围更广的经营组织联盟，从而能够更广泛、深入地探索产业融合的具体实践方式。

（三）消费升级和市场拓展为农村产业融合发展提供牵引力

我国城乡居民消费升级，激活了对高品质农产品和服务的旺盛消费需求，牵引着供给侧的农村一二三产业加快融合发展，持续延伸产业链条，培育融合业态。与此同时，日益壮大的中等收入群体、信息技术向农村产业渗透等多重因素共同拓展了农产品和服务市场，对农村产业融合发展发挥了重要牵引作用。

1. 消费升级牵引农村产业融合发展

随着我国城乡居民收入持续增长，城乡居民实现消费升级，总体消费模式从聚焦解决吃穿的温饱型消费模式转变为新时代以来的追求发展型消费和享受型消费。从农产品消费来讲，人们在饮食上越来越注重营养与健康，越来越偏好消费绿色、安全、质量好的农产品。这就要求农村产业融合发展主体加强对农业全产业链的品质管控，在农业生产环节重视和加强绿色生产，使用生态环保优质的农业投入品，提升农产品品质；在农产品加工环节，从简单的初加工向精深加工转变，开发品类多样、个性化的农产品加工品；在销售运输环节，重视农产品的保质保鲜。在互联网通信技术普及、交通便捷的时代背景下，越来越多的消费者从农产品的消费端延伸到生产端，参与到体验农业当中，利用通信软件及时关注农作物的生长状态，通过在线平台将其个性化农产品需求传输给农产品加工经营者，以实现定制化农产品消费。随着我国城乡居民收入的提高，逐渐出现劳动供给曲线向后弯曲的情况，收入效应大于替代效应，城乡居民在劳动和闲暇的选择上逐渐偏向于后者，追求更多的闲暇时间，进而增加消费需求；同时，逐渐注重服务消费、精神文化消费，向往农村的田园风光、绿水青山、乡土文化、民俗风情，对乡村健康养生、文化休闲、旅游观光、科普教育等方面的消费呈现加速增长之势。这牵引着农业与旅游、文化、康养、教育等产业加快融合，促进了农业+旅游、农业+康养、农业+文化、农业+教育等多种融合业态的快速发展。

2. 市场拓展牵引农村产业融合发展

我国城乡居民消费升级，引起消费需求多样化、个性化和品质化的变化，带动拓宽了消费市场，牵引着农村产业融合发展，使得不同的农村产业融合发展主体聚焦和深耕消费细分市场，在不断取得更高收益的同时，扩大农村产业融合发展的市场规模。

一方面，中等收入群体带动拓展了农产品和服务消费市场，进而加快了农村产业融合发展。在农产品和服务消费上，我国中等收入群体更加注重农产品质量，偏好具有文化内涵和创意的农产品，追求个性化消费，喜爱小众品牌和定制化商品；追求高端化消费，注重消费体验，更为青睐精品乡村旅游、健康养生、文化休闲；追求绿色化消费，倾向选择绿色餐饮、绿色购物、绿色旅游等高效、环保的农产品和服务。我国中等收入群体的消费特点及其代表的巨大消费市场牵引着农村产业融合发展，要求农村产业加快供给侧结构性改革，加强农业生产、产品加工、商贸物流、休闲农业、乡村旅游等交叉融合，在农产品和服务上体现高品质、个性化、多功能等特性。当前，我国中等收入群体在总体规模上具备较强的成长性，能够不断拓展在农产品和服务上超大规模的消费市场，从而为农村产业融合发展提供持久的市场需求动力。

另一方面，信息技术进步带来消费形态变化，有力拓展了农产品消费和服务市场，带动农村电商及相关产业的融合发展。

信息技术的进步改变了消费者的单一线下消费习惯，加快了我国线上消费市场的形成和拓展。

（四）基础设施和公共服务为农村产业融合发展提供支撑力

1. 日益完善的基础设施为农村产业融合发展提供重要支撑

农村基础设施建设不仅关系产业发展的成本和风险，而且关乎新业态的培育。为农村产业融合发展提供支撑力的基础设施可以分为两类：一是与产业发展直接相关的设施；二是与产业发展间接相关的设施（主要是农村公共基础设施）。

一方面，产业设施平台的建设健全支撑产业融合发展。当前，农村产业融合的设施平台主要有现代农业产业园、农产品加工园、农村产业融合发展示范园、农村创新创业园区等。这些设施平台在集约整合各种要素、联通应用先进技术、多方拓展市场、统筹协调经营主体等方面具备明显优势，有助于跨界举办产业融合类项目，促进园区所在农村区域的产业融合发展。高标准农田建设设施、农村水利基础设施是农业实现优质高产高效的源头保障，这些设施的完善有助于夯实产业融合的一产基础。在农产品流通环节，通过健全储藏、保鲜等物流仓储基础设施，以及与产品交易直接相关的信息服务、电子结算等基础设施，能够推动解决农产品产销遇到的物流梗阻，打通购销两端，方便产地和消费者之间的联系，促进产业融合发展。通过建设农业科技服务网络平台，提供农业科技创新、转化、推广等服务，能够强化科技赋能农业发展的作用，促进农业生产提质增效，推动农业与相关产业的融通。

另一方面，农村公共基础设施的完善促进了产业融合发展。水、电、气、公路、公共卫生间、生产生活污水收集处理设施、信息基础设施等农村公共基础设施的完备情况关系农村产业融合发展的营商环境，着力完善这些基础设施，使农村投资兴业的经营主体能够享用到当地便捷、舒适的公共设施，可以增强农村产业融合发展的吸引力。

2. 综合化的公共服务为农村产业融合发展提供支撑力

一是信息服务。政府搭建农村综合性信息化服务平台，提供电子商务、土地流转、乡村旅游、农业物联网、价格信息、公共营销等服务，推动农业公共信息资源的跨部门、跨地区、跨行业互联、互通、共享，有助于提升土地流转管理、农业生产加工等的信息化服务水平，支持各类产业融合主体开展电子商务、网上学习、即时交流，促进农技、产品等成果的转化，以及各种信息服务的对接。

二是培训服务。新型农民是参与农村产业融合发展的主要力量之一。政府围绕新型农民培育，搭建综合业务平台系统、人员信息管理系统，能够为各类新型农民提供信息登载、更新等服务。政府通过购买等方式提供新型农民培育、高素质农民培育等公共培训服务，能够推动广大农民提升生产经营技能，提升他们参与产业融合发展的增收能力。

三是农技指导服务。基层农技推广部门围绕农业生产，开展综合种养、秸秆还田、病虫害防治等优质、增效的公益性农技推广服务，能够提升农业经营主体的科学生产水平，促进现代农业发展，夯实产业融合的基础。

四是创业指导服务。为农村各类创业人员提供创业指导服务，有助于他们深入参与农村产业融合发展进程。农村创业人员举办产业融合项目既离不开政府部门提供创业项目、政策咨询、技术指导、市场营销、品牌培育等指导服务，又需要发挥农村创业导师指导作用，利用集中教学、案例讲解、实地指导等方式，为农村创业人员提供经营、技术、营销等方面的精准服务，还依赖于乡村产业服务指导机构和行业协会商会的桥梁和指导作用。

五是金融服务。通过健全以商业性、合作性和政策性、开发性金融，以及信贷担保等为重要内容的多层次农村金融服务体系，汇聚各类金融资源，支持产业融合主体发展融合项目。此外，农村教育、医疗卫生、社会保障、养老、文化体育等公共服务水平的提升，有助于发挥公共服务对农村产业融合发展的支撑作用。

二、农村一二三产业融合的路径

（一）健全产业融合的政策体系

围绕产业融合发展的目标，加强政策和制度建设，明确政策支持重点，增强政策的系统性、精准性、有效性。特别要围绕基础设施和公共服务平台建设、新型农民和新型农业经营主体带头人培育、技术装备水平提升、农业资源保护和废弃物资源化利用等方面，创新规划、用地、财税、信贷、保险等政策制度，加大支持力度。大力打造产业融合发展平台，推进政策衔接，整合项目资源，推动农产品全产业链发展。

（二）不断夯实产业发展基础

拓展农业功能，提升技术、信息、管理等要素催化能力，充分挖掘农业农村资源的价值优势，推动农业与休闲旅游、饮食民俗、文化传承、健康养生等产业的融合。要以市县为单位，因地制宜，积极引导产城融合，促进产业集群发展，着力推进技术渗透、要素集聚、企业集中，打造产业融合带头企业，带动产业链向前向后延伸，发挥产业融合引领作用。

（三）努力培育多元化产业融合主体

加快培育新型农业经营组织的发展，鼓励和支持家庭农场、专业合作社、协会、龙头企业、农业社会化服务组织以及工商企业，开展多种形式的农村产业融合发展。鼓励新型经营主体探索融合模式，创新商业模式，培育知名品牌。在工商登记、土地利用、品牌认证、融资租赁、税费政策等方面给予优惠待遇。

（四）积极支持发展多种类型的产业新业态

探索"互联网+现代农业"的业态形式，推动互联网、物联网、云计算、大数据与现代农业结合，构建依托互联网的新型农业生产经营体系，促进智能化农业、精准农业的发展；引入历史、文化、民族以及现代元素，对传统农业种植养殖方式、村庄生活设施面貌等进行特色化的改造，鼓励发展多种形式的创意农业、休闲农业、农家乐、乡村旅游；利用生物技术、农业设施装备技术与信息技术相融合的特点,发展现代生物农业、设施农业、工厂化农业;支持发展农村电子商务,鼓励新型经营主体利用互联网、物联网技术。

(五)健全和完善农村产业融合发展的利益协调机制

在农村一二三产业融合中,要重视建立互惠共赢、风险共担的利益协调机制,因为这是保障农民增收致富的关键所在。因此,要不断完善订单农业,进一步规范合同内容,严格合同管理,以此来保障农民的合法利益。同时,积极推广股份制和股份合作制,鼓励有条件地区开展土地和集体资产股份制改革,将农村集体建设用地、承包地和集体资产确权分股到户,支持农户与新型经营主体开展股份制或股份合作制。另外,鼓励产业链各环节连接的模式创新,引导新业态发展,支持新型经营主体和农民利用"互联网+"和金融创新建立利益共同体,实现创收增收。

(六)发挥人才对产业融合的支撑作用

要不断提升人力资本水平,培养新型农民和新型农业经营主体带头人,支持鼓励农民工返乡、能人下乡创业创新,积极引导科技人才、管理人才参与农村一二三产业融合发展,提升整体人力资本水平。大力促进技术集成应用,不断提升融合发展技术装备水平,探索和推广信息技术与生产、加工、流通、管理、服务和消费各环节的技术融合与集成应用模式。积极创新新型农业经营主体联结方式,发挥优势、强强联合,增强示范带动能力,健全农业社会化服务体系,通过就业带动、保底分红、股份合作等多种形式,推动小农户融入产业融合链条。

(七)提升公共服务水平

积极打造服务平台,依托农村一二三产业融合发展集聚区、优势区和实力主体,加大财政支持力度,组建研发、开发中心等,打造一批标准高、服务优、作用强的公共服务平台。切实提高服务水平,培养引进专业服务管理人才,高质量开展政策咨询、政务宣传、区域品牌推广、农产品市场与价格信息提供、人才推介、质量监管等公共服务。在技术、人才、标准开发上多做工作,加大项目资金支持力度,提升公共服务水平,健全和完善农村一二三产业融合发展服务体系。

第九章　农产品质量安全与品牌建设

第一节　农产品质量安全

一、农产品质量安全的含义

按照《中华人民共和国农产品质量安全法》中的定义，农产品质量安全指农产品质量符合保障人的健康、安全的要求。安全意味着在生产过程、贮藏和运输、加工和销售等各个环节，各种有毒有害物质都得到了控制，农产品质量都达到了安全标准要求，不会给消费者本人、后代和环境造成危害和损失。狭义的安全仅仅指对消费者本人的健康而言，而广义的安全还应包括对后代、环境等方面的影响。无公害食品、绿色食品和有机食品是按照特定标准要求、采用特定方式生产出的质量安全的一类食用农产品。

发展无公害农业的目的之一，就是通过生产无公害农产品，确保农产品的质量安全。保障农产品质量安全是维护公众健康，促进农业和农村经济发展的要求。

二、农产品质量安全的潜在危害因素

对农产品质量安全可能造成直接或长期影响的危害因素主要如下。

（1）农业种植、养殖过程可能产生的危害，包括因投入品不合理使用造成的农药、兽药、渔药、添加剂等有毒有害物质残留污染，以及因产地环境造成的污染和汞、铅、铬、镉等重金属毒物和氟化物等非金属毒物污染。

（2）农产品包装储运过程可能产生的危害，包括贮存过程中使用的保鲜剂、催熟剂和包装材料中有害化学物等产品的污染，以及流通渠道中导致的二次污染。

（3）农产品自身的生长或发育过程中产生的危害，如农产品本身的天然毒素就是目前农产品所面临的危害之一。

（4）农业生产中新技术应用产生的危害，主要可能是由于技术发展或物种变异而带来的危害。

三、加强农产品质量安全的意义

全面加强农产品质量安全工作，是新阶段农业发展的一项主要任务，也是农业结构调整的重要内容，具有重要意义。

（一）有利于保护资源和生态环境

加强农产品质量安全，有利于促进农业可持续发展，走出一条发展生产和保护环境相结合的新路子，引导农业生产方式的变革。开发安全农产品，有利于保护生态环境和合理利用土地资源。

（二）有利于满足城乡居民对高质量食物日益增长的需求

按照优势农产品区域布局，以标准化、规范化生产为基础，组织农民生产市场所需要的优质安全农产品，是新时期农业与农村工作的重大任务。无公害农产品、绿色食品、有机食品均已建立起一整套较完备的标准体系，能够实现"从土地到餐桌"全程质量控制。

（三）有利于拓展生产领域，促进农业产业化发展

以创新的制度设计为核心的安全农产品生产和认证管理是农业向深度和广度拓展的有效载体，通过产品认证，密切了产业上下游间的利益联结机制，提高了农民的组织化程度和农业整体素质，强化了基地与企业、企业与市场的关联度，拉长了产业链条，促进了农业增效，带动了农民增收，因此，农产品质量认证是农业产业化经营的良好载体。

（四）有利于农业结构调整和新时期农业管理方式的变革

农业结构调整的核心是大幅度提高农产品质量，增加市场份额，促进农民增收。保障安全是对农产品质量的最低要求。

（五）有利于提升我国农产品国际竞争力

保证和加强农产品质量安全是适应经济全球化趋势，扩大农产品出口的当务之急。加入世界贸易组织后，如何使我国的农产品在出口中适应遇到的越来越多的技术性贸易壁垒协定，在世界上占据应有的位置，是摆在我们面前刻不容缓的问题，而解决这个问题的关键是提高农产品的质量安全水平。

四、农产品质量安全追溯

可追溯性标签记载了农产品的可读性标识，通过标签中的编码可方便地到农产品数据库中查找有关农产品的详细信息。通过可追溯性标签也可以帮助企业确定产品的流向，便于对产品进行追踪和管理。

（一）电子式追溯管理

电子式追溯管理是以电子化信息为手段、检测合格为控制点、追溯码贯穿始终的农产品质量安全追溯管理体系，实现农产品质量电子信息的正向监控与逆向追溯，这种方法适用于散装的农产品，如蔬菜、水果、水产品、畜产品和茶叶等，可采用二维码（一维码）信息进行追溯，也可采用芯片信息进行追溯。

采用二维码（一维码）信息进行追溯，各地有不同的软件设计和应用，消费者可以利用自己的手机或ATM机或计算机查询。二维码可分为三种类型：一是采用计算机跟踪追溯；二是采用耳标信息追溯；三是采用防伪标志进行追溯。

（二）书写式追溯管理

利用纸质材料，用手工书写的方式传递产品信息，实现可追溯。这种方法是在没有电脑或电子信息系统的情况下使用，其优点是简便，缺点是纸质材料易破损甚至字迹不清。

首先，实行产地证明制度。产品有产地证明，写明业主、产地、产品合格性、出品时间、销售去向等可追溯信息。一般情况下，产地准出证明由生产者出具。

在此基础上，实行"一票通"管理。产品进入市场后，经营者按产地证明信息书写"三联单"，产品在流通过程中，"三联单"跟随到消费者。实现追溯管理的基础是生产领域控制好农产品质量安全信息。

（三）包装式追溯管理

包装式追溯指具有追溯功能的包装，即对每个产品的外包装进行标记，且每个产品标识都是唯一的，使标记和被追溯对象有一一对应关系，使用包装式追溯具有以下优点。

（1）可追溯性包装能够识别直接供方的进料和终产品的分销途径。

（2）可追溯性包装具有唯一标识，其产品的个体和批次标识都具有唯一性。

（3）通过可追溯性包装上的标识，可以了解到产品或者厂家相关信息，如地址、联系电话等。

（4）企业可以通过可追溯性包装来加强对分销商的控制，有利于防伪、防窜货。

第二节　农产品品牌建设

一、品牌的概念

品牌是给拥有者带来溢价、产生增值的一种无形的资产，它的载体是用于和其他竞争者的产品或劳务相区分的名称、术语、象征、记号或者设计及其组合，增值的源泉来自消费者形成的关于其载体的印象。

品牌有广义和狭义之分。广义的"品牌"是具有经济价值的无形资产，用抽象化的、特有的、能识别的心智概念来表现其差异性，从而在人们的意识当中占据一定位置的综合反映。狭义的"品牌"是一种拥有对内对外两面性的"标准"或"规则"，是通过对理念、行为、视觉三方面进行标准化、规则化，使之具备特有性、价值性、长期性、认知性的一种识别系统总称。这套系统也称为企业形象识别体系。

"现代营销学之父"科特勒在《市场营销学》中对品牌进行了定义，品牌是销售者向购买者长期提供的一组特定的特点、利益和服务。

品牌承载的更多是一部分人对其产品以及服务的认可，是一种品牌商与顾客购买行为间相互磨合衍生出的产物。

二、品牌的作用

（一）品牌对消费者的作用

众所周知，消费者在商品购买决策过程中，往往都会考虑到品牌，也就是通常所说的消费者具有"品牌意识"。品牌对消费者来说，具有如下作用。

（1）识别产品来源，如宁夏的枸杞、江西的蜜橘等。

（2）质量的标志，即无论何时、何地购买同一品牌的商品，都能够确保质量。

（3）追究产品制造者的责任。当在产品的使用过程中出现不尽如人意的情况时，消费者可以据此追究生产者的责任。

（4）减少购买风险。选择信誉良好的品牌或重复购买同一种品牌，消费者可以将购买可能遇到的风险降到最低限度。

（5）降低搜寻成本。品牌是记忆中有关产品的提取线索，只要知道是什么品牌，就可以直接由品牌提取出大量有关的信息，而无须再去搜寻信息。

（6）与产品制造者建立契约，即消费者与制造者之间通过品牌建立了某种互利互惠的契约关系。

(7) 展示自己。大多数品牌都有一定的象征意义，消费者可以通过产品或服务来展现自己的个性、人格、地位、身份以及个人所在的群体等。

(8) 优化选择。品牌可以帮助消费者购买该类产品中的最佳品牌。

(二) 品牌对生产者的作用

品牌对生产者来说，具有如下作用。

(1) 区别竞争对手。生产者利用品牌将自己的产品与竞争对手的产品相区别。

(2) 简化追踪识别。如果产品没有品牌，就无法进行售后的追踪研究。

(3) 作为法律保护手段。为使自己的产品不被仿冒，企业要将注册商标作为法律保护的手段，而且可以利用防伪标志等手段来保护自己的权益。例如，河北省涉县柴鸡养殖协会注册了"龙凤"牌商标，江苏省常州市金坛区碧润水芹专业合作社注册了"碧润"牌商标等。

(4) 竞争优势的来源。在现代社会，信息流通速度快，企业之间的产品复制能力非常强、速度非常快，因此，单纯靠技术上的优势来保持产品竞争优势是比较困难的，还需注重品牌的建设。

(5) 便于导入新产品。企业可以利用消费者对企业已有品牌的了解，简化消费者认识新产品的过程，使消费者将对某品牌的认识直接迁移到新产品上。

(6) 增加产品的附加值。同样一种产品，贴上不同的品牌，消费者所能接受的价格大不相同。

(7) 赋予产品特殊的意义。通过品牌化，可以赋予产品特殊的意义。

三、农产品品牌形成

通过为农产品注册商标，是形成农产品品牌的最好方式。

(一) 注册商标的途径

农民专业合作社对其生产、制造、加工、拣选或经销的商品或者提供的服务需要取得商标专用权的，应当依法向国家知识产权局商标局（以下简称"商标局"）提出商标注册申请。目前，办理各种商标注册事宜有两种途径：一是直接到商标局办理；二是委托国家认可的商标代理机构代理。

直接到商标局办理的，申请人除应按规定提交相应的文件外，还应提交经办人本人的身份证复印件；委托商标代理机构办理的，申请人除应按规定提交相应文件外，还应提交委托商标代理机构办理商标注册事宜的授权委托书。合作社直接办理商标注册事宜的，应到商标局的商标注册大厅办理。商标注册手续比较繁杂，加之注册时间较长，因此合作社注册商标最好找专业的代理机构，通过专业人员指导，可以降低注册风险，提高商标注册成功率。

(二) 商标注册申请所需提交的资料

商标图样，注册商标所要使用的商品或服务范围，合作社营业执照复印件。

(三) 商标注册申请程序

先对商标进行查询，如果之前没有相同或近似的，申请人就可以制作申请文件，递交申请。申请递交后的13个月，商标局会发给《申请受理通知书》，此期间为形式审查阶段。形式审查完毕后，就进入实质审查阶段，这个阶段大约需1年半的时间。如果实质审查合格，就进入公告程序；公告期满，无人提异议的，商标局就会核准注册，颁发商标注册证。

根据《中华人民共和国商标法》的规定，注册商标的有效期为10年，自核准之日起计算。有效期期满之前6个月可以进行续展并缴纳续展费用，每次续展有效期仍为10年。续展次数不限。如果在这个期限内未提出申请的，可给予6个月的宽展期。若宽展期内仍未提出续展注册的，商标局将其注册商标注销并予以公告。

四、加强农产品品牌建设

当前，我国农业产业化正处在加速发展的进程中，在市场竞争日益加剧的现实背景下，实施农产品品牌战略是农业企业和生产者的现实选择。现针对目前农产品品牌建设中存在的一些典型问题，提出以下对策和措施。

（一）强化品牌意识，找准品牌定位

品牌是商品及其生产者或者经营者的标志和形象信誉的表现。农业产业化龙头企业必须强化品牌意识，充分认识到品牌在市场竞争和企业发展中的巨大作用。树立强烈的品牌意识是实施品牌战略的基础，品牌创建的成功与否取决于企业家和管理层的品牌意识如何，决定了品牌战略的制定与实施，关系到品牌建设的力度和深度。同时，在制定品牌战略时，很关键的是要选准品牌的市场定位，从占领目标市场出发，瞄准和抓住目标市场购买者的消费心理。农业产业化龙头企业和生产者要通过分析市场消费趋势和竞争态势，选择能发挥自身优势的策略，为自己的品牌在市场上选准一个明确的、符合消费需求的、有别于竞争对手的品牌定位。

（二）依托优势资源，发展特色农业

农产品生产受到自然条件的深刻影响。由于不同地域的自然条件、优势资源和种植习惯的差异，形成了农产品的区域特色和比较优势，进而可以在市场上转化为市场优势。因此，在发展农业项目中要充分依托并整合区域优势资源，发展特色农业，培育主导产业，使其形成规模和特殊品质；在创建农产品品牌时，也要挖掘利用好地方的历史、文化、人文等资源，把地方特色文化元素注入其中，丰富农产品的文化底蕴，提升品牌的文化品位。使消费者在获得物质享受的同时，也获得精神文化上的享受。

（三）融合农产品销售渠道和品牌传播渠道

品牌影响力的提升与农产品销售在方向、目标、渠道等方面存在着高度的一致性。为此，要积极探索农产品销售渠道和品牌传播渠道的融合，不断创新农产品分销传播渠道。进一步拓展"农-超"对接、直销专卖、订单营销、网络营销、农产品会展、观光农业和知识营销等渠道，扩张农产品品牌传播空间。要迎合网络直销的发展趋势，建设好网上销售平台，减少农产品的中间流通环节，提高流通效率，降低流通成本，形成价格优势。使农产品以较快的流通速度和具有优势的价格直接呈现给广大的消费者，更快更有针对性地把农产品及其品牌信息广泛地传播。同时，要加强农产品的质量管理和物流管理，保证农产品的质量安全，保障产品的及时供应，保护品牌好的声誉。

（四）建设好品牌农产品的质量标准体系

建设好品牌农产品的质量标准体系，有利于加强品牌农产品的质量管理，保障农产品的质量、档次和安全性，从而获得较高的品牌知名度和美誉度，提高品牌农产品的社会信

任度。建立品牌农产品质量标准体系，就是以质量为中心、以市场为导向、以科技为动力、以生产为基础、以农产品的等级制度为重点，建立农产品生产、加工、贮藏、销售全过程及生产作业环境和安全控制等方面的标准体系，把农业生产的产前、产中、产后各环节纳入标准化管理，逐步形成与行业、国家、国际相配套的标准体系。农业产业化龙头企业应当树立强烈的质量意识，把品牌建设与质量标准管理结合起来，严格按照质量标准体系管理整个产业链，从根本上保证农产品的质量和安全，赢得消费者的信赖。

（五）加强政府引导，落实好扶持政策

政府部门要积极介入当地农产品的品牌建设，作为惠农、强农的具体措施，采取政策鼓励、宣传倡导、财政补贴、产品评比等方式营造良好的品牌建设氛围。与此同时，政府还应在管辖区域内，积极传递市场信息，整合传播媒体资源，协助农业龙头企业或农业经营主体进行品牌宣传和公共关系活动，要积极培育能够服务品牌建设的专业化社会组织，提供品牌建设的各类专项服务，加强品牌建设专业知识培训和专家指导。除此之外，政府部门还要加强农产品的安全检测，加强农产品安全质量执法的严肃性和公正性，提高农产品品牌的公信力。

第十章 美丽乡村与乡村治理带头人

第一节 建设"美丽乡村"的含义与背景

一、建设"美丽乡村"的含义

(一) 建设"美丽乡村"的意义

加强农村人居环境建设,实行统一规划、合理布局、有序建设,有利于节约和集约土地,实现人与自然和谐相处;加强农村人居环境建设,加快农村基础设施、生产设施和公共设施建设,建成环境良好、功能完善、特色鲜明的新型乡村,有利于缩小城乡差别,改善投资环境,促进农村经济社会事业持续发展;加强农村人居环境建设,改变农民传统建房方式,帮助农民树立科学的规划意识、建设意识和生态意识,有利于把现代文明有机融入乡土文明,促进农民身心健康和思想观念、生活方式的转变,促进农村物质文明、精神文明、政治文明和生态文明的全面发展。

(二) "美丽乡村"创建的基本原则

1. 以人为本,强化主体

在创建的过程中,要始终把农民群众的利益放在首位,不断强化农民群众在创建工作中的主体地位,发挥农民群众的创造性和积极性,尊重他们的知情权、参与权、决策权和监督权,引导发展生态经济、自觉保护生态环境、加快建设生态家园。

2. 生态优先,科学发展

按照人与自然和谐发展的要求,遵循自然规律,切实保护农村生态环境,展示农村生态特色,统筹推进农村生态人居、生态环境、生态经济和生态文明建设。注重挖掘传统农耕、人居等文化丰富的生态理念,在开发中保护,在保护中建设,形成一村一景、一村一业、一村一特色,彰显美丽乡村。

3. 规划先行,因地制宜

在规划时,要按照高标准、高起点的要求编制完成美好乡村建设规划。注重与村庄布局规划、土地利用规划、产业发展规划和农村土地综合整治规划的充分衔接,强化规划的前瞻性、科学性和可操作性,并且应充分考虑全国各地的自然条件,结合自然地形,依托山水资源,统筹编制"美丽乡村"建设规划,精心设计载体,突出乡村特色,形成模式多样的"美丽乡村"建设格局。

4. 典型引路,整体推进

强化总结提升和宣传发动,向社会推介一批涵盖不同区域类型、不同经济发展水平的"美丽乡村"典型建设模式,发挥示范带动作用,以点带面,有计划、有步骤地引导、推动"美丽乡村"创建工作。同时,鼓励各地自主开展"美丽乡村"创建工作,不断丰富创建模式和内容。

二、建设"美丽乡村"的背景

"美丽乡村"是2012年的热词。党的十八大之后,"美丽中国""美丽乡村"响遍大江南北、长城内外。

而追溯"美丽乡村"建设的起源,应该是来源于新农村建设。2005年10月,党的十六届五中全会提出建设社会主义新农村的重大历史任务,提出了"生产发展、生活宽裕、乡风文明、村容整洁、管理民主"的具体要求。2007年10月,党的十七大提出要统筹城乡发展,推进社会主义新农村建设。"十一五"期间,一些省份按党的十六届五中全会的要求,为加快社会主义新农村建设,努力实现生产发展、生活富裕、生态良好的目标,纷纷制订美丽乡村建设行动计划并付诸行动,取得了一定的成效。

美丽乡村作为一个建设目标,作为政府推动的行动计划,最早起源于浙江省湖州市安吉县。2008年,浙江省安吉县正式提出"中国美丽乡村"计划,出台《建设"中国美丽乡村"行动纲要》,提出用10年左右时间,把安吉县打造成为中国最美丽乡村。安吉县美丽乡村建设不但改善了农村的生态与景观,还打造出一批知名的农产品品牌,带动农村生态旅游的发展,带动农民收入增加,为中国特色社会主义新农村建设探索出一条创新的发展道路。2009年,北京大学中国地方政府研究院院长彭真怀、国务院研究室副主任李炳坤率中国美丽乡村建设与经济发展调研组调研后认为,按照目前的建设速度,再用5年时间,一个"山美水美环境美、吃美住美生活美、穿美话美心灵美"的中国最美丽乡村就会出现。"十一五"末期间,浙江省运用安吉县"中国美丽乡村"建设的成功经验,制定了《浙江省美丽乡村建设行动计划(2011—2015年)》。广东省增城、花都、从化等市县从2011年开始也启动美丽乡村建设。2012年,海南省明确提出以推进"美丽乡村"工程为抓手,加快推进全省农村危房改造建设和新农村建设的步伐;安徽省作出了全面推进美好乡村建设的决定;江西省组织实施和谐秀美乡村建设工程。"美丽乡村"建设已成为中国特色社会主义新农村建设的代名词。

国家"十二五"规划纲要提出,建设农民幸福生活的美好家园。党的十八大提出了深入推进新农村建设,努力建设美丽中国的新目标,把生态文明建设放在突出地位,融入经济建设、政治建设、文化建设、社会建设各方面和全过程,努力建设美丽中国,实现中华民族永续发展。由此,全国各地掀起美丽乡村建设的新热潮。

第二节 美丽乡村建设的内容

一、美丽乡村建设的主体

我国乡村地域面积约占国土总面积的80%,生活的人口约有7亿人。即使未来我国城镇化达到70%以上,也还有四五亿人在农村。农村绝不能成为荒芜的农村、留守的农村、记忆中的故园。城镇化要发展,农业现代化和新农村建设也要发展,同步发展才能相得益彰。

（一）人的乡村：主体是人，满足生产、生活的需求

1. 美丽乡村——生活需要

乡村环境良好，周边没有工业和城市"三废"污染源，水体环境质量良好，土壤环境污染少，大气环境质量优良，基本实现河流清澈、土壤清洁、空气清新，具有传统的田园风光和乡村特色。

（1）改善人居环境。按照"减量化、资源化、再利用"的循环经济理念，转变农村生活方式；以户为单元，建设生活污水处理利用设施，处理后的生活污水用于农田灌溉与绿化，巩固完善农村改水、改厕、改厨、改圈等工作。改善农村家庭卫生条件；按照不同种类收集垃圾；鼓励开展生态庭院建设，发展庭院生态种植，建设小花园、小菜园、小果园、小竹园等，实现家园清洁和村容整洁，改善乡村人居环境。

（2）完善公共环境设施。以村为单元，建设完善公共环境服务设施。建设乡村物业服务站，购置垃圾运输车、秸秆粉碎机和翻堆工具等公共设备，促进生活废弃物资源化收集利用；建设垃圾中转设施，对村庄生活垃圾进行户分类、村收集、乡中转、县处理；硬化村内道路、入户路，结合农村造林，栽植花草树木，美化村庄公共环境。

（3）注意培养新型职业农民。加强对农民的教育培训，提高农民科学种养水平和经营管理理念，把教育培训办到农民田间地头，直接为生产提供服务。建立村级图书馆，开展读书活动。开展妇女、青少年农活或农产品比赛，丰富农村生活。

2. 美丽乡村——生产需要

发展生态农业、循环农业、有机农业，培育壮大绿色产业，把资源环境优势转化为经济优势，真正实现"绿水青山就是金山银山"。

（1）发展生态产业。坚持"低碳、循环、节约"生态理念，重点发展生态农业、循环农业、有机农业，推广节水、节肥、节药、秸秆还田等农业清洁生产技术，生产无公害农产品、绿色食品和有机食品，设立生态品牌，打造高附加值的生态产业；建设农作物秸秆、畜禽粪便等农业废弃物循环利用设施，促进废弃物梯级循环利用。

（2）拓宽村民就业渠道。土地承包经营权流转统一经营后，村民既可以享有土地流转红利，同时也有更多时间从事获得其他收入的工作。有土地条件的，可以鼓励开办家庭农场或农业合作社，创业并创造雇佣就业岗位。有种养经验的村民，可以通过建立农副业生产基地，发展成农副业生产专业户。愿意进企业工作的村民，通过职业技能培训，吸纳他们进厂务工就业，还可以引导一些村民从事餐饮、娱乐、卫生保健、保洁、保安等服务业。

（二）大自然的乡村：生态环境的综合利用

1. 建设美丽乡村是生态环境的需要

（1）客观辩证地分析农业资源承载力。资源承载力指在生存环境中，当人类的活动在一定的范围内时，其可以通过自我调节和完善来不断满足人的需求。但当超过一定的限度时，其整个系统就会出现崩溃，这个最大限度就是资源承载力。农业资源承载力主要指耕地、水、资本、劳动力和技术因素等，在一定时空范围内，在数量上、质量上都有一定的限制。但是资源承载力并不是一成不变的，随着技术进步，单位面积耕地的产量是不断增加的，供养的人口也在增多。畜禽养殖也已经从平面的、分散式的地面养殖，向集中的多层面的立体养殖变化。这一方面是技术的进步，但另一方面也带来大量畜禽废弃物难以消

纳的环境问题，传统的"农家宝贝"变成了污染源。

（2）资源有价。不仅指资源的商品价值，也指资源的审美价值和精神文化价值等。资源是财富的象征，拥有资源即拥有财富，开发资源等于财富增值。具体而言，农业自然资源决定着经济增长的潜力和格局，是潜在财富。这种潜力和潜在财富的实现取决于社会经济资源是以何种方式和何种强度作用于农业自然资源。美丽乡村的一个重要指标就是自然生态优美。村庄周边植被覆盖率高，生物多样性丰富，动物、植物、微生物种类多、数量丰。自然风景优美，生态条件优越，地域特征明显，具有良好的自然生态优势。这些草木不仅仅可美化家园，更是绿色银行，是财富资源。

2. 建设美丽乡村是可持续发展的需要

凸显农业的生态环境保护功能，实现农业可持续发展。工业化、城市化的发展，不能以农业资源的过度占用以及植被破坏、水源被污染、土壤被侵蚀为代价。要充分考虑农业的综合作用，体现农业的多功能性。

农业多功能之间是相互依赖、相互促进和相互制约的。从经济功能看，其功能的大小，不仅影响农业总功能的大小，而且直接和间接影响社会、生态、文化和政治功能作用的发挥；从生态功能看，其功能的大小，不仅影响农业总功能的大小，而且直接和间接影响经济、社会、文化和政治功能作用的发挥。

（三）美丽乡村的体现

党的十八大明确提出推进绿色发展、建设美丽中国的发展理念，将建设美丽中国提升到确保中华民族永续发展的战略高度。美丽乡村作为美丽中国一个不可或缺的组成部分，是统筹城乡发展、构建城乡发展一体化新格局的重要举措，将成为中国新农村建设的重要方向。

美丽乡村建设不仅要给人们带来幸福和谐安康的美好家园，拥有天蓝、水美、地绿、山青的环境，而且应创造安居、乐业、增收的富裕、体面、有品质、有尊严的生活。农业农村部提出的美丽乡村创建活动是以促进农业生产发展、人居环境改善、生态文化传承、文明新风培育为目标的综合举措。首先，美丽乡村创建活动提出了推进生态农业建设、推广节能减排技术、保护农业资源、改善农村人居环境等具体内容，是美丽中国建设的重要内容，是在广袤的农村地区建设美丽中国的具体行动；其次，美丽乡村创建活动提出了推进农业发展方式转变、加强农业资源环境保护、提高农业资源利用等具体目标，这是发展现代农业的必然要求，是实现农业农村经济可持续发展的重要保障；最后，美丽乡村创建活动提出了推进生态人居、生态环境、生态经济和生态文化，创建宜居、宜业、宜游的新农村等建设理念。

1. 产业发展

（1）产业形态。主导产业明晰，产业集中度高，每个乡村有1~2个主导产业；当地农民（不含外出务工人员）从主导产业中获得的收入占总收入的80%以上；形成从生产、储运、加工到流通的产业链条并逐步拓展延伸；产业发展和农民收入增速在本县域处于领先水平；注重培育和推广"三品一标"，无农产品质量安全事故。

（2）生产方式。按照"增产增效并重、良种良法配套、农机农艺结合、生产生态协调"的要求，稳步推进农业技术集成化、劳动过程机械化、生产经营信息化，实现农业基础设施配套完善，标准化生产技术普及率达到90%；土地等自然资源适度规模经营稳步推进；适宜机械化操作的地区（或产业）机械化综合作业率达到90%。

（3）资源利用。资源利用集约高效，农业废弃物循环利用，土地产出率、农业水资源利用率、农药化肥利用率和农膜回收率高于本县域平均水平；秸秆综合利用率达到95%，农业投入品包装回收率达到95%，人畜粪便处理利用率达到95%，病死畜禽无害化处理率达到100%。

（4）经营服务。新型农业经营主体逐步成为生产经营活动的骨干力量；新型农业社会化服务体系比较健全，农民合作社、专业服务公司、专业技术协会、农民经纪人、涉农企业等经营性服务组织作用明显；农业生产经营活动所需的政策、农资、科技、金融、市场信息等服务到位。

2. 生活舒适

（1）经济宽裕。集体经济条件良好，一村一品或一镇一业发展良好，农民收入水平在本县域内高于平均水平，改善生产、生活的愿望强烈且具备一定的投入能力。

（2）生活环境。农村公共基础设施完善、布局合理、功能配套，乡村景观设计科学，村容村貌整洁有序，河塘沟渠得到综合治理；生产生活实现分区，主要道路硬化；人畜饮水设施完善、安全达标；生活垃圾、污水处理利用设施完善，处理利用率达到95%。

（3）居住条件。住宅美观舒适，大力推广应用农村节能建筑；清洁能源普及，农村沼气、太阳能、小风电、微水电等可再生能源在适宜地区得到普遍推广应用；省柴节煤炉灶坑等生活节能产品广泛使用；环境卫生设施配套，改厨、改厕全面完成。

（4）综合服务。交通出行便利快捷，商业服务能满足日常生活需要，用水、用电、用气和通信等生活服务设施齐全，维护到位，村民满意度高。

3. 民生和谐

（1）权益维护。创新集体经济有效发展模式，增强集体经济组织实力和服务能力，保障农民土地承包经营权、宅基地使用权和集体经济收益分配权等财产性权利。

（2）安全保障。遵纪守法蔚然成风，社会治安良好有序；无刑事犯罪和群体性事件，无生产和火灾安全隐患，防灾减灾措施到位，居民安全感强。

（3）基础教育。教育设施齐全，义务教育普及，适龄儿童入学率100%，学前教育能满足需求。

（4）医疗养老。新型农村合作医疗普及，农村卫生医疗设施健全，基本卫生服务到位；养老保险全覆盖，老弱病残贫等得到妥善救济和安置，农民无后顾之忧。

4. 文化传承

（1）乡风民俗。民风朴实、文明和谐，崇尚科学、反对迷信，明理诚信、尊老爱幼、勤劳节俭、奉献社会。

（2）农耕文化。传统建筑、民族服饰、农民艺术、民间传说、农谚民谣、生产生活习俗、农业文化遗产得到有效保护和传承。

（3）文体活动。文化体育活动经常性开展，有计划、有投入、有组织、有实施，群众参与度高、幸福感强。

（4）乡村休闲。自然景观和人文景点等旅游资源得到保护性挖掘，民间传统手工艺得到发扬，特色饮食得到传承和发展，农家乐等乡村旅游和休闲娱乐得到健康发展。

二、美丽乡村建设的客体

(一) 农业清洁生产

农业清洁生产，通过源头预防、过程控制和末端治理，严格控制外源污染，减少农业自身污染物排放，对防治农产品产地环境污染、保障农产品质量安全具有重要作用。农业清洁生产实行生产过程清洁化，大力推广应用低污染的环境友好型种植养殖技术，合理使用化肥、农药、饲料等投入品，节约生产成本。

1. 源头预防

控制城市和工业"三废"污染。监管居住的村庄和生产场所的农产品产地（农田、水域、集中养殖区）周边污染源，严禁向农产品产地排放或倾倒废气、废水、废油、固体废物，严禁把城镇垃圾、污泥直接用作肥料，严禁在农产品产地堆放、储存、处理固体废弃物，划定安全距离。在农产品产地周边已经堆放、储存、处理固体废弃物的，必须采取切实有效措施，防止造成农产品产地污染。附近有乡镇企业的，要注意综合治理设施是否完善。遵守农业生产投入品管理。遵守对化肥、农药、农膜、饵料、饲料添加剂等农业投入品的监管要求，记录购置的化肥、农药，禁止将有毒、有害废物用于肥料或造田。遵守水产苗种生产许可制度，科学投饵，合理用药。禁止使用高毒、高残留、有害农业投入品。

2. 过程清洁

推广节肥节药节水技术。开展测土配方施肥，采用精准农业技术。优化配置肥料资源，合理调整施肥结构，改进施肥方式，提高肥料利用率。开展秸秆还田、种植绿肥、增施有机肥。科学合理使用高效、低毒、低残留农药和先进施药机械，配置杀虫灯。加强与社会化病虫害防治专业服务组织的联系，开展专业化统防统治，采取绿色植保技术，进行病虫抗药性监测与治理，提高防治效果和农药利用率，减少农药用量。应用节水农业技术，不断提高水资源利用率，缓解水资源供给矛盾。加快畜牧业生产方式转变，合理布局畜禽养殖场，推行农牧结合和生态养殖模式，实现畜牧业与种植业协调发展。科学配制饲料，规范饲料添加剂使用，提高饲料利用率，减少氮、磷等排放。制定畜禽养殖废弃物综合利用规划，推广雨污分流、干湿分离和设施化处理等先进适用的污染防治技术。推进水产健康养殖。建设标准化养殖池塘，改造、改善养殖环境和生产条件。建立标准化水产健康养殖示范场，应用生态健康水产养殖方式。采用安全高效人工配合饲料、工厂化循环水产养殖、水质调控技术和环保装备，减少污染排放。

3. 末端治理

实施农田氮磷拦截。在现有农田排灌渠道基础上，通过生物措施和工程措施相结合，改造修建生态拦截沟，吸附降解农田退水中的营养元素，改善净化水质，促其循环再利用，减少农田氮磷流失。推进农村废弃物资源化利用，以村为单位，因地制宜建设秸秆、粪便、生活垃圾、污水等废弃物处理利用设施，大力发展农村沼气，推进人畜粪便、生活垃圾、污水、秸秆的资源化利用。制定相关政策措施，加快农膜技术装备的推广应用，鼓励引导农民使用厚度大于0.008毫米的地膜，回收利用废旧地膜，解决农田"白色污染"。

(二) 农村清洁工程

农村清洁工程由农业部2005年开始试点实行，按照"减量化、资源化、再利用"的循环经济理念，以建设资源节约型、环境友好型新农村为目标，以实施清洁田园、清洁家园、清洁水源为主线，以农村废弃物资源化利用和农业面源污染防控为重点，推广畜禽粪便、生活污水、生活垃圾、秸秆等生产、生活废弃物资源化利用技术，变废为宝，化害为利，用经济的手段、市场的机制，建立物业化管理模式。

（三）农田生态景观

农业中的人与大自然的关系具体表现为人、天、地、稼的关系，天人关系为中心的可持续农业，使中华文明古国长达数千年而不衰。未来随着科学技术的发展，农田生产力将有更高的提升空间，而且农田的替代基质也会不断增多，扩大新的食品来源，农田的历史任务有所改变，保护环境和提供休闲服务的功能将相对提高。因此，未来农田景观的格局将随之变化，农田斑块的基质得到进一步改良，并以增施有机肥料和农作物品种改良作为增产的主要保障，以多样化的种植方式和廊道结构生物防治病虫害，秀丽的农田风光令人陶醉，达成人与自然、人与田园的"天地合一"。当前出现的观光农业的景观，可谓是未来农田景观之早期雏形的体现。

农田景观属于经营景观中的人工经营景观，景观构图的几何化与物种的单纯化是其显著特征。随着传统农业向现代农业的演进，原有分散和形状不规则的耕作斑块向着线形和规则多边形的方向演变，斑块的大小、密度和均匀性都会发生变化，特别是精准农业的发展，要求农田进一步集约化、田面平整化、田块规则化和设施配套化与智能化。

农业生态景观是按照自然发展规律，坚持保护农田生物多样性的要求，既保护农业生产，也最大限度挖掘生态功能，实现可持续发展。农业景观内的非农作的自然、半自然植被覆盖，如农田边界、河滨植被带、生物树篱、防护林等可作为生物的栖息地、避难所及生殖和繁衍后代的场所。农业景观生物多样性不仅是农业可持续发展的基础，也是农业资源财富价值开发利用的体现。在保护农业景观生物多样性的实践中，可以遵循区分并优先保护农业景观生物多样性的热点区域，保护和建立自然、半自然生境，增加农田景观中非农作的自然、半自然生境面积，构建生态廊道，推行多样化种植方式，采取野生生物友好型的农作管理方式。

（四）农业文化传承

农业文明是现代文明、城市文明的根基，美丽乡村创建活动要关注乡村文化的保护与发掘，要对农业生产生活、民风民俗文化开展调查收集，重点针对二十四节气、民谣农谚、农民艺术、传统手工绝活、标志性民俗活动、有地方特色的农事礼仪、农业文化遗产等，进行深入挖掘、溯源与整理，修复农村文化延续的断层，研究传统农事民俗文化和现代农村生产活动方式融合发展模式。概言之，美丽乡村应该是"生态宜居、生产高效、生活美好、人文和谐"的典范，是让农村人乐享其中、让城市人心驰神往的所在。

第三节 乡村治理带头人概述

在我国传统里，治国济世莫不以农村、农民为重。乡村治理，其中一个关键是选好带头人。改革开放以来，大批致富能人在农村涌现，成为带领群众发家致富、乡村振兴的重要力量，并形成了独特的"能人治村"模式。

党的二十大报告指出，加快建设农业强国，扎实推动乡村产业、人才、文化、生态、组织振兴。人才是乡村振兴的五大重点之一，特别是乡村治理带头人，直接关系乡村振兴能否平稳有序进行。

构建乡村治理新体系关键在人。乡村治理是社会治理的重要组成部分，也是乡村振兴的关键和基础。2022年中央一号文件明确提出，健全党组织领导的自治、法治、德治相结合的乡村治理体系，推行网格化管理、数字化赋能、精细化服务。深化乡村治理体系建设试点示范。然而，在具体实践中，乡村治理却面临诸多问题，如贫困村发展后期乏力、村组织软弱涣散、村集体经济薄弱等。造成这些问题的主要原因是乡村治理的队伍建设不到位，出现强人难选、能人难留、人才难引、力量难聚等现象。当前，构建乡村治理体系，必须在构建和完善乡村治理的队伍体系上下真功夫、出真招。

一、选好能力过硬的乡村治理"领头雁"

"提衣提领子，牵牛牵鼻子。"农村基层党组织是乡村治理的关键力量，基层党组织书记是关键中的关键，只有配好农村党组织书记这个"领头雁"，乡村治理才会有坚强保证。针对当前村支部书记"无人能选""强人难选"的现象，一方面要做好"育"的文章；另一方面要加大"引"的力度。在"育"上，要充分发挥党组织培养锻造干部的作用，尝试村级优秀党员干部参与乡镇党组织生活的做法，以更高要求锻造村级党员干部过硬的政治品格；要探索建立优秀党员干部定期跟班学习机制，让优秀党员干部提前进入村支部书记的培训序列，提前做好能力准备；要利用第一书记的传帮带教作用，在乡村治理实践中培养新人。在"引"上，要利用地方优势，把乡村振兴的美好前景、乡村治理的广阔舞台送进高校，推动高校毕业生与村支部书记的信息流动；要抓住产业扶贫、产业兴旺的重要机遇，推动乡村治理与产业兴旺的融合发展，用特色产业吸引外出打拼的企业家、农民工返乡任职；要建立退伍军人后备干部的人才库，加大对干部的培养选拔力度。

二、配备担当作为的乡村治理"抬庄人"

"一个篱笆三个桩，一个好汉三个帮。"推动乡村治理，不仅需要本领过硬的村支书的引领，也需要能力突出的村干部的"抬庄"。只有村干部"到位不越位，补台不拆台"，乡村治理工作才能出彩。首先，要把好"第一关"，把政治意识、大局意识作为选拔村干部的首要标准，为班子团结打好基础；其次，要在畅通副职晋升渠道的同时，切实认清副职与主职待遇之间存在较大差距的事实和危害，探索建立更加公平合理的考核奖惩机制，逐步缩小村干部之间的待遇差距，进一步激发村干部协作实干的积极性。

三、用好专业素质过硬的乡村治理"指导员"

坚持党委领导、强化党委指导，是构建乡村治理新体系的基本要求和重要法宝。尤其是面向贫困村、软弱涣散村和集体经济空壳村。配齐乡村治理"指导员"是被实践充分证明的必然选择。首先，要突出政治性、专业性原则，做好乡村治理短板与机关职能优势的对接，从市县镇等各级机关选派第一书记，配套建立第一书记派驻工作机制，为第一书记营造"不仅能安心驻村，更能善为助村"的工作环境；其次，要用好"轻痕迹重实绩"的考核指挥棒，将村级治理成效的高低、优劣作为派出驻村工作组或扶贫工作队成绩的最直接考评指标，确保工作组驻村不仅痕迹"过硬"，实绩更"过硬"。

四、培育率先垂范的乡村治理"先行军"

党员表率是最好的动员令。党员是村级后备干部的重要组成部分，是推动乡村治理的

"先行军",培育好这支队伍,可以充分发挥农村党员的先锋模范作用,在构建乡村治理新体系中起到事半功倍的成效。

一是把握新时代党员的更高标准和更严要求,注重从辖区产业工人、青年农民、致富带头人和非公有制经济优秀员工等先进群众中发展党员,从源头上优化党员队伍的结构、提升党员队伍的质量。充分运用农村党员干部现代远程教育平台、"学习强国"移动端平台,定期开展党员教育培训。二是落实党员积分管理制度,加大农村党员的考核结果运用,以评选表彰等精神奖励为主要方式激励高积分党员,并做好优秀党员的宣传活动,增强党员的使命感和荣誉感,营造比学赶超的良好氛围。三是探索为党员设岗定责的工作方式,将全体党员分层级、分批次划为环境卫生、厕所革命、法治宣传等责任区的责任人,督促党员在日常乡村治理中发挥带头引领作用。

五、引入专业突出的乡村治理"新力量"

探索建立志愿者队伍参与乡村治理的工作制度,充分发挥全省已注册志愿者服务队伍的力量,对标乡村治理中的突出问题,补充完善乡村治理的人力和专业短板。要重视社会组织参与乡村治理的积极性和优势,逐步加大对社会组织培育的力度,激活社会组织活力,发挥社会组织在动员群众、建设基础设施提供公共服务等诸多方面的积极作用,使社会组织能够成为乡村治理的"有效补充"力量。要进一步推进综合行政执法改革向基层延伸,推动执法队伍整合、执法力量下沉,着力解决乡村治理中无执法权、执法难、执法慢等突出问题。

第四节 现代乡村治理体系构建

一、乡村社会治理体制的主体分析

从乡村治理主体结构的角度来看,基层党组织、乡镇政府、乡村社会组织、农民个体等都是乡村社会治理的重要主体力量,同时,治理主体分析还是要落实到相关的行动主体上,如基层政府官员、社区干部群体、乡村精英、一般村民,还有一些进入乡村社会的市场主体以及社会组织主体等。准确把握乡村社会多元治理主体的功能定位和角色运行,是理解当前我国乡村社会治理体制运行现状的基础。

(一)基层党组织

基层党组织是党与社会实现有机联系的重要载体,是党在基层社会的"战斗堡垒"。按照党章规定,党的基层组织指在"企业、农村、机关、学校、科研院所、街道社区、社会组织、人民解放军连队和其他基层单位"所设立的党的基层委员会、总支部委员会、支部委员会。其中,街道、乡、镇党的基层委员会和村、社区党组织,统一领导本地区基层各类组织和各项工作,加强基层社会治理,支持和保证行政组织、经济组织和群众性自治组织充分行使职权。《中国共产党农村基层组织工作条例》第二条指出:"乡镇党的委员会(以下简称乡镇党委)和村党组织(村指行政村)是党在农村的基层组织,是党在农村全部工作和战斗力的基础,全面领导乡镇、村的各类组织和各项工作。必须坚持党的农村基层组织领导地位不动摇。"

从功能定位上看,农村基层党组织是乡村社会治理的全面领导力量。从历史上看,基层党组织在乡村社会的普遍设置和现实运行使党实现了对乡村社会的有效整合。随着新时期乡村社会转型和流动性的加快，乡村社会治理对党的领导提出了更高的要求。乡镇党委要"在方向上保证地方经济社会的发展和稳定"，提高回应变革乡村社会诉求的能力，健全密切联系群众的制度化渠道。村党组织"讨论和决定本村经济建设、政治建设、文化建设、社会建设、生态文明建设和党的建设以及乡村振兴中的重要问题""领导和推进村级民主选举、民主决策、民主管理、民主监督，推进农村基层协商，支持和保障村民依法开展自治活动。"这就要求党组织不断提高自身的组织力和他组织力，更为有效地"领导本村的社会治理"。现代乡村社会治理体制建设以加强党的全面领导为前提，但问题在于党的全面领导权在新时期乡村治理语境中的实现还需要更为具体的体制机制支撑。只有进一步提升乡村基层党组织的组织力，并完善基层党组织连接社会的实现机制才能更好地坚持和加强党的全面领导；只有不断改善基层党组织的权力生成方式，进一步理顺政党、国家和乡村社会三者之间的运行关系，尤其是要进一步厘清村党组织和其他村级组织之间的权责关系，才能进一步夯实基层党组织在乡村社会治理中的全面领导地位，把农村基层党组织建设成为"宣传党的主张、贯彻党的决定、领导基层治理、团结动员群众、推进改革发展的坚强战斗堡垒"。

从历史经验和现实境遇来看，中国共产党领导地位的实现不是与生俱来的，而是在根据社会环境的变化不断进行组织策略调整，不断回应社会发展的需求过程中实现的。从各个时期基层党组织增强自身适应性和回应性的探索实践来看，党组织在不同的历史时期采取了不同的治理策略，进行了有效的组织建设，保持了先锋队的特性，才实现了政党与社会之间的有效互动，更好引领社会发展进程。正是在实践当中通过加强基层党组织建设，把党的领导权建立在坚实的社会基础之上，才能更好实现党长期执政的合法性与有效性的统一。乡村振兴的时代背景赋予了基层党组织新的历史使命和新的历史课题，基层党组织的战斗堡垒的凸显必须随着新的历史方位和时代需要而不断进行调适，适宜地进行结构重组、体系再造和组织力建设，才能更好应对乡村社会迅速变迁带来的治理挑战。

（二）乡镇政府

乡镇政府是我国最基层的行政层级。《中华人民共和国宪法》规定："乡、民族乡、镇的人民政府执行本级人民代表大会的决议和上级国家行政机关的决定和命令，管理本行政区域内的行政工作。"关于乡镇政府职权的具体规定主要来自《中华人民共和国地方各级人民代表大会和地方各级人民政府组织法》。根据《中华人民共和国地方各级人民代表大会和地方各级人民政府组织法》第七十六条规定，乡、民族乡、镇人民政府具有如下职权。

一是执行本级人民代表大会的决议和上级国家行政机关的决定和命令，发布决定和命令。

二是执行本行政区域内的经济和社会发展计划、预算，管理本行政区域内的经济、教育、科学、文化、卫生、体育等事业和生态环境保护、财政、民政、社会保障、公安、司法行政、人口与计划生育等行政工作。

三是保护社会主义的全民所有的财产和劳动群众集体所有的财产，保护公民私人所有的合法财产，维护社会秩序，保障公民的人身权利、民主权利和其他权利。

四是保护各种经济组织的合法权益。

五是铸牢中华民族共同体意识、促进各民族广泛交往交流交融，保障少数民族的合法权利和利益,保障少数民族保持或者改革自己的风俗习惯的自由。

六是保障宪法和法律赋予妇女的男女平等、同工同酬和婚姻自由等各项权利。

七是办理上级人民政府交办的其他事项。

乡镇政府作为国家政权的基础和末梢,承担着落实国家政策、执行上级任务的职能,同时也面向基层社会,履行指导乡村治理和民意诉求回应的任务,在乡村社会治理中居于主导地位。乡镇政府的角色定位和职能发挥也应随着时代的发展而作出相应的改革和调适。"分税制"改革和农业税的废除,使乡镇政府出现了"悬浮型"特征,要求进一步转变乡镇政府职能,尤其是要增强乡镇政府的社会管理和公共服务职能,克服其"内卷化"运作和"自利"行为倾向,提升乡镇政府的治理绩效及其回应民意的能力。近年来,国家大力倡导自上而下的基层政权建设以及自下而上的社会建设,正是要着力弥合新时期基层政权运作的实践张力,促进基层政府职能的转变以及基层治理体系的现代化。

但在调研中发现,乡镇政府的科层制运行逻辑与基层治理体系现代化的发展诉求相比仍有差距。完成上级的任务、"发展经济"和维护社会稳定仍然是乡镇政府主要的日常工作,由于政府组织内外信息沟通的制度化渠道不畅、乡镇政府组织机构权责不对等、一些乡镇干部的能力素质与基层治理任务相比还不适应等问题的存在,严重制约了乡镇政府职能的转变和有效履行。

(三)村民委员会

在制度安排上,村委会是在村级党组织领导下相对独立的自治实体。根据《中华人民共和国宪法》规定,"城市和农村按居民居住地区设立的居民委员会或者村民委员会是基层群众性自治组织""居民委员会、村民委员会设人民调解、治安保卫、公共卫生等委员会,办理本居住地区的公共事务和公益事业,调解民间纠纷,协助维护社会治安,并且向人民政府反映群众的意见、要求和提出建议"。《中华人民共和国村民委员会组织法》第二条规定:"村民委员会是村民自我管理、自我教育、自我服务的基层群众性自治组织,实行民主选举、民主决策、民主管理、民主监督。村民委员会办理本村的公共事务和公益事业,调解民间纠纷,协助维护社会治安,向人民政府反映村民的意见、要求和提出建议。村民委员会向村民会议、村民代表会议负责并报告工作。"由此可见,村委会作为自治主体有着明确的法律定位。

村委会是村级组织的重要构成部分,是乡村公共事务的管理者。村委会的日常事务主要分为两个层面:一是协助基层党委政府处理在社区(村)中的治理任务;二是组织社区(村)内部事务,包括处理村庄的纠纷、村庄的公共资源的管理和分配等。税费制改革前后乡村干部所承担的具体村治任务发生了重大改变,如在取消农业税之前,乡村工作的重心是完成收粮派款、计划生育、兴修水利等任务;随后的乡村治理改革,国家逐渐加大了对乡村社会的财政转移支付力度,尤其在资源下乡的新背景下,争取资源、分配资源和管理资源成为村干部的重点任务之一。这一系列的转变都极大地影响和改变着乡村干部的行动逻辑和乡村治理架构。

(四)乡村社会组织

乡村社会组织是重要的村治主体之一。社会组织一般有广义和狭义之分。

广义的社会组织,指人们为实现特定目标而建立的共同活动的群体,又称为次级社会群体。狭义的社会组织,指在行动基础上组成的、反映共同利益与共同价值取向的社团组织。具体就乡村社会组织而言,所指内容也有广义和狭义之分。广义的乡村社会组织包括乡村经济组织、政治组织、自治性组织和社会性组织等;而狭义的乡村社会组织,指的是乡村社会性组织,包括乡村公益性组织、行业性组织、宗教性组织、娱乐性组织等,具有志愿性、民间性、互助性、服务性和非营利性等特征。本书主要是从狭义的角度来使用这一概念的。乡村社会组织是乡村社会治理的重要协同力量,在农民利益表达、政府与农民之间的沟通、矛盾纠纷化解、协同提供公共服务等方面具有比较优势,其作用的有效发挥可以提升乡村社会的自组织能力,优化乡村社会治理结构。

(五) 村民

《中华人民共和国宪法》总纲明确规定:"中华人民共和国的一切权力属于人民。"《中华人民共和国村民委员会组织法》第一条也明确指出,"为了保障农村村民实行自治,由村民依法办理自己的事情,发展农村基层民主,维护村民的合法权益"。村民是乡村社会治理的主体性和基础性力量,"民主选举、民主决策、民主管理、民主监督"是村民行使民主权利、参与乡村社会治理的主要形式。但在实际运行中,农民的主体作用发挥仍然会受到诸多因素的制约,行政权对村治过程的侵扰,乡村社会的快速变迁导致的村民主体的分散化等现象,使得作为村民主体地位作用发挥平台的村民自治制度在实践中面临着新的挑战和转型。如村委会的行政化倾向、村治选举中的失范现象、村民参与乏力、民主治理过程虚化、"村权"监督不足等问题制约了村民权利的行使和村民自治的良性运行。这些问题一定程度体现了当前农村基层民主发展的深层次困境。从体制机制上看,造成这些问题的根源还是在于村治重选举而轻民主治理过程,制约了村民持续参与乡村治理权利的实现,民主治理过程和机制的不完善成了乡村社会治理发展的重要掣肘因素。

近年来,随着村庄的现代性元素涌入,村民的民主意识开始增强,在利益密集型的村庄,更是反映出村民对这种民主实践的关切,这集中体现在两个方面:一是村务公开(治理过程),即村民对集体财产的分配、使用和管理的经济利益诉求;二是村庄选举,这体现了村民对政治利益的诉求。有学者指出,这两者的关系本质上是"钱"和"权"。这两者究其实质都涉及村民的自治权如何有效实现的问题。

综上分析,乡村多元社会治理主体构成了乡村治理体制架构的基本主体元素。然而,多主体有着各自不同的发展目标和行动逻辑,这些主体之间的相互关联和复杂互动进一步制约着乡村治理体制实现的运行状况。

二、优化现代乡村社会治理体制的顶层设计

现代乡村社会治理体制虽然围绕基层治理而展开,但其却是国家治理现代化的重要构成部分,治理逻辑和发展走向受到国家治理转型和国家治理体系建构的深刻影响。因此,现代乡村社会治理体制建设应着眼于总体性、系统性考量,从优化乡村社会治理体制的顶层设计入手,着力解决现代乡村社会治理面临的结构性张力和困境,为现代乡村治理体制建设提供系统的制度支持。

(一) 建构党建引领的统合机制

乡村治理现代化的制度精神内嵌在党领导现代国家建设的过程之中。从历史来看,中国共产党在"政党下乡"的过程中,深入乡村社会,建构起了乡村社会的政治整合体系,奠定了现代国家治理的社会基础。立足新时期,如何对日益开放性和多元化的乡村社会进行有效整合,保持乡村治理的统一性与灵活性,使多元治理主体能够协同发力,亟须更好发挥党组织统合优势。

1. 坚持制度创新的人民中心取向

现代乡村社会治理体制建设所秉承的价值理念在很大程度上决定了其发展方向和发展路径。中国共产党是先锋队组织，引领制度变迁的方向和进程，"以人民为中心"的发展思想是中国现代乡村社会治理体制建构所要坚持的根本价值理念。这就要求进一步明确乡村振兴的战略定位和现代乡村社会治理体制建设的价值方向，立足乡村社会良性发展的长远考虑，着重于凸显农民主体性的系统性的制度设计。进一步增强制度体系的回应性、包容性和开放性，坚持多元主体共建共治共享，使复合主体协同共治的理念得到进一步确立和传播，以及实现在基层社会的有效实践。同时，明确治理创新以是否能有效回应民意，是否凸显农民主体价值，是否能增进民生福祉为根本评价标准，从而发挥执政党的价值引领功效，构建富有生命力的现代乡村社会治理体系。

2. 为协同治理提供权威和组织基础

乡村社会治理体制的建构包括多主体之间的关系，既有各部门各层级的政府主体，又包括社会主体，而治理的绩效则取决于多元主体的协同程度。然而协同的发生并不是必然的，而是需要相关的协同保障机制，以克服碎片化治理、分散化治理的难题。有学者研究指出，权威的碎片化难以形成协同治理合力，党组织具有的组织权威和组织优势，能对多元治理主体进行有效统合，从而有助于打通多重制度逻辑的运行隔阂，克服碎片化治理的难题。现代乡村社会治理体制的建构是一个系统工程，依赖于各部门各层级的有效协同配合。发挥党的统合优势，能够优化资源的配置，影响各主体的行动偏好，促成协同共治。

3. 发挥党的社会整合优势，提升社会组织力

（1）通过党组织网络整合乡村治理资源。面临日益分散化的乡村社会，需要激活党组织社会整合和资源整合优势，实现对乡村社会的再聚合。以党建为引领优化乡村治理的实践运作，通过横向和纵向的组织网络整合乡村社会，使资源得以优化配置，人才得以汇聚。

（2）畅通民意表达渠道。搭建基层党组织和乡村多元治理主体之间互动融合的制度化渠道，发挥群众路线的优势，使"从群众中来，到群众中去"变为推进乡村社会再组织化的过程。

（3）进一步明晰党组织领导乡村治理的具体内涵和实现机制。在资源配置、主体协同、服务供给、意见表达等方面细化措施途径，建立健全村（社区）党组织、村（居）委员会、社会组织及其他村级相关组织和单位等多方协商机制，以化解乡村治理面临的执行不足、共治难、资源匮乏等困境，从而为现代乡村社会治理体制的建设提供坚实的组织保障。

（4）构建农村基层党组织大党建格局。扩大基层党组织建设的组织覆盖和工作覆盖面，及时吸纳农村优秀人才、提升党员发展质量、提高党员竞争力、优化基层党员干部队伍结构，尤其是及时加强"两新"组织和农民合作社的党建工作。党委建在乡镇、党支部（总支）建在村、党小组建在村组、新型组织党建工作实现全覆盖的农村大党建模式，可以使乡村党组织形成"网络化"的组织体系，构建起以党组织为中心的治理体系，形成治理合力。

（二）完善协同共治的运行架构

多主体的协同共治是治理现代化的应有之义。现代乡村社会治理体制的构建涉及多主体之间的关系调整和优化。从纵向来看乡村社会治理体制是国家治理在基层社会的基础环节，涉及自上而下的国家治理政策的有效传递和执行，这包括了政府内部各部门各层级之间的关系；从横向来看涉及乡村社会多元治理主体，其本质是政府与社会之间的关系。因此，协同治理的运行架构应从政府治理内部，以及政府与社会之间的协同关系优化来整体性推进。

（三）建立政府组织之间的协同治理机制

现代乡村社会治理体制的建构在一定程度上是国家宏观发展治理体制在乡村社会的具体体现。国家宏观治理体制以及战略规划要转变为实践，需要各层级和各部门政府的有效协同执行，若缺乏有效的协同治理的实现机制，就会出现多部门多层级的合作困境。因此，协同机制的建立就显得尤为紧要。

1. 建立利益共享机制，进一步形成改革共识

组织之间协同共治的动力来源于改革所释放的红利及其普惠程度，即是否能够给相关方带来实质性的"收益"。只有建立在共同利益基础上的改革才能增进共识，促使改革的推广和有效执行，有效协同制度的产生关键是要通过体制机制创新协同条块部门的理念和利益，以此来构建更广泛的理念共同体和力量联盟。由此，乡村社会治理体制改革需要结合各级政府和各部门的发展进程进行综合性的考量，注意改革的协同推进与利益共享。

2. 建构协同共治的联动机制

协作共治的关键是各相关方能否就公共事务治理形成联动，这需要相应的协同技术和激励机制支持。协同技术在于通过信息技术和管理技术建构协同治理网络，打破政府各部门的"信息孤岛"现象，整合信息资源，实现政策执行联动和整体性响应。激励机制在于找准各主体利益的结合点，实现多元治理主体的聚合，生成新的关系纽带，使各主体处于一种良性互动且不能拆分的共生关系中。

（四）建构政府治理与乡村社会自治的协同治理机制

政府与社会的协同关系是现代乡村社会治理需要处理的核心问题。

1. 通过法治的方式进一步明确各自的权责关系

有学者研究指出，"法制-遵守"模式的建立是克服乡镇权力体系的"自我扩张惯性"，实现乡村社会治理现代化的可行模式，即国家的依法治理和乡村社会的依法自治。具体而言，对于农村行政类事务主要依靠法律手段完成，对于农村经济类事务主要依靠国家的宏观调节，而对于农村社区性事务更多依靠村民自治体系来完成。这种路径设想具有一定的针对性。基于此，要充分激活现有法律资源，例如，《中华人民共和国村民委员会组织法》《中华人民共和国行政许可法》等，这是处理基层政府与乡村社会自治关系的重要法律依据。

2. 进一步完善相关立法

首先，研究和总结我国乡村治理的地方实践，在相关法律的修订完善中，及时融入成熟经验。例如，进一步细化乡镇管理与群众自治组织关系的范围和方式，完善基层群众自治权利的法律救济渠道；在《中华人民共和国村民委员会组织法》中明确村级协商主体、协商范围和协商规范，把协商程序纳入基层自治制度运行体系，健全村级议事协商制度，提升民众有序参与基层权力运作的制度化水平等。其次，以共同利益为切入点，建构协作机制。进一步寻求政府治理与村民自治的利益契合点，从目前我国乡村社会治理实际来看,"乡村政治"体制运行的弊端在于行政权和自治权运行的内在张力,这就要求治理创新需找到两者结合点。具体来说,基层政府的工作重点是面向乡村社会的公共物品供给以及民众权利的实现,而乡村社会自治的重点是农民通过"自我管理、自我教育、自我服务",实现乡村社会的公共事务的治理以及自身权益的实现。换言之,农民权益的实现和维护是这两者的结合点。这一方面需要政府的职能转型,增强面向乡村社会的公共服务供给能力;另一方面通过相应的体制机制设计,使民众实质性地参与乡村社会治理之中,实现与公共权力之间的良性互动,在协商、博弈中达成最大限度的共识。另外,政府治理与乡村社会自治有效衔接、互动的条件还包括政府-社会信任机制的构建、社会自身力量的培育和壮大、互动体制机制的建立健全等,最终形成政府治理与乡村社会自治相互协同的"善治"架构。

三、改革乡镇政府治理体制

基层政府是现代乡村社会治理体制的主导性力量,其改革创新的力度直接影响现代乡村社会治理体制建设的成效。现代乡村社会治理体制建设必然包含了政府治理创新,其目标是权力法治化,涉及行政权的法治化、公共财政建设、基本公共服务等方面,同时也包含着其实现有效社会治理方式的创新。如何进一步强化乡镇政府的公共服务和社会管理职能,优化行政权力运行机制,提升治理绩效,是乡镇体制改革的当务之急。

(一)强化乡镇政府公共服务和社会管理职能

转变乡镇政府职能是深化乡镇机构改革的核心。2017年,中共中央办公厅 国务院办公厅印发的《关于加强乡镇政府服务能力建设的意见》(以下简称《意见》)中强调指出,要"加强乡镇政府公共服务职能""加快乡镇政府职能转变步伐,着力强化公共服务职能",并对乡镇政府提供的主要基本公共服务内容做了进一步细化规定。该《意见》同时指出,"扩大乡镇政府服务管理权限。按照权力下放、权责一致的原则,除法律法规规定必须由县级以上政府及其职能部门行使的行政强制和行政处罚措施,以及行政许可事项外,对直接面向人民群众、量大面广、由乡镇服务管理更方便有效的各类事项依法下放乡镇政府,重点扩大乡镇政府在农业发展、农村经营管理、安全生产、规划建设管理、环境保护、公共安全、防灾减灾、扶贫济困等方面的服务管理权限"。这无疑为当前乡镇政府在乡村社会治理中的职能转变指明了方向。乡镇政府改革的落脚点在于增强其服务能力,回应人民日益增长的美好生活需要,变"管治"为"服务"、变"管理"为"治理"。只有进一步健全乡镇政府的服务机制,乡镇政府服务能力和治理能力才能得以真正提升。党中央曾提出的乡镇机构编制"只减不增"的原则,在一定程度上控制了乡镇人员膨胀的问题,但在调研中发现,很多乡镇普遍反映人才缺乏、人员紧张的状况还很明显,这其实和乡镇政府职能转变不到位和多元治理主体作用发挥不足密切关联。推动行政执法和政务服务重心下沉,赋予乡镇(街道)对部门派出机构的日常管理权、区域内规划参与权、综合管理权和关系民生的重大决策建议权;优化社区服务站设置,由乡镇(街道)统一管理,并就品质社区、活力社区、美丽社区、人文社区、和谐社区建设等方面做出具体部署。这就进一步凸显了基层政府的公共服务职能,明确了基层治理的社区导向,较好促进了城乡社区发展治理的新格局。这种服务指向和共治取向的改革思路,可以为新时期强化乡镇体制改革提供实践启示。

从目前我国乡村社会治理的实际来看,基层政府在连接国家与社会方面发挥着重要作用，但要防止和克服其"科层制惯性"和"悬浮型"弊端，不断强化其服务乡村社会的能力。首先，从理论层面上来说，不断增强基层政府服务能力是马克思主义的"国家-社会"关系理论的内在要求。政府的主要职责是进行社会管理、提供公共服务，进一步强化乡镇政府服务能力，实现资源下沉和服务下沉，既是国家社会管理职能履行、赋能乡村社会的现实要求，也是促进乡村社会自治有效运行的重要保障。其次，从实践层面上来看，不断增强乡镇政府服务能力也是应对乡村社会巨变、化解乡村治理困境的必然要求。随着农村"空心化"的加剧和新型社区化进程的加快，乡村社会的自我维系和自我治理能力下降，对公共服务的需求进一步凸显，这就要求进一步提升基层政府的公共服务供给能力，以回应乡村社会变迁带来的治理新需求。从化解乡镇政府治理困境的角度来说，不断强化乡镇政府服务能力也是克服乡镇政府"悬浮型"弊端的可行举措。只有更好地服务乡村，乡镇政府的"合法性"认同才能得以提升，国家与乡村社会良性互动才能更好实现。

（二）优化乡镇政府内设机构和权责设置

乡镇政府职能的转变需要内设机构的改革配套作为支撑。大部制改革为乡镇政府内设机构调整提供了很好的思路和政策环境。要稳步推进大部门制改革，深化乡镇行政体制改革，严格控制机构编制，减少领导职数，降低行政成本。因此，可以考虑按照"大科室制"的原则，整合和调整乡镇政府内设机构，实现乡镇政府"科层"的重组和优化。近年来，有不少基层实践对乡镇政府内设机构调整做出了有益探索。

（三）完善基层政府的激励结构

基层政府履行社会管理和公共服务职能的动力与其面临的任务环境和激励结构有关。要有效转变基层政府职能需改善相应的激励机制，即相关配套制度的建立健全是乡镇体制改革的重要内容和根本保障。调研中发现，有两个方面的配套制度至关重要：乡镇财政体制改革和乡镇考核体系改革。长期以来，乡镇政府基于"财政困境"去抓经济、基于"一票否决制"去抓稳定无疑是乡镇政府职能转变的重要掣肘，这直接导致了乡镇政府"自我扩张惯性"和"不出事逻辑"的出现，阻碍了"法治型社会治理模式"的形成和政府相应职责的履行。因此，改善基层政府面临的激励结构，完善乡镇财政管理体制和乡镇政府的激励机制是实现基层政府职能转变的关键环节。

第一，增强对基层政府的财政支持力度，提升其资源调配能力。一方面可以考虑根据区县当地的实际财政情况，给予每个乡镇配备一定数额标准的公共服务和社会管理专项资金，实行乡镇财政的差别化管理，使乡镇财政事权和支出责任相适应；另一方面，可以通过"行政吸纳服务"的办法，调动社会多种资源参与乡村社会公共服务供给，进一步优化乡镇政府社会管理和公共服务职能履行的经费保障机制。

第二，设置适度的行政激励机制。关于乡镇政府考核办法的改进，从内容上说就是要变"一票否决制"的简单化评价标准为多元化的评价标准，细化社会管理和公共服务职能履行情况的考核体系，防止出现基层政府为规避风险而采取的"策略性应对"现象。从考核主体上说，要进一步完善村（居）民和第三方机构对乡镇政府的考核评价机制，推动外部考核和内部考核更好结合，为乡镇政府职能转变提供必要的激励机制支撑。

第三，构建向下负责的评价体系，把评价和激励的社会领域倾向凸显出来。增加公众话语对基层政府履职情况的评价权重，改变单向的自上而下的评价体系。如一些地方探索创新镇级协商对话制度，加大了群众在乡镇治理体系中的话语权，畅通了群众诉求表达渠道，体现了群众路线常态化的要求，因其有利于拉近与群众的距离、促进政府职能转型、创新乡村治理模式而受到各方关注。如浙江温岭的镇级参与式预算实践、四川彭州的镇社会协商对话会制度创新，搭建"乡政"与"村治"的协商对话平台，扩大人民有序政治参与、优化民主决策程序，凸显了社会激励导向，在实践中也有利于促进乡镇政府的职能转型。

　　需要强调的是，乡镇体制的改革是一项系统工程，从某种程度上说，要跳出乡镇体制本身来思考和谋划乡镇体制改革问题，若缺乏国家层面的整体推动和顶层设计，乡镇体制改革就会遭遇体制对接的阻力进而很难实质性推进。因此，县、乡（镇）关系的调整和职能对接也是实现乡镇职能转变的重要条件。从这个意义上说，扩权强县、强镇扩权等改革是一种较为可行的方向。

第十一章　农业防灾减灾

第一节　干旱与洪涝

一、干旱防控技术

干旱指水分难以满足植物生长发育、人类生存和经济发展需求的现象。干旱对作物的危害程度与干旱发生的季节、作物的种类、品种和生育期有关。春季干旱影响春播，或造成春播作物缺苗断垄，并影响越冬作物的正常生长。7—8月的伏旱，在中国北方，影响玉米、高粱、水稻的正常生长，也会造成棉花的蕾铃脱落；在中国南方，影响早稻、中稻的正常灌浆和晚稻的移栽成活。秋旱影响秋作物的产量及越冬作物的播种。伏旱和秋旱都会使土壤的底墒不足而加剧翌年的春旱。

（一）夏玉米

夏玉米干旱防控技术主要包括以下7个方面。

（1）选择适宜品种，防止越区种植。因地制宜，选用抗旱性强、丰产稳产性好、增产潜力大、熟期适宜、通过国家或省级审定、在当地种植表现优良的玉米品种。杜绝品种越区种植，避免种植生育期偏长的品种，确保安全成熟，提高玉米产量和籽粒品质。春旱年份和地区要注意选择苗期耐低温、种子拱土能力强、籽粒灌浆和脱水快、较抗旱的玉米品种。

（2）搞好整地施肥，打好播种基础。秋整地的基本方式有两种形式：一种是秋翻地后直接进行耙压作业；另一种是秋季直接灭茬，然后起垄、镇压。秋翻地的时间，一般在10月末基本翻完，应抓紧有利时机进行耕翻、耙压，有冻层时不能进行作业。不具备秋翻条件的或没有秋翻能力的地方，可采用秋灭茬同时起垄的办法进行整地，灭茬后及时起垄，同时进行镇压，避免失墒。针对土壤墒情不足的情况，通过深松整地、"小垄改大垄"、保护性耕作等农艺措施，提高土壤抗旱效果。对旱情较重且没有水源条件的地方，尽量少动土，采取原垄卡种，减少土壤水分蒸发。要根据不同土壤肥力，科学合理搭配肥料，做到有机肥与无机肥配合、氮磷钾与微肥配合、基肥与追肥配合，提倡"重施底肥、氮肥分追"，防止"一炮轰"。施用有机肥，不仅能培肥地力，还能改善土壤物理环境，提高土壤持水保墒能力。增施钾肥能通过减少植株蒸腾损失来提高水的利用率，增强作物自身的抗旱力。有条件的地方可实行化肥开沟深施，切忌地表撒施，做到种、肥隔离，避免肥料烧种子和幼根，影响出苗。避免盲目施肥和过量施肥造成生理干旱。

（3）适期适墒播种，提高播种质量。根据土壤墒情和温度，适期适墒播种。适时早播，可以延长玉米生育期，积累更多的营养物质，种子充实饱满、产量高。经过低温和干旱环境锻炼，地上部分生长缓慢，而根系向下有利于蹲苗，并使得生殖生长处于高温高湿阶段，有利于灌浆成熟，并可减轻或躲避病虫危害、"卡脖旱"和晚秋低温等不良气候的影响。一般4月下旬至5月上旬,当5厘米处地温稳定到高于10℃时即可播种,播期过早易导致低温烂种和地下害虫、玉米丝黑穗病等土传病害,播期过晚会影响植株正常生长发育及籽粒后期灌浆和脱水。对秋整地田块,要抓住春季返浆期及时镇压保墒播种,尽可能少动土,以保墒情;对秋季未整地田块,宜采取春季顶浆灭茬,原垄播种,适时抢墒早播。要充分发挥农机作用,加快整地播种进度。播种前进行种子精选和晾晒,挑选均匀一致的种子,应用保水剂、抗旱剂、生根粉、玉米浸种剂等化学药剂进行浸种或拌种,或直接选用包衣种子,可以提高出苗率、成苗率和整齐度,杜绝白籽下地。合理应用玉米抗旱增产剂,可以很好地吸收土壤中的深层水分,进而减少土壤中的水分蒸腾和渗漏,并且可以在玉米根系的周围形成一个小水库,供玉米根系吸收利用。

(4)推广抗旱技术,力争一播全苗。根据生产基础和资源条件,因地制宜推广成熟实用、简便高效的抗旱节水技术。一是坐水种技术。充分发挥坐水种技术成本低、易操作、结构简单、机动灵活、不受地形限制等特点,与行走式注水点播机等农机具配套使用,一次完成开沟、注水、点种、施肥、覆土和镇压作业,确保苗齐、苗匀、苗壮。二是膜下滴灌技术。有条件的地方可大力推广膜下滴灌技术,该技术是目前最节水、节能的新型灌溉技术,不仅集约利用灌溉用水,而且有效避免土壤表层水分蒸发、深层水分渗漏和地表径流,提高水肥利用效率,满足玉米生长发育所需的水温条件。三是地膜覆盖增温保墒技术。玉米覆膜种植具有增温保墒、集雨抗旱、提质灭草等作用,通过起垄覆膜,积蓄自然降水,减少水分蒸发,将无效降水变为有效降水,提高降水利用率,增强玉米抗旱能力。南方丘陵旱地多、地形地貌复杂,许多保水抗旱的农艺措施如深耕、滴灌等因操作困难而难以在农业生产中发挥优势作用。目前,南方地区使用较多的保水措施主要为地膜和秸秆覆盖,在作物生产中能起到抗旱减灾、增产增收作用。

(5)实行合理密植,构建适宜群体。根据品种特性及各地生态条件、土壤肥力、施肥水平和管理水平等进行合理密植。一般土壤肥力较高、种植耐密型品种的地块,每亩适宜密度4 500株以上;土壤肥力较低、品种耐密性稍差的地块,每亩适宜密度4 000~4 500株。对非单粒精播地块,应及早间苗定苗,一般3叶期间苗,4~5叶期定苗。综合考虑各地生态条件、土壤肥力、施肥和管理水平,根据品种特性合理密植。合理间苗,及时去掉小苗、弱苗、病苗,如遇缺苗可在同行或相邻行就近留双株,确保每亩适宜的基本苗。

(6)玉米幼苗移栽。为了减少春旱对人们造成巨大的经济损失,玉米幼苗移栽是一项可实施的措施。它很大程度上实现了节水和省时省力的效果,可用较少的水培育出尽可能多的优质玉米幼苗,用来保证大田苗全、苗壮。采用幼苗移栽技术,可以躲避东北春季第一场透雨前的干旱时期,预防苗期干旱,增产效果显著。玉米幼苗移栽技术的推广,降低了春旱给玉米带来的巨大危害。

(7)及早进行管理,促进幼苗正常发育。出苗后,应及时中耕灭茬,破除土壤板结,活化土层,促进根系生长。对田间杂草多的地块,及时结合中耕松土,消灭杂草,减少肥水损耗。对因肥力不足、覆土过深等原因引起的弱苗,以速效肥料穴施于植株附近,促进快生快长。要加强金针虫(叩甲科昆虫的幼虫)、地老虎、黏虫等苗期虫害监测,及时开展药剂防治。

(二)水稻

水稻抗旱技术可分为长期防御技术和应急减灾技术两类。

1. 长期防御技术

水稻抗旱长期防御技术主要包括以下9个方面。

（1）优选品种，做好种子处理。选用抗旱品种。不同品种的水稻抗旱性能力差别很大，从节水栽培的角度考虑，在生产中选用抗旱品种，有利于节约水资源，杂交水稻组合抗旱能力优于常规稻，因此株型紧凑、分蘖力强、根系发达、抗逆性强、熟期适宜的杂交稻品种是首选。播种前先晒种、浸种、包衣备播。

（2）精细整地，做到旱育壮秧。前茬作物收获后及时整地施肥，可用旋耕机灭茬旋耕，也可以先进行耕翻再旋平耙细，达到土肥相融、田面平整，以利于出全苗，提高出苗率。同时，培育壮秧，这是节水高产的关键，健壮的秧苗，发根力、抗旱力强。旱育秧作为水稻节水的重要措施，也是培育壮秧最好的育苗方式，通过旱育秧可提高秧苗抗旱能力，有效增加秧苗干物质含量。旱育秧主要采用钵盘旱育技术，较常规薄膜育秧节约用水50%以上。

（3）实施"三旱"整地作业，实现节水栽培。整地泡田是水田用水量较大的作业。"三旱"整地即旱耙地、旱起埂和旱整平，是稻田综合节水灌溉栽培行之有效的重要措施之一。整地质量提高才能达到节水目的，以旋耕、条耕技术为主，为便于节水灌溉应早整地，以做到"高低不差寸，寸水不露泥"，田块经过"三旱"整地，田面平整，土块细碎，泡田水层浅，更便于集中放水、集中泡田、集中插秧。泡田水层比常规泡田水耙地减少水层深2/3左右。

（4）插秧期管理，强化秧后本田水层管理。在"三旱"整地的基础上，特别是在春旱缺水严重时，插秧期要采取边放水泡田、边整平、边插秧地过水插秧方法，节省泡田水和插秧水。插秧要合理稀植，采用大垄双行超稀植或单行超稀植，利于秧苗分蘖早生快发。水稻插秧后，进入本田管理阶段，此期是水稻节水栽培的中心环节，稻区水层管理主要实行浅、湿、干交替节水灌溉，即浅水灌溉与湿润反复交替。浅、湿、干交替节水灌溉是北方一季粳稻多年来总结出的行之有效的高产灌溉制度模式。

（5）合理施肥，适当控氮。坚持平衡施肥，适当控氮，增加磷、钾、钙、锌及其他微量元素。根据节水灌溉栽培的特点，按照水稻需肥规律采用"以水带肥"的方法，可提高肥料利用率，减少化肥流失和挥发，利于水稻根系吸收。按水稻生育时段，在田间无水层情况下，将化肥撒于田里，然后缓慢地灌水，化肥溶解下渗到水稻根层。

（6）防除杂草，适期收获。节水栽培条件下的稻田非常有利于一些旱生杂草和半旱生杂草迅速生长，应该及时防除杂草。同时，当田间稻穗有85%～90%黄熟时，应该抢晴收割，不宜偏晚，以免遇连续阴雨天气，植株枯萎倒伏影响收割。

（7）建立水稻旱情监测预警系统，实现旱情动态监测、预测。围绕旱情基本数据库的更新补充、系统模型的改进优化和模型参数的率定、区域旱情评价指标的核定等内容，逐步完善水稻旱情监测、预测系统，不断提高系统分析成果的可靠性和准确性，在遭遇干旱时，能够通过系统实现实时旱情监测和旱情预测。

（8）推广节水栽培技术，确保孕穗期水层。要大力推广节水技术措施，有效减轻干旱对水稻生长发育的影响。实行覆盖栽培，寄秧措施，湿润灌溉。但孕穗期必须建立水层，防止干旱缺水引起大量颖花败育，影响产量和品质。

（9）加强灌溉水源管理，强化计划调度。要积极开辟水源，尽可能统一组织抽回流水和提灌机械，利用江河湖泊和地下水，缓解水库蓄水量不足的难题。对远离水源地块，及时打补水井，以备干旱严重季节安全供水。要加强对现有水资源管理和输水干渠的清理、修复和覆膜防渗防漏。要科学调配水源，有计划地供水。

2. 应急减灾技术

水稻抗旱应急减灾技术主要包括以下4个方面。

（1）实行旱情分类指导，科学运用节水技术。根据不同旱情，分类指导。对处于轻度干旱的地区，即储有农田用水量能够满足水稻整田和栽秧水30%~50%的地块，主要采用旱育秧方式育秧，整田时尽量减少泡田用水，采取薄水浅插，移栽后选择节水灌溉，确保水稻高产、稳产。对处于中度干旱的地区，即储有农田用水量能够满足水稻整田和栽秧水10%~30%的地块，采用旱育秧方式育秧，适当晚插，也可选择覆膜移栽技术，减少土壤中水分的损失，争取稳住水稻的种植面积，确保水稻稳产。对干旱严重的地区，即储有农田用水量不能满足水稻整田使用，完全没有灌溉条件的地方，建议提早做好改种玉米、马铃薯、大豆等旱粮作物的准备，用旱作的增产来弥补水稻减产带来的损失。

（2）扩大育秧面积，多育救灾苗。在干旱缺水的情况下，育足、备足水稻秧苗是成功抗旱，获得丰收的关键。各地农业、农技推广部门要早做准备，一是要动员广大农户充分利用菜地、蔬菜大棚设施和有水源的旱地扩大水稻育秧面积，大力推广旱育秧技术；二是开展集中育秧，育足、备足水稻抗旱用苗；三是要认真分析当地的温热条件、适当推迟育秧时间，或分段育秧，以确保满栽满插的需要；四是在无水育秧地区，要算好水稻面积和移栽节令，组织开展异地育秧，育足、育好应急秧苗，以备降水后能及时移栽。

（3）开辟水源，确保播种。在蓄水严重不足，处于干旱的情况下，一是加速维修堤灌设施，保证正常运转；二是积极开辟水源，即提取江河水、拦截地面水、挖掘地下水、用好工程水等，以缓解水库蓄水量不足的矛盾；三是强化对现有水源的统一管理、统一调度、统一分配，做到计划用水、科学用水、节约用水。总之，要千方百计地利用一切可利用的水源，保证水稻适期播种。

（4）外源喷施抗旱剂，减缓干旱影响。抗旱剂具有使作物气孔开张度缩小、抑制蒸腾、增加叶绿素含量、提高根系活力、减缓土壤水分消耗等功能和作用，从而增强作物的抗旱能力。

（三）冬小麦

冬小麦抗旱技术可分为长期防御技术和应急减灾技术两类。

1. 长期防御技术

冬小麦抗旱长期防御技术主要包括以下9个方面。

（1）选择适宜类型的品种，并适期、适量播种。旱地缺乏水资源，旱地冬小麦品种多以抗旱性为主。各地水资源不平衡，有季节性差异，因此要选择适合本地区的抗旱小麦品种。与一般小麦品种相比，抗旱小麦品种根系发达，可以吸收深层土壤水分，干旱时小麦有较强的水分补偿能力。适期、适量播种同样重要。研究表明，小麦适期、适量播种可以充分利用冬前的热量资源，培育壮苗，增强抗逆力，为提高小麦成穗率和小麦高产奠定基础。

（2）改良土壤，提高麦田蓄墒保墒能力。同等灌溉条件下，小麦越冬期失墒严重的地块主要是沙漏地和黏土地。因此，改良土壤是应对冬小麦越冬期气候干旱的重要措施。土壤黏重或沙漏地块，采取增施有机肥和推广秸秆还田等措施，可起到良好的改土和培肥地力的作用。土壤肥沃、有机质含量高,其吸水性、保水性、供水能力就高。

(3) 深耕镇压,提高整地质量。小麦因旱、冻造成的死苗主要存在于秸秆还田、耕作太浅太虚、上层秸秆量大的麦田。出现此类问题的根本在于种不深、扎根浅,在越冬期气候干旱时,表面干土层深,秸秆干后变形使小麦悬空干死。因此,通过深耕、混匀、压实等综合措施减轻秸秆还田的副作用才是应对小麦越冬干旱问题的根本出路。打破犁底层,以提高土壤蓄水能力和促进小麦根系下扎。耕地必须紧跟镇压、耙耱,密实土壤,做到上虚下实。

(4) 适时播种,提高播种质量。播种过早易形成旺苗,不但消耗土壤中的养分,而且麦苗的抗寒力也会大大降低,遇越冬期气候干旱易形成死苗。播种过晚,产量低。冬小麦播种深度应控制在3~5厘米。这个深度对冬小麦安全越冬至关重要。冬小麦在播种深度适宜的情况下,其根系分布一般都在较深的湿土层,在越冬期分蘖节被湿润的土壤包被,即使遇到越冬期气候干旱一般也不会形成越冬死苗、死蘖现象。因此,适宜的播种深度和做好秸秆还田工作是小麦安全越冬的基本保障。在足底墒情况下播种小麦,由于表墒较差而底墒足,利于根系下扎,小麦会比较耐旱。

(5) 冬灌浇足底墒,确保麦苗安全越冬。小麦越冬前适时冬灌是保苗安全越冬,冬季防旱、早春防低温的重要措施。冬灌还可以促进越冬期的根系发育,巩固健壮分蘖,有利于幼穗分化,并为翌年返青期保蓄水分,做到冬水春用。冬灌对小麦低温干旱年份增产作用更加明显。在冬小麦越冬之前,测量冬小麦种植区的整体墒情。对于缺墒的种植区域需要进行一定的冬灌工作以保证冬小麦能顺利、安全地越冬。在完成灌溉工作之后,需要及时进行松土工作,以防止地表因温度过低而出现龟裂的现象。墒情适宜的土壤,在越冬之前可以选择不浇水。在冬小麦返青之后,则需要把握"有水即浇、保墒为主"的策略,即通过各类抗旱和节水技术确保冬小麦获得充分的水分和养分。

(6) 及早划锄镇压,实现保墒增温。划锄具有良好的保墒增温效果。在早春表层土化冻2厘米时顶凌划锄,拔节前划锄两遍。土壤化冻后及时镇压,镇压可压碎坷垃,破除板结,密封裂缝,土壤表土沉实,使土壤与根系密切接触,有利于养分水分的吸收,减少水分蒸发,提墒保墒。镇压和划锄相结合,先压后锄以达到上松下实、提墒保墒的作用。

(7) 叶面追肥和喷施抗旱剂,增强麦株抗旱能力。叶面喷施有效磷、钾肥、硼肥,以增加细胞质浓度,增强麦株抗旱能力;喷施抗旱剂能促使小麦叶片气孔关闭,降低作物蒸腾和水分消耗,同时增加小麦植株的水分吸持能力和增加光合作用,对小麦抗旱增产有明显的作用。

(8) 因地因时,科学规划利用灌溉技术。田间节水工程,小畦灌、沟灌、膜下灌以及喷灌、滴灌等高效节水技术的科学规划与因地因时应用,有利于促进田间节水工程设施充分发挥灌溉效益,提高水资源利用效率。

(9) 加强农技培训,科学进行田间管理。为提高旱地小麦产量,还要加大农技培训力度,指导农民做好科学田间管理。在病虫害防治上,要坚持"预防为主、综合防治"的原则,加强重点病虫害地区的监测,改善传统的防治手段,推广适时有效的防治措施。

2. 应急减灾技术

冬小麦抗旱应急减灾技术主要包括以下5个方面。

(1) 及早浇好保苗水,确保苗壮根深。对于没浇越冬水,受旱严重,分蘖节处于干土层中,次生根长不出来或很短,出现点片黄苗或死苗的麦田,要把浇好"保苗水、促苗壮"作为田间管理的首要措施抓紧、抓好。对于因干旱严重影响小麦正常生长的地块，要抓紧浇水保苗，越早越好。对于因干旱受冻黄苗、死苗或脱肥麦田，要结合浇水施用尿素，并适量增施磷酸二铵，促进次生根发出，增加春季分蘖，提高分蘖成穗率。节水灌溉，浇后锄地保墒，可有效提高水分利用率。要注意先浇受旱受冻严重的麦田。浇水后地表墒情适宜时要及时划锄，破除板结，疏松土壤，保墒增温，促进根系和分蘖生长。

（2）旱地麦田早春镇压提墒，提高小麦抗旱能力。对于没有水浇条件的旱地麦田，要将镇压提墒作为春季麦田管理的重点措施。麦田镇压后，土壤中毛细管形成，深层的土壤水分沿毛细管上升至上层土壤，有利于滋润根系生长，提高小麦抗旱能力。同时，趁早春土壤返浆或下小雨后，耧施氮肥，对增加亩穗数和穗粒数、提高粒重、增加产量有突出效果。

（3）因地因苗，重点做好水浇麦田的分类管理。肥水管理一定要因地、因苗制宜，分类指导。对于冬前浇过越冬水的水浇麦田，春季管理可按照先管三类麦田、再管二类麦田、最后管一类麦田的顺序管理。各类麦田返青期都要镇压划锄。镇压可压碎坷垃，沉实土壤，密封裂缝，减少水分蒸发和避免根系受旱。镇压要结合划锄进行，先压后锄。划锄能保墒、提温、消灭杂草，锄地时要锄细、锄匀，不压麦苗。

（4）保墒为主、有水即浇。有水源条件的地方，按照"有水即浇、保墒为主"的原则，大力推广喷灌、滴灌等抗旱节水技术，抓紧浇水抗旱保苗，加强肥水管理，重施拔节肥，巧施穗粒肥，确保小麦生理需水和养分供应，提高分蘖成穗率，增加穗粒数和粒重。没有水浇条件的麦田，落实好划锄等抗旱措施，最大限度减轻旱灾损失。

（5）及时做好化学除草，综合防治病虫害。春季是各种病虫草害多发的季节，要搞好测报工作，及早备好药剂、药械，实行综合防治。使用除草剂时，要严格按照使用浓度和技术操作规程，以免发生药害。

（四）大豆

大豆抗旱技术主要包括以下7个方面。

（1）选择优质抗旱品种，适时播种。培育和筛选抗干旱的大豆品种，选择抗旱性能高的优质品种，充分利用良种避旱或抗旱特性。在进行大豆品种的选择时，需要对种植地区的土壤情况和降水情况进行全面分析，根据气候特点和发展规律，针对性地选择适合当地种植的大豆品种。充分利用好当地抗旱、耐旱的骨干品种，确保稳产。选择生态适应、抗旱性符合当地水分胁迫要求的高产品种，是最经济有效的措施，能保证大豆的产量和经济效益。

（2）深耕蓄水保墒，促进大豆根系发育。深耕深松，以土蓄水，打破犁底层。加厚活土层，提高土壤透水性，减少地面径流，形成土壤水库，提升土壤的蓄水量。加厚活土层能够有效促进大豆根系的发育，提高吸收水分的能力。抗旱大豆生长的前期主要体现于根部的发育，通过具有深而广的贮水性及调水性能，对后期的干旱具有较强的补水能力。加厚活土层还有利于提升土壤的节水性能，提高土壤水分利用率，使大豆能够更好地应对干旱气候。

（3）合理灌溉，缓解干旱。灌溉是缓解旱灾的有效手段，能够为农作物及时供水，缓解干旱情况。灌水时，要坚持节水原则，可以采用微灌、喷灌等方式。灌溉时间主要集中在播种前期、大豆开花拔节期和大豆鼓粒期三个阶段。特别是，在遇到极端天气时，可以适当增加灌溉量，避免大豆减产。

(4) 合理施用有机肥与无机肥，科学规划施肥时间和施肥量。科学施肥，以肥调水，养分充足的地块，能促进作物根系下扎的能力，提高根系吸收水分、养分的能力，较好地利用土壤深层次的水分。培肥地力是抗旱增产的重要措施。在大豆田地上，施用有机肥，能够降低用水量50%左右，在有机肥不足的地方，要积极推行秸秆还田，提升土壤的抗旱能力。有机肥料与无机肥料相结合是抗旱的基础，施肥后植物代谢作用旺盛，根系发达，增强抗旱能力。多施有机肥，巧施氮肥，合理调节氮、磷、钾的比例。适量施入钾肥可以提高大豆叶片保护酶活性，并且在轻度和中度干旱条件下产量构成因素和大豆产量随着施钾量的增加而增加，但在重度胁迫下施钾无增产作用。要科学规划施肥时间和施肥量：一是施用基肥。播种时，施有机肥，有机肥需要与化肥进行充分搅拌之后再进行施用。二是追肥。在大豆开花之前根据大豆的实际生长情况进行根际追肥。三是花荚期叶面追肥。采用喷施的方式对大豆进行叶面追肥。

(5) 适度蹚地，覆盖保墒。进入夏旱时期，大豆开花结荚，要适当进行蹚地，减少作业次数，特别是整个垄沟过深时不要耕种，避免水分过度蒸发及大豆根系受到损害，保障土壤蓄水量和大豆本身的抗旱能力。同时，利用薄膜或者秸秆，铺盖在大豆田地上，能够避免水分蒸发过快，提高土壤含水量，以此来达到事半功倍的保墒作用，提高大豆产量。覆膜后，不但可提高化肥利用率，还可保持适宜的水分和温度，抑制大豆苗期杂草的生长，最终使大豆产量和品质得到提高。大豆行间覆膜+垄沟深松与大垄密植+垄沟深松的耗水量少、土壤容重低，水分利用率高。

(6) 科学使用化学抗旱技术，提高大豆抗旱能力。化学抗旱技术已广泛用于土壤处理、种子处理、幼苗处理和植株处理。干旱胁迫下，利用抗旱拌种剂、化控种衣剂、保水剂等能够提高大豆种子的发芽率、出苗率和植株的生长速度，促进幼苗根系生长，增加植株单株根瘤数、根冠比；同时能够提高叶绿素和可溶性糖含量，降低脯氨酸含量，提高植株的保水能力；对大豆叶片中保护酶活性的提高有一定的促进作用，增加叶片的净光合速率，进而提高大豆幼苗的抗旱性。适时使用微量有利于作物生长发育和对产量与品质有提高效应的植物生长调节剂浸种、拌种和叶面喷施。在大豆开花期，干旱胁迫条件下，叶面喷施不同浓度的植物外源激素（脱落酸、油菜素内酯），能增强大豆的抗旱能力，使其正常生长。化学抗旱技术，通过调控作物自身的抗旱性或者富集改善作物根系微环境的水分状况，能够缓解土壤与大气干旱对作物的胁迫，发挥其保苗、抗旱、增产的功能，不但效果明显，而且施用方便，不需要过多的人力、物力投入，只需要简单的种子处理或者叶面喷施。

(7) 提升旱情预报、预防能力，适期收获。利用科技手段对干旱进行预报，提升对于干旱研究、监测、预报及报警的能力，使人们能够对灾情有提前预知和防范。建立起相对完善的旱情分析系统和抗旱统计的信息系统，通过利用先进、科学的气象卫星遥感遥测技术，与地面土壤监测网的资料进行结合，及时对土壤状况进行分析及模拟，加强对旱情的掌控能力，从而将干旱造成的影响降至最低。同时，大豆落叶基本上达到90%以上时，可以采用人工收获的方式进行收获，或者等到大豆叶片全部脱落、豆粒饱满之后借助机械设备进行收获。为减少大豆产量的损失，一般在清晨有露水的时间段收割和装车。

（五）蔬菜

蔬菜抗旱技术主要包括以下7个方面。

(1) **科学覆盖，蓄水保墒**。可利用遮阳网和防虫网的遮阳、降温、防虫、保湿等功能，对蔬菜进行覆盖，以达到提高出苗率、生长迅速、抗病虫、商品性好的目的。对于微喷、滴灌等设施，应根据蔬菜品种不同，铺设喷灌设施，因地制宜利用微型蓄水池进行微蓄微灌。也可利用秸秆、杂草等切割后均匀地覆盖在蔬菜行间，可防止强光照射，以降低土温和减少土壤水分蒸发，从而达到蓄水保墒。

（2）科学施肥，提高蔬菜产量。田间管理受旱情的影响，大部分蔬菜都存在脱肥现象，蔬菜生长极为缓慢，有的甚至停止生长。可采取施薄肥、施速效肥和增加施肥次数，或采取叶面追肥等办法，加强追肥管理，提高蔬菜产量。

（3）加强中耕保墒，增强抗旱能力。降雨或浇水后应及时中耕松土，切断土壤表层毛细管，抑制土壤水分蒸发，保持土壤水分，增强蔬菜抗旱能力，同时可铲除蔬菜周围杂草，防止杂草与蔬菜争夺肥水。

（4）加强节水管理，确保蔬菜正常生长。早晨和傍晚浇水灌溉，能有效改善田间小气候和土壤墒情。水分管理要特别注意适时适量，最好是傍晚放水沟灌，水不漫畦，速灌速排；采用膜下滴灌栽培的蔬菜，适当增加滴灌时间。根据蔬菜苗情加强田间管理，苗情较好的田块，要尽量促进蔬菜正常生长，可以通过整枝、剪去老叶等措施改善田间通风条件；田间地表松土对促进根系生长、减少土壤水分蒸发具有重要作用。

（5）科学选种蔬菜，抢播速生叶菜。种植速生叶菜的农户，针对持续高温干旱，可以抓紧时间清洁田园，分批抢播耐热小白菜、耐热菠菜、耐热生菜等速生叶菜，增加高温季节的市场供应。夏季速生叶菜，生长期一般在30天以内，很多地方在夏季气象灾害过后会及时播种速生叶菜，保障蔬菜供应，没有夏季速生叶菜种植经验的农户，不要盲目抢播速生叶菜，以防面积过大，集中上市时菜贱伤农。

（6）抓好抗旱育苗，做到科学管理。重点实施抗旱育苗和抗旱保苗，保证育苗供水，满足幼苗正常生长对水分的需求，以培育健壮苗，保证有足量的菜苗供下一季大田栽植。可采用大棚、地膜、遮阳网覆盖等措施保温保湿育苗。正在育苗或准备移栽的蔬菜作物，要根据苗情及时做好补救工作。加强苗床水分和湿度管理，床面要相对干燥，根系要保持适宜的水分。苗床高于地面的育苗方式，在苗床偏干后，傍晚浇足水，早晨在苗床撒干土（或晒干的育苗基质），不宜经常浇水，要适当控制苗床湿度，预防徒长和病害发生。需要补肥的苗床，可以结合浇水同时进行，氮、磷、钾肥配合施用。待天气正常后定植，尽量做到带土定植。

（7）加强病虫害综合防治，做到对症下药。高温干旱天气，蚜虫、斜纹夜蛾、潜叶蝇和黄瓜霜霉病、豇豆锈病等多种病虫害发生明显加重，要做到早发现、早防治。应用防虫网、粘虫板、杀虫灯、性引诱剂等物理措施，同时加强土壤消毒、整枝打杈、摘除病老叶等田间管理。在药剂防治上，根据不同病虫害选择高效、低毒、低残留农药，做到对症下药。

二、洪涝防抗技术

洪涝指洪涝灾害，通常指暴雨等降水量大、过于集中或持续时间过长，农田积水无法及时排出、土壤水分饱和，使作物生长发育不良或死亡，造成减产或绝收，导致农业或其他财产损失和人员伤亡的灾害。洪涝形成及其强度是天气气候、作物抗涝性、地形地貌、土壤结构及人类活动等多种因素综合作用的结果。农业洪涝灾害主要包括洪灾、涝灾和湿害，是中国农业生产中仅次于旱灾的气象灾害。按照发生季节，洪涝可分为春涝、春夏涝、夏涝、夏秋涝、秋涝等。不同季节的洪涝对农业生产影响不同：春涝及春夏涝主要发生在华南及长江中下游等地区，以湿害为主，农田积水后常引起小麦、油菜的烂根、早衰、病害流行；夏涝在黄淮海平原、长江中下游、东南沿海、四川盆地以及东北等地区发生频率较高，影响夏收夏种，造成小麦倒伏、秕粒、发芽霉烂，棉花蕾铃大量脱落，水稻倒伏减产甚至绝收；秋涝和夏秋涝主要发生在西南和陕西中南部，其次是华南及长江中下游、江淮等地区，对秋收作物生长和冬小麦秋播影响较大。

（一）水稻

防止洪涝灾害的根本途径是改善生态环境，减少水土流失；在低洼地带及沿湖、沿江地区的稻区，修筑堤坝、修整渠道，建设排灌迅速的农田。同时，做好灾前预防和灾后减灾工作。

1. 灾前预防措施

灾前预防措施包括以下三方面。一是合理安排栽培季节。根据水稻不同生育期抗洪涝害能力和当地洪涝发生规律，调整水稻的栽培季节，错开水稻对洪涝的敏感期和洪涝发生高峰期。易于春涝的地区，可种植中稻加再生稻或一季晚稻为主；易发生夏涝的地区，可种植特早熟早稻，争取在洪水到来之前收割；易发生秋涝的地区，以种植早稻和中稻为宜。二是在洪涝易发、多发地区种植耐涝性品种（组合），选择种植植株高大、剑叶较长的品种，延迟没顶淹没、提早露出水面，减少稻株被全淹的时间。三是灾前通过水培调控、化学调控等措施促进水稻生长旺盛，提高水稻的耐涝能力。如高钾水平有利于壮秆和增加细胞中糖分的积累，提高水稻的耐涝性；在苗期喷施烯（多）效唑增加水稻分蘖和干物重、促进根系发育，提高水稻的耐洪涝能力。

2. 灾后减灾措施

水稻遭受洪涝灾害后，首先要抓紧时间抢排积水使水稻植株尽快露出水面，然后根据洪涝对稻株的危害程度判断植株能否恢复生理机能。稻茎枯黄、严重倒伏，根已腐烂，不能恢复的地块要因地制宜进行改补种；没顶受淹时间较长（特别是在孕穗期和抽穗开花期受淹），叶片全部变黄，但根系尚好，休眠仍能萌发的稻田，应考虑割苗蓄留洪水再生稻；如果排水后稻株心叶为绿色、有白根，要加强田间管理，尽可能恢复稻株生长将产量损失降到最低。

3. 水稻洪涝防灾减灾技术

水稻洪涝防灾减灾技术主要包括以下 6 个方面。

（1）抢排稻田积水，先高后低。先排高田，争取让苗尖及早露出水面，缩短受淹时间，降低损害。排水露苗时，要根据天气情况适当控制水层，既要防止青枯死苗，又要增加土壤透气性、改善根际环境促进根系活力。如遇高温晴天，田间要保留一定的浅水层，以满足稻株蒸腾所需的水分使稻苗逐渐恢复生机，避免萎蔫枯苗。秧苗田可在太阳落山后再排水露田，翌日清晨再重新灌浅水，促进根系快速恢复活力；如遇阴雨天，可一次性排干水。在退水时，要随退水捞去漂浮物，可减少对稻苗的压伤和苗叶腐烂现象。同时，在退水刚露苗尖时，要及时清洗植株（苗），可用喷雾器喷水淋洗除去稻株上的泥浆，扶正倒伏植株，促使其及早进行光合作用恢复生长。

（2）补施肥料，促进恢复。排除洪涝积水后，待稻株恢复生机，进行轻露田以增强土壤透气性和根系活力。叶尖恢复吐水功能后，再结合灌浅水补施肥料，促进水稻正常生长。以施速效氮肥（尿素）为主，并辅以磷钾肥。施肥量应根据稻株受害程度、稻田肥力和水稻所处生育期而定。处于分蘖期的稻田，每亩可追施尿素5千克、氯化钾5千克，以促进幼穗分化、壮秆大穗；处于孕穗期的稻田，在破口前3~5天，每亩补施尿素2.5千克，可保花、促稻株多发白根；在抽穗20%时，喷洒赤霉素"920"可促进抽穗，防止包颈。抽穗后进行1~2次根外喷施磷钾肥等叶面肥；灌浆期，叶面可喷施磷酸二氢钾促进物质运转，有利于提高水稻结实率和千粒重。后期要坚持浅水湿润灌溉，以保持根系活力，提高结实率和粒重，弥补前面洪涝造成的损失。

（3）防治病虫害，科学用药。稻田受淹后，水稻易发生细菌性褐条病、白叶枯病、纹枯病。应根据当地病虫害发生特点和水稻长势长相，选择合适的农药和剂量进行防治，要在洗净稻叶后用药。细菌性褐条病、白叶枯病，可用农用链霉素500~600倍液喷雾防治。还可选用叶枯唑、消菌灵等封锁白叶枯病的发病中心；纹枯病防治可选用井冈霉素、纹枯清等药剂防治。

（4）合理利用受淹水稻长出的高位芽，减少损失。对长江流域双季稻区早稻，长出的高位芽会明显延长生育期、影响晚稻及时移栽。因此，要控制受淹早稻的高位芽；对不受季节限制的中稻，则要充分利用受淹中稻长出的高位芽，促使高位芽成穗，以弥补主穗产量的损失。

（5）割苗蓄留洪水再生稻，科学管理。受淹退水后，穗部已毁但根、茎仍存活的稻苗，及时割去地上已坏死部分，蓄养洪水再生稻。遭受洪涝危害后需要割苗蓄留洪水再生稻的情况有：退洪后3天左右，观察到稻田里绝大部分叶片的叶尖在清晨不挂"露珠"，根系生长基本正常，但不能正常扬花结实，说明稻株地上部分严重受害，应割苗蓄留洪水再生稻；稻株茎叶青绿直立，但稻穗呈水渍状、黄褐色，并开始腐烂发臭，表明稻穗已闷死，也要割苗蓄留洪水再生稻；退洪后5天左右，如观察到全田稻株倒数第3、第4、第5节位腋芽有80%左右显著伸长，也表明茎端稻穗严重受损、生长中心转移，需要割苗蓄留洪水再生稻。技术要点有：割苗蓄留洪水再生稻的田块，需要排水后1周左右割苗；割苗的留桩高度15~25厘米、保留倒4芽，割苗后田间保持浅水层；稻株淹水后，光合作用受阻、根系的吸收力弱、养分消耗较大，割苗当天或割苗后1~2天内追肥，亩施尿素10~15千克或水稻专用复混肥40千克，及时补充养分；割下的稻草均匀放置行间，也能给稻田增加有机肥；再生稻生长期间，极易受病虫危害，要及时防治。采取以上浅水-湿润管理和加强病虫害防治，再生稻可获得较理想的产量。

（6）及时改补种，弥补灾害损失。可改种"早翻晚"，或选用生育期短的玉米、绿豆、甘薯、荞麦等秋杂粮品种或萝卜等蔬菜品种改种。改种"早翻晚"，即利用早稻品种感温性强的特性将其作为晚稻种植，实现迟播（栽）早熟。宜选用去年收的早稻种子，撒播或点播，播种后保持田间湿润，一叶一心时施"断奶肥"，建立浅水层，分蘖期采用浅水灌溉，中期分次晒田，后期间歇灌溉，以有效防止倒伏。施肥要前期重追肥、中期控制用肥、后期补粒肥，同时要综合防治病虫草害；改种其他作物，要因地制宜，改种生育期尽量短的作物品种，尽量直播、早播，提高种植密度，适期成熟，不影响后茬作物。

（二）小麦

1. 春小麦潮塌

春小麦潮塌防灾减灾技术主要包括以下2个方面。

（1）适时秋浇，浇前翻地。首先，要根据气温及封冻期预报调整秋浇时间，将秋浇控制在封冻前10~15天结束；秋浇前要翻地，控制秋浇水量，做到浇后一昼夜地面无积水。秋浇后封冻前耙地松土，秋浇水下渗快，耕作层含水量减少，保持3~5厘米干土层，可减少潮塌发生。

（2）冬季蹚地，适时早播。冬季蹚地破坏表土毛细管，阻断水分上潮途径，也可抑制返碱和潮塌；在表土开始化冻、承载力尚强时，适当早播春小麦，以避免和减轻潮塌危害并增强酶的活性及根系活力。

2. 冬小麦涝渍

冬小麦涝渍防灾减灾技术主要包括以下3个方面。

（1）筛选品种，科学种植。选育耐渍小麦品种是防抗小麦涝渍的最经济、高效的方法；宽垄窄沟起垄种植能改善根际环境，促进根系发育，较平作种植更适宜根系生长，有助于缓解涝渍胁迫。

（2）及时排水，科学锻炼。在雨季来临前，要提早疏通沟渠，提高农田的排水能力，田间出现积水后，要及早排水；在小麦营养生长期进行渍水锻炼，能激活增强旗叶抗氧化能力，提高后期小麦生殖生长期间对涝渍的抗性。

（3）灾后喷施，科学用量。小麦遭受涝渍胁迫后，可叶面喷施植物生长调节剂、补充叶面肥，来减缓涝渍对小麦的生理伤害。喷施植物生长调节剂脱落酸可以显著提高叶片内超氧化物歧化酶和过氧化氢酶活性，显著降低丙二醛含量及相对外渗电导率水平，改善小麦对涝渍逆境的生理抗性，增加产量。喷施脱落酸和叶面肥能有效清除植物体内的活性氧，减轻膜脂过氧化的程度，维持活性氧的平衡。

（三）玉米

玉米涝渍防灾减灾技术主要包括以下5个方面。

（1）中耕松土，改善根际环境。当降水后，发现表土泛白时，及时中耕松土，破除土壤板结，增强土壤透气，改善根际环境，促进根系生长。

（2）排水降渍，及时扶苗。洪涝发生后，要尽快疏通田沟，排出积水，降低土壤湿度。及时扶正倒伏的玉米苗，壅根培土。

（3）合理施用氮肥，补偿生长。在玉米苗期降水过多、苗期易发生渍害的地区，要采取基肥和后期追肥相结合，并且适当氮肥后移的管理策略，减少生育前期氮素的淋洗，保证玉米生育后期氮素供应，促进受涝渍玉米根系形态恢复和提高花后光合性能，对受涝渍后的玉米起到较好的补偿生长效应。

（4）叶面喷施，减缓影响。喷施亚精胺，可提高受淹后玉米叶片的光合性能，同时增强根系酶活性，有效缓解淹水对玉米叶片光合、根系生理及产量的影响；微量元素锌，也可以增强玉米耐涝抗渍能力。

（5）病虫害防治，科学用药。遭受洪涝后的玉米易发生大小斑病及玉米螟等病虫害，要加强防治。防治大小斑病，7~10天喷1次百菌清或甲基硫菌灵，连续2~3次；防治玉米螟，可在拔节期至喇叭口期用辛硫磷灌心；防治纹枯病，可喷井冈霉素或多菌灵，喷药时要重点喷果穗以下的茎叶。

（四）油菜

油菜涝渍防灾减灾技术主要包括以下3个方面。

（1）田间内外三沟配套，科学防控。深挖主沟和围沟，深沟高畦，三沟配套，保证主沟和支沟畅通无阻，田无积水，为油菜生长营造良好的水土环境。外三沟的隔水沟深要在100厘米以上、导渗沟深120厘米以上、大排沟深150厘米以上；油菜田的内三沟，围沟深度一般在50~80厘米，腰沟和厢沟深度一般为30厘米。

（2）选种锻炼，科学壮苗。在涝渍易发的稻茬油菜种植区，要选种抗渍高产优质油菜；对于免耕油菜，适时早栽，可充分利用入冬前的光温资源促进油菜苗发根增叶，壮大营养体，壮苗具有根冠比值小，叶绿素含量高，营养积累多，灾后恢复快、抗性强的生理基础。

（3）科学用肥和化控，增强植株抗性。涝渍会导致油菜田氮肥的淋失以及油菜对氮素的利用效率下降，适量增加氮肥施用量，可增强油菜的氮代谢和光合作用，有利于油菜生长和产量提高。在追施氮肥的基础上，适量补施磷钾肥，增加植株抗性。发生涝渍的油菜田，喷施0.02毫克/千克的油菜素内酯和6.7毫克/千克的复硝酚钾等植物生长调节剂，可降低减产幅度。

第二节 热害与低温灾害

一、热害防抗技术

热害指高温引起植物生长不适，对植物生长发育和产量形成过程造成不利影响的事件，导致植物生长受阻、产量下降、品质变差、器官受损或植株死亡。根据发生季节不同，高温引起的灾害主要包括夏季高温热害、秋末冬初的高温危害和暖冬害。高温对农业作物生产形成伤害的原因，主要是温度升高超过一定阈值时植株叶片中叶绿素失去活性，阻滞光合过程的进行并降低了光合效率。同时，叶片中的光合产物输送到穗、粒、果实的能力下降，酶活性也降低，使得灌浆期缩短、籽粒不饱满，导致产量下降；温度异常偏高还能使植物细胞蛋白质变性、细胞膜失去半透性，损伤植物组织器官导致作物减产或死亡。

（一）水稻高温热害

水稻高温热害的防灾减灾技术主要包括以下5个方面。

（1）因地制宜，优选品种。水稻品种不同，其抗高温热害的能力也有高低，如汕优系组合比特优、协优系列组合抗性强。各地要根据当地的气候和品种条件，选用丰产且抗高温品种及组合。较抗高温热害的水稻品种有金优527、协优729、怀优725、汕优559和国丰1号等。双季稻产区，早稻可选用抗高温力较强的品种，并同早熟高产品种合理搭配，利用抗高温品种减轻对灌浆结实的伤害，利用早熟高产品种避开高温季节。

（2）播期调整，适时播种。调整播期，适时播种，以避开高温时段，尤其是使水稻抽穗开花期避开高温天气频发时段。长江中下游地区高温一般是在7—8月。早稻可选择早熟或偏早熟品种，在热量较充足的地方可适当提早播期，早播早栽和采用塑料薄膜保温育秧，让水稻在6月底至7月初抽穗，高温来临前完成乳熟，7月中下旬黄熟收割，提前成熟，避开灌浆期高温危害。中稻种植区应根据当地高温发生情况，将中稻开花期安排在高温集中时段之后，如长江中下游地区，最好在8月中旬后抽穗扬花，设法避开水稻在7月下旬至8月上旬高温伏旱时抽穗扬花，因此要将播种时间由原来的4月上旬推迟到4月下旬至5月上中旬，控制秧龄30~35天，可避开或减轻高温热害的发生。

（3）以水调温，减缓灾情。灌溉是水稻生产主要的措施之一，掌握好稻田的水层管理，通过土壤水分来调节环境温度，能有效地减轻高温天气对农作物的危害。水稻处于抽穗扬花等高温敏感期，如遇可能形成热害的高温，可浅水勤灌、日灌夜排，适时落干（但要防止断水过早），促进根系健壮，增强抗性防早衰；在水稻灌浆结实期遇到高温，稻田需要灌深层水，以降低水稻冠层温度，减轻高温对水稻的伤害；结实期高温胁迫下，也可用轻干湿交替灌溉，以促进籽粒灌浆，使作物籽粒饱满，提高结实率、粒重和产量，同时可以增加精米率和整精米率，显著改善稻米品质。试验表明，35℃以上高温时，稻田水层保持在6~10厘米深，能降低稻穗周围温度1~2℃、提高空气相对湿度10%~15%。条件允许的地方，在高温时段稻田可不时进行喷灌，以改善田间小气候，保护水稻不受高温热害。喷灌后田间气温可下降2℃以上，相对湿度增加10%~20%，持效2小时。

（4）科学施肥，增强抵抗力。合理施肥，可调整水稻抵抗高温的能力。适量多施有机肥可提高和缓解高温热害对水稻的不良影响；多施、重施或偏施化学氮肥，如水稻施用氮肥过多，会大量消耗碳水化合物，降低水稻对高温热害的抵抗力，加重热害的发生。要重视平衡施肥，研究表明氮、五氧化二磷和氧化钾的用量比为1∶1.5∶2时，水稻结实率最高；在可能发生高温热害的年份，氮、五氧化二磷和氧化钾的用量比在1∶(1.13~2.27)∶(1~3)时，水稻的抗高温热害能力明显提高；水稻孕穗期如受高温热害较轻，可在破口期前后2~3天各追施1次粒肥，同时每亩撒施尿素4~5千克，以恢复和加速稻株灌浆结实；在水稻花期每亩施0.2%~0.3%的磷酸二氢钾50千克，可减轻高温伤害，并兼治病虫害。同时，叶面喷施也可减缓高温影响。高温热害发生前的3~5天或发生高温热害时，每亩水稻用0.2%磷酸二氢钾溶液或2%过磷酸钙澄清液50千克喷洒叶面，连喷2~3次，每次间隔6~7天，有显著减轻高温热害的作用；也可用硫酸锌1.5千克/公顷、食盐3.75千克/公顷或磷酸二氢钾1.5千克/公顷兑水喷施叶面，共喷2次，每次间隔6~7天，能够增强稻株的抗高温能力、提高结实率和千粒重；或在高温出现前喷洒浓度50毫克/千克的维生素C或3%的过磷酸钙溶液，都有减轻高温伤害的效果。

（5）割茬蓄养再生稻，及时补救。对在抽穗扬花期已经遭受高温热害、减产严重的稻田，如果结实率在10%以下、亩产不到100千克，可割茬蓄养再生稻。

（二）小麦干热风

小麦干热风防灾减灾技术主要包括以下5个方面。

（1）因地制宜，优选抗逆品种。在干热风害经常出现的麦区，应注意选择抗逆性强的早熟品种。试验表明，春小麦的高中秆品种比短秆品种，长芒品种一般比无芒或顶芒品种，穗下茎长的品种较穗下茎短的品种抗逆性强；选用早熟品种或适时早播，培育壮苗，争取小麦早抽穗、早成熟以躲避高温。

（2）抗旱剂拌种，增强防御能力。在干热风害经常出现的麦区，用一定浓度的抗旱剂和麦种拌匀后晾干播种，可在一定程度上防御干热风的影响。

（3）适时灌溉，科学防控。灌溉可降低麦田温度、提高田间湿度，适时浇好灌浆水、麦黄水，可确保小麦生育后期对水分的需求，是控制干热风危害的最有效措施。试验表明，麦田后期经过1次灌溉可降低地表温度约3℃，提高小麦株间土壤相对湿度4%~5%。灌浆水要在小麦开花初期进行，麦黄水宜在乳熟期至蜡熟期进行，同时要避免在大风天气浇水，以防灌溉后大风导致麦株倒伏；灌溉量以水分达到耕层为宜。但如果麦田本来就高肥水，则不宜浇麦黄水，易导致烂根。

(4) 喷施叶面肥或植物生长调节剂，改善麦株营养。喷施叶面肥或植物生长调节剂，可改善麦株营养状况，加速灌浆增加籽粒饱满度，提高植株抗逆性能，有助于防御干热风危害。例如，在小麦拔节期至抽穗扬花期可喷洒10%~20%草木灰溶液1~2次，在孕穗期至灌浆期喷洒0.3%的磷酸二氢钾2次，两次间隔7天，可以改善小麦的生理机能，增强对干热风的抵抗能力；在小麦孕穗至开花期喷施三十烷醇2次，在小麦开花灌浆期，喷施环烷酸钠（石油助长剂）2次，间隔7天，可增加叶片叶绿素含量、增强光合作用，促进植株新陈代谢、增加植株活力，增强对水肥的吸收，提高抗干热风危害的能力；在小麦灌浆前，喷施萘乙酸，也能防御干热风，增加千粒重。

(5) 营造农田防护林，减缓干热风危害。加强农田林网化建设，在麦田的周围建造防风林，不仅可以有效降低干热风的强度，还可以增加麦田空气湿度、降低温度，从而减轻干热风造成的损伤。

（三）玉米高温热害

玉米高温热害防抗技术主要包括以下6个方面。

(1) 针对不同地区，优选抗高温品种。不同的玉米品种抗高温热害的能力差异很大，在易发生高温热害地区，要选用抗高温的品种，推广早熟、高产、抗逆性强的紧凑型玉米杂交种。如黄淮海地区的主栽玉米品种中，浚单20为耐热玉米，而驻玉309为热敏感品种；在河南省新乡市当地主推玉米品种中，浚单29、隆平206、伟科702综合性状较好，可作为玉米耐抗高温危害品种进行推广；在山东主推玉米品种中，郑单958、鲁单818和中单909耐高温，农大108为中度耐高温，登海605和农华101则为高温敏感型品种。另外，如津农5号、津夏7号、本玉12号、豫玉15号等，对高温热害大都具有很好的抗性。

(2) 调整播种期，避开高温影响。调查发现，在高温热害易发和常发地区，采取提前播种或推迟播种等措施，春播玉米可在4月上旬适当覆膜早播、夏播玉米可推迟至6月中旬播种，使玉米对高温敏感的生育期（尤其是开花授粉期）避开易发生高温热害的时段，以减轻或规避热害风险。在黄淮海地区夏播玉米散粉期高温热害胁迫较重的地区如河南省平顶山市、信阳市等地，播种提前7天授粉，可显著减少玉米花期与高温时期的重叠，降低花期高温热害可能造成的产量损失。播期调整需要注意该地区的夏播玉米与前后茬轮作的茬口是否紧张，有多少天可供提前播种。

(3) 改变栽培模式，增强植株抗性。田间观测表明，采用不同品种玉米合理混种能通过品种间花期互补延长3~5天，提高玉米结实率，增强植株抗性，可在一定程度上减弱高温热害的影响；适当降低种植密度，个体间争夺水肥的矛盾较小，个体发育较健壮，抵御高温伤害的能力较强，能够减轻高温热害；如果种植密度较高，则可采用宽窄行种植，以改善田间通风透光，增加对高温伤害的抵御能力。

(4) 人工辅助授粉，减缓高温危害。玉米是异花授粉的植物，高温使玉米的自然散粉、授粉和受精结实能力均有所下降。如遇持续高温天气，可采用竹竿采粉涂抹等方式人工辅助授粉。一般在早上8—10时采集新鲜花粉，用自制授粉器给花丝授粉，花粉要随采随用，使落在柱头上的花粉量增加，增加选择授粉受精的机会，减少高温对结实率的影响，提高结实率以增产。

(5) 适时喷灌水，增强抗高温能力。喷灌水不仅补足土壤水分，也可降低田间温度，改变农田小气候环境。浇水灌溉，提高土壤湿度，可使玉米田间温度降低2~3℃，而玉米叶面喷灌的降温幅度可达1~3℃；同时，喷灌水后玉米植株充分吸水，蒸腾作用增强、冠层温度降低，可有效降低高温胁迫程度，有利于玉米正常开花、授粉及结实，促进籽粒灌浆。

（6）科学追肥，施加外源调节物。重视微量元素的施用，以基肥为主，追肥为辅；重施有机肥，兼顾施用化肥；注意氮、磷、钾平衡施肥（比例为3:2:1）。中微量元素锌、铜、硼等对玉米生殖器官发育有良好的促进作用，特别是锌、铜元素能增强花丝和花药的活力及抗高温和干旱的能力；微量元素可作为基肥施用，也可在喇叭口期叶面喷洒，既有利于降温增湿，又能补充作物生长发育必需的水分及营养，但喷洒时须增加用水量降低浓度；叶面喷施脱落酸也可提高植株的耐热性；玉米没有追施穗肥及缺肥的田块，可用尿素、磷酸二氢钾水溶液及过磷酸钙、草木灰过滤浸出液于玉米破口期、抽穗期、灌浆期连续进行多次喷雾，增加穗部水分、降温增湿，同时可给叶片提供必需的水分及养分，提高籽粒饱满度；喷施甜菜碱、水杨酸、生育酚、黄体酮等外源调节物，甜菜碱能保护光合作用相关的酶，水杨酸可以清除超氧阴离子、降低呼吸速率、增加膜的热稳定性，可以减轻高温对玉米生长发育的危害。

（四）蔬菜高温热害

蔬菜夏季高温热害防灾减灾技术主要包括以下5个方面。

（1）科学间套作，实现有效降温。采用喜阳与喜阴作物、高秆和藤架作物间套作，利用高秆作物茎叶为矮秆蔬菜创造遮阳环境，有降温的效果，如茄子与甜椒间作，冬瓜、苦瓜、丝瓜架下栽培生姜、番茄等。

（2）调整播栽期，避免夏季高温危害。喜温果菜要避免过晚播种，并加强前期管理，促使植株枝叶繁茂，力争在入夏前形成壮苗，也可以提高对高温的抵抗力。

（3）适时浇灌，科学抗热。夏秋高温季节，适时浇水可降低温度、改善田间小气候条件，减轻高温对花器和光合器官的直接损害。但应避免在午后浇水，以免根际温度骤然下降造成生理障碍而导致植株萎蔫，甚至死亡；灌水不宜过快过猛，防止降温过快。如遇"热阵雨"，要在雨后及时用井水串灌降温，以改善菜田土壤空气状况，增强根系活力，防止蔬菜死苗。

（4）根外追肥或喷洒生长调节剂，降温抗灾。在高温季节，叶面喷肥具有"降温、增肥"的作用。如用叶面连续多次喷施磷酸二氢钾溶液、过磷酸钙及草木灰浸出液等，既有利于降温增湿，又能够补充蔬菜生长发育必需的水分及营养。对花果期的蔬菜，如甜椒用30毫克/升对氯苯氧乙酸溶液喷花，可防止高温引起的落花；对番茄喷洒2 000~3 000毫克/升的比久（B_9）溶液、0.1%硫酸锌或硫酸铜溶液，可提高番茄抗热性，用二氯苯氧乙酸（2,4-D）浸花或涂花，可以防止高温落花并促进子房膨大。

（5）覆盖搭棚，降温保湿。蔬菜播种时，用秸秆等覆盖地面，可降温保湿，利于发芽和幼苗生长；蔬菜生长期对菜地覆草，也可降温保湿；在菜地上方搭建遮阳棚，上面覆盖树枝或作物秸秆，可降低气温3~4℃；大棚蔬菜在夏秋季节覆盖遮阳网，可降温4~6℃。

二、低温灾害防抗技术

当外界温度低于作物正常生长发育所需温度时，作物光合作用被削弱，根系对养分的吸收能力下降，光合产物和矿物质营养向生长器官输送受到阻碍，作物正在生长的器官因养分不足而瘦小、退化或死亡，这种作物生长发育期间遭受低于其生长发育所需环境温度的危害，称为低温灾害，可分为低温冷害、冻害、寒害等。

（一）水稻低温冷害和霜冻害

我国稻作区域辽阔，在选择防御措施时要根据当地自然条件、栽培方法、品种类型和稻作制度确定。水稻低温冷害和霜冻的防灾减灾技术主要有以下5个方面。

（1）因地选种，合理密植。根据当地气候特点，尤其是当地的热量资源状况，选择合适的耐冷性水稻品种、做好品种布局安排，切忌越区种植晚熟品种；培育壮秧，合理密植，提高秧苗素质和抗逆能力。

（2）调整播种期，确保安全齐穗。根据水稻生育特性结合当地气候规律，安排合适的播种移栽时期，避开低温；也可地膜覆盖，创造良好的稻田土壤环境，提早播种移栽，抓住农时，确保晚稻在低温来临之前齐穗。

（3）适宜水深，以水保温。加强水分管理，采用回水灌溉和深水灌溉来提高田间温度。设立晒水池，延长水路，使水增温后再灌入田，采取回水灌溉提高温度；采用深水灌溉时，环境温度越低所需的水层就越高，但水深不要超过叶尖，并且高水层时要频繁换水以保证水中的含氧量。对于霜冻的防控，最好在霜冻发生前一天灌水，待霜冻过后即将水层调节至正常高度。

（4）科学施肥，适宜应用化学制剂。合理施肥，增磷控氮，配合钾肥和微量元素，提高水稻对低温的抗逆性。适当增施磷肥，磷能提高水稻体内可溶性糖的含量，减轻叶绿素含量等光合相关指标的下降，增强作物抗御低温的能力，还可促进早熟；钾能促进碳水化合物的合成，提高作物的抗逆性；适当搭配部分微量元素，以改善水稻的品质。另外，喷施化学制剂如一定浓度的水杨酸、脱落酸能增强水稻幼苗的耐冷性，香豆素可提高水稻的耐冷性。

（5）霜冻前夜，熏烟增温。在将要发生霜冻的晴夜里熏烟，过程中的燃烧放热可增温；烟幕笼罩在稻田上方，可防止地面热量的扩散，同时由于烟幕的存在，地面有效辐射减弱，有效降低气温的下降幅度；同时，在烟幕形成时有吸湿性微粒产生，空气中的水汽在微粒上凝结放出潜热，也有助于环境温度的提高。

（二）小麦冻害和冷害

小麦冷冻害防灾减灾技术主要包括以下5个方面。

（1）优选品种，合理搭配。选择抗寒性品种，合理品种布局、安排播期。结合当地冻害发生的规律选择品种，在冬季冻害易发的麦区，选用抗寒性强的半冬性品种；在易发生春霜冻害的麦区，选用和搭配种植耐晚播、拔节较晚而抽穗不晚的弱春性品种。

（2）适期播种，播前整地。根据不同品种，选择适当播期。强冬性、冬性、半冬性和春性品种以日平均气温稳定在 $17 \sim 18 ℃$、$16 \sim 18 ℃$、$14 \sim 16 ℃$、$13 \sim 15 ℃$ 时播种为宜，弱冬性和春性品种要防止早播。播种前施肥整地，提高播种质量，培育冬前壮苗，增强小麦抗寒能力。

（3）适宜深播，适时防御。用矮壮素浸种，掌握播种深度（3~5厘米）使分蘖节达到安全深度，合理施用氮肥的同时增施有机肥和磷、钾肥，以壮苗提高抗寒力。小麦返青后，叶面喷施微肥、植物生长调节剂、植物抗寒剂、磷酸二氢钾等，提高小麦抗逆性，是防御冷冻害的有效措施。

（4）适时灌水，控制水量。寒流前1~2天浇水，提高土壤热容量、降低土壤温度变化幅度，可有效减轻冻害的危害。尽可能采取喷灌、小水漫灌，不要大水漫灌；以气温

4℃时浇水为宜,气温低于4℃时冬灌有发生冻害的危险。浇好封冻水,可以稳定地温,不仅有利于小麦安全越冬,而且能缓解春季土壤干旱。早春拔节期补水,是防御后期冻害的关键措施,不仅可形成良好的土壤水分条件提高土壤温度、弥合土缝,还可调节耕层土壤养分,促进长大蘖、育壮苗。

(5) 翻耕补种,灌水追肥。对于冻害死苗严重的麦田,可在早春翻耕补种。对受冻旺苗,应在返青初期清理枯叶,促使麦苗新叶见光尽快恢复生长,在日平均气温升到3℃时适当灌水结合追肥,施肥种类以速效肥为宜,促进长出新根新叶,尽可能提高产量。喷施植物生长调节剂和磷酸二氢钾也可缓解冻害产生的伤害。冻害严重的麦田,要立即追肥灌水,肥水过后进行中耕、松土保墒、改善土壤透气性,促进根系生长,只要基部重新发生分蘖,麦田仍可以有一定产量。

(三) 玉米冷害和霜冻害

玉米冷害和霜冻害的防灾减灾技术主要包括以下5个方面。

(1) 因地制宜,适时播种。易受晚霜冻害的玉米种植区,可适当推迟玉米播期,尽量使玉米出苗后避开晚霜冻害。非晚霜冻易灾区,可适当早播,在0~5厘米地温稳定通过7~8℃时即开始播种、缩短播期,一次播种保全苗。

(2) 地膜覆盖,防御低温。地膜覆盖栽培,可提高地温、增加积温,促进玉米生长发育,从而防御低温灾害的影响。试验表明,玉米播种至营养生长期内,地膜覆盖对耕层土壤的升温效果,在晴天可达3~5℃、阴雨天为1~2℃,可增加土壤积温180℃·日以上,使玉米出苗及营养生长发育明显加快,比相同品种未覆盖地膜的玉米早成熟15~20天,有防御冷害、霜冻的效果。覆膜适宜在春季第一场明显降雨后、土壤含水量较高时进行,以0~30厘米土层含水量大于20%为宜。当土壤湿度低于18%时,可先灌水后覆膜。在玉米生长后期或收获后,要回收废膜防止产生土壤和环境污染。

(3) 科学栽培,提升抗寒能力。在玉米幼苗期适当进行低温锻炼,提高玉米的抗寒能力;育苗移栽,在保护地内育苗,而后移入大田,这也是躲避春季低温冷害的较好的方法,可提早成熟、防御秋霜,降低收获时籽粒含水率,提高玉米品质。

(4) 科学施肥和使用化学制剂,科学防抗冷害。施足种肥,满足玉米苗期对养分的需要,促进根系发育、壮苗抽叶。在玉米拔节期、抽雄前5天追2次肥。施用有机肥和钾肥,钾可显著地提高作物的抗冻性。喷施乙烯利、矮壮素及多效唑和嘧啶醇合用,均可有效防御冷害危害。

(5) 灾后补种,加强田间管理。玉米苗期遭遇晚霜冻造成部分幼苗死亡时,可补种出苗快、生育期较短的玉米品种,以弥补一定的产量损失。如果玉米生长点没有被冻死,可加强田间管理而不选择补种。

(四) 蔬菜冻害

蔬菜冻害防灾减灾技术主要有以下4个方面。

(1) 筛选品种,适时播种。选用蔬菜耐寒品种,根据不同蔬菜种类/品种的耐寒特性,科学安排播种时间。生育期长、耐寒性强的蔬菜可在9—10月播种,11—12月中旬前移栽,在初霜前缓苗;耐寒性较差的蔬菜可安排在12月至翌年2月播种,采用温室育苗,在2月下旬至3月下旬先进行小拱棚覆地膜(双膜覆盖)栽培,在气温稳定在12℃以上时揭掉小拱棚进入露天栽培。幼苗移栽前,要进行逐渐降温炼苗,以提高其抗寒冻能力。

(2) 施用热性肥料,控制氮肥用量。适当多施腐熟或半腐熟的猪粪、马粪、草木灰等热性肥料，适当控制氮肥用量，可有效地促进植株健壮生长，防止植株徒长，提高蔬菜自身的抗寒能力，减轻冻害的发生。

（3）培土护根，覆盖保护。在霜冻来临前结合中耕除草，碎土晒干后培土（7~8厘米）护根，可疏松土壤、提高土温，又直接保护根部，增强根系活力，尤其是对高脚苗蔬菜，培土防冻效果明显。对于耐寒性较差的蔬菜，在低温冻害天气来临前，用地膜、稻草、草帘等覆盖在菜畦或蔬菜上，保护蔬菜不直接受低温侵袭，在回暖后及时撤除覆盖物，否则会把菜苗捂黄。

（4）沟灌提温，喷施防冻。冻害来临前进行沟灌，来提高土温，减少根系受冻，同时有利于冻后植株体内水分平衡，促进蔬菜恢复生长。但冬季多雨雪地区一般不灌溉，雨雪后要及时排水。冻害来临前1~2天喷施0.2%~0.3%磷酸二氢钾溶液，也可提高蔬菜的抗冻能力。

第三节 雪害与雹害

一、雪害防抗技术

雪害指冬季降雪过多、积雪过厚、雪层维持时间过长，致使冬作物、家畜和林木生产以及农业设施等遭受的损害，是农业气象灾害的一种。

（一）冬小麦

冬小麦抗雪害技术主要包括以下6个方面。

（1）实行轮作，合理栽培。实行轮作，避免连茬以减少土壤中的病菌，采用合理栽培措施，适时秋播和适时适量秋灌防止田间积水等。

（2）雪后镇压，减少消耗。降雪过早时，进行雪后镇压可降低雪下温度，使雪下作物停止生长，减少营养物质消耗。

（3）清沟理墒，防御渍害。要及时做好受冻麦田的清沟排渍工作，以养护根系，增强其吸收养分的能力，保证叶片恢复生长、新分蘖的发生及其成穗所需要的养分。

（4）及时追肥，促进小分蘖迅速生长。主茎和大分蘖已经冻死的麦田，分两次追肥。第一次在田间解冻后即每亩追施尿素10千克，开沟施入；缺磷的地块可将尿素和磷酸二铵混合施用。第二次在小麦拔节期，结合浇拔节水施拔节肥，每亩施用10千克尿素。一般受冻麦田，仅叶片冻枯，没有死蘖现象，早春应及早划锄，提高地温，促进麦苗返青，在起身期追肥浇水，提高分蘖成穗率。

（5）病虫防治，预测预报。做好纹枯病和吸浆虫的监测与防治工作，加强预测预报，最大限度减轻损失。

（6）加强中后期肥水管理，防止早衰。受冻小麦植株的养分消耗较多，后期容易早衰，在春季第一次追肥的基础上，应根据麦苗生长发育状况，在拔节期或挑旗期可喷施矮壮素，以增强小麦的光合作用，促使穗大粒多。

（二）油菜

油菜抗雪害技术主要包括以下4个方面。

（1）及时清沟排渍，有效防止春雨危害。冰雪融化，冻土散落，极易造成田间沟渠阻塞，渍水伤根，因此要对油菜田进行及时清沟排渍，以养护根系，增强其吸收养分的能力,保证油菜生长发育及恢复生长所需要的养分。

(2) 适时摘除老黄叶,降低田间湿度。适时摘除老黄叶及受冻严重的菜苗和叶片,以减少田间遮蔽,增加通风透光,降低田间湿度,促进中下部分枝生长,弥补冻害损失。

(3) 追施蕾薹肥,适时适量。冰雪融化后,要及时追施蕾薹肥,一般亩施尿素 2.0~2.5 千克,摘薹的田块尿素用量每亩可加大到 5 千克,并选择在晴天的下午施肥;每亩还应叶面喷施 0.1%~0.2%硼肥溶液 50 千克左右,以促进油菜分枝生长,增加花芽分化,提高结实率。

(4) 加强病虫害防治,适时用药。油菜受雪害后,组织极易受病菌侵染,特别是菌核病有加重的趋势,应及时喷施多菌灵、甲基硫菌灵等杀菌剂,并在初花期和盛花期用菌核净(或用多菌灵、甲基硫菌灵)防治菌核病各一次。

(三) 果树

果树抗雪害技术主要包括以下 4 个方面。

(1) 多种举措,及时预防。雪害的预防措施主要包括:增施有机肥,特别是磷、钾肥,促进果树各级枝干生长充实,提高抗雪害能力;做好整形修剪,培养结构稳定的树林,在雪前减少过密的大枝条,减少树冠积雪;疏除过密枝条,在修剪、采收、施肥等过程中注意不碰伤枝干,避免损伤。

(2) 及时去雪,慎防损伤。降雪期间,要及时摇落树上的积雪、积冰,以减轻树叶受冻,防止冰雪压断枝干。在下中雪或大雪时摇雪,做到雪停树冠上无积雪;若遇树上有结冰,需在中午前后气温较高时用枝杈顶住枝条,向上轻轻摇动,将树上积雪及冰片摇落,切忌向下抽打枝叶,以免造成损伤。

(3) 损伤枝干,及时防护。对于雪灾后完全折断的果树枝干,应及早于断口处锯断,将伤口削平,涂上杀菌剂,或用塑料薄膜包扎,以加速伤口愈合;对撕裂未断的枝干要及时加以抢救,不要锯掉,方法是将撕裂的枝干扶回原来的部位,用绳或铁丝捆紧,使裂口部位的皮层紧密吻合,再在裂口上均匀涂上一层凡士林或黄油,用薄膜包严,并设立支柱或用绳吊枝将枝干固定,同时适当剪除枝叶,以利于撕裂枝伤口愈合。撕裂枝伤口完全愈合(1~2 年)后的春季,及时解绑,将裂口部位绑缚的绳或铁丝、薄膜解除。

(4) 强化雪后管理,适时适量。加强雪灾后栽培管理,主要包括:清沟沥水,防止雪水渗入地下伤根。雪后的上午 10—11 时要及时喷水,每天 1 次,连续 2~3 次,第一次喷清水,第二次喷 0.2%~0.3%尿素或 0.1%~0.2%磷酸二氢钾等稀薄叶面肥液,以恢复叶片功能。对雪害严重导致枝干裸露的树,入夏前应将主干、主枝刷白,防止日灼。

(四) 蔬菜

大棚蔬菜抗雪害技术主要包括以下 7 个方面。

(1) 及时检查维修,做好防护措施。降雪前,检查棚膜破损、棚架坚固、棚口保温、压膜线紧固等,及时维修,尽量采用拱形结构增强支撑力,棚顶要有坡度,以避免积雪;采取保温措施,防止蔬菜作物受冻;控制浇水和追肥,以降低湿度,避免旺长,如是喜温蔬菜,可增加一层棚膜或搭小拱棚;如降温较多,育苗大棚除盖草帘外还要建小拱棚盖防寒被。

(2) 注意放风、换气。如遭遇连续 3 天以上的阴雪天气,利用中午温度较高时段放顶风 1~2 小时,减少棚内的二氧化碳等气体。

(3) 变害为利,提高资源利用率。利用雪水代替普通水浸种、浇菜,可以大大减轻重水的危害,提高蔬菜产量。

(4) 雪后检查,加固修复。降雪后,抓紧时间修复、加固温室和大棚骨架及棚膜。立即清除积雪,注意温室中柱部位的加固,墙体裂缝部位、变形骨架或折断骨架的修复。

(5) 撒灰降湿,合理通风。为了保温,大棚通风次数不宜过频,但通风次数减少又易导致大棚湿度加大,为了降低湿度,大棚内宜撒干燥草木灰2~3次,通过撒草木灰吸水降湿,也可于大棚畦沟内加放木炭或生石灰降湿。

(6) 确保光照,促苗复壮。降雪后,修复被大雪压倒的大棚,应及时清除棚膜积雪增加进光量;加强管理,促苗复壮,进行中耕划锄提高地温;如阴雨雪天气时间长,雪后骤晴时注意分几天逐渐揭苫,避免蔬菜打蔫闪苗;对于长势较弱的棚菜,喷施1%葡萄糖溶液和叶面肥。

(7) 强化管理,水肥到位。瓜类与茄果类蔬菜生长受冻时,应及时剪去生长点和下部老叶,促进侧芽长成侧枝,同时加强水肥管理措施。

二、雹害防抗技术

雹害指降雹给农业生产造成的灾害,是一种局地性强、季节性明显、来势急、持续时间短的气象灾害。主要表现是使农作物、蔬菜、花卉和果树遭受机械损伤和冻伤,同时冰雹对牲畜和农业设施也会带来危害。雹害的轻重取决于作物的生育时期和冰雹的破坏力,在作物抽穗期、灌浆期和成熟期遭遇雹害,可导致绝收或严重减产。

(一) 玉米

玉米抗雹害技术主要包括以下5个方面。

(1) 雹后及时排水,适量追肥。降雹后,及时排出田间积水,清除残枝落叶,抖掉枝叶泥土,扶正植株,并借墒追施速效化肥,追肥数量应大于正常用量。

(2) 雹后剪叶,促进新叶生长。雹灾过后,及时剪去枯叶和烂叶,以促进新叶生长。

(3) 雹后中耕,促苗早发。雹灾过后,容易造成地面板结,地温下降,使根部正常的生理活动受到抑制,应及时进行划锄、松土,以提高地温,促苗早发。

(4) 灾后追肥,促进植株恢复。灾后及时追肥,对植株恢复生长具有明显的促进作用。一般地块,每亩可施碳酸氢铵5千克左右。

(5) 灾后移栽,力争稳产。对雹灾过后出现缺苗断垄的地块,可选择健壮大苗带土移栽。移栽后,及时浇水、追肥,以促进缓苗。

(二) 棉花

棉花抗雹害技术主要包括以下5个方面。

(1) 合理整枝,多结棉铃。受灾后,棉株恢复生长期间,易多头丛生,不利于现蕾结铃,必须合理修剪。对于顶心完好、断板破叶的棉株,要及早去掉赘芽和疯杈,以保证顶心生长;雹灾使得棉花顶心被破坏,仅留残叶及少量果枝的棉株,可在主茎上部选留1~2个大芽,代替顶心生长;在大部分新枝开始现蕾后,及时去除无效蕾枝,并适当早打顶,争取使棉花多结有效铃。

(2) 迅速追施速效氮肥,减轻雹灾影响。灾后及时追肥,可以改善棉株营养状况,使其在尽快恢复生长的基础上,促进后期的生长发育,以减轻灾害损失。一般地块每亩可追肥尿素5~5.5千克或碳酸氢铵13~15千克。

(3) 松土降温,促使棉花早发。雹灾后,必须及时及早进行中耕、晾墒,以增温通气，控制死苗，促使早发。盐碱地棉田更应及时松土，防止出盐死苗。

（4）分类处理受灾棉株，防止荫蔽。对轻灾棉株，要及时打老叶、抹赘芽，防止枝叶串。

（5）雹灾过后，及时治理虫害。雹灾后，要及时认真治理棉花虫害，尤其关注蚜虫、红蜘蛛、棉铃虫的治理。

（三）果树

果树抗雹害技术主要包括以下3个方面。

（1）采用物理防护，减轻雹害影响。应用防雹网等物理防护技术，预防冰雹；同时，防雹网还可防止叶蝉、鸟害、风害。

（2）加强管理措施，增强防雹能力。新建果园，注意选用预备芽萌发力与结实力强的品种。对于冰雹砸伤已枯死的枝条，可从伤枝附近剪去，涂保护剂，然后从附近选留新枝或徒长枝进行培养，或采用高接补救措施，以恢复产量。对于伤枝较轻的果树，要及时将劈枝吊起，劈枝基部用绳绑紧，外面用塑料膜包严，以利于伤口愈合。

（3）雹灾过后，及时预防病害。雹灾后，要及时进行全园喷施杀菌剂，减少病菌侵入；同时，加强根外施肥，提高果树抗性，在喷药中加入0.3%~0.5%尿素或微肥，以补充树体养分。

（四）蔬菜

蔬菜抗雹害技术主要包括以下4个方面。

（1）雹灾过后，及时扶理或重种。对雹灾后，倒伏蔬菜进行及时扶理，喷施叶片肥，对受害严重的蔬菜进行拔出或重种。

（2）雹灾过后，及时预防和控制病虫害。雹灾后，对蔬菜叶面喷施内吸性杀菌剂和叶面保护剂进行病虫害预防和控制，同时施加叶面肥和生长调节剂，增强蔬菜的抗逆能力。

（3）加强水肥管理，促进蔬菜生长。以番茄为例，打药后进行开沟追肥，尽早灌水，加快蔬菜新枝生长，有利于恢复健壮生长。

（4）蔬菜打药后，适量水肥管理。一是沟灌水。打药后，可直接开沟灌水，对于未施肥的地块在开沟前足量追肥后灌水，灌水以半沟水为准，沙土地可灌透，其他土质可适当减少灌水量。二是打药后直接滴水、滴肥。1次滴水量为20~25米^3/亩（以番茄为例），滴肥磷酸二氢钾5千克/亩，尿素2~3千克/亩。7~10天1次，连续2~3次。

第四节 畜牧业气象灾害

不利的气象条件对畜牧业造成的气象灾害，包括牧草生长季旱灾、黑灾、白灾（雪害）、冷雨、大风、冰雹等。草原放牧业与气象条件关系密切。生长季干旱、草场缺雨时，牧草长势差，产量低，质量下降，使牲畜长期处于饥饿状态、体质羸弱，到冬季往往因冻、饿、病而大批死亡。冬季长期降水少或无降水，草场积雪浅或无积雪的地区，在缺乏供水设施的条件下，牲畜掉膘严重，体质瘦弱，易感染疫病，造成大量死亡，形成黑灾。冬季降水量过大，草场积雪深厚，导致牲畜放牧采食困难，轻则引起牲畜掉膘，重则大批死亡，形成白灾。在牲畜放牧时，特别是在转场、产羔、剪毛、药浴等牧事活动时期，遇寒潮、暴风雪（俗称"白毛风"）、伴有强烈降温和大风的降水天气（俗称"冷雨"）、地面结冰、雪层内或雪层表面形成冰层等都会造成牲畜死亡或感染疫病。中国畜牧业气象灾害主要发生在内蒙古、新疆、青海等地。

一、黑灾

牧区冬半年积雪过少或无积雪带来的畜牧气象灾害。中国西北牧区气候干燥、水源缺乏，冬季人、畜饮水主要依靠积雪。降雪过晚，畜群不能按时进入冬季牧场，在河湖封冻以后，牲畜20天吃不上雪，就会缺水；40天吃不上雪，就会普遍掉膘；如果连续2个月以上无积雪，牲畜瘦弱，极易引起疫病流行，甚至造成大量死亡。降雪过早或积雪太薄，维持时间短，积雪消融后，又迫使畜群提前转移牧场，致使草场利用率不高。黑灾的危害程度与冬季的积雪情况、地表水的封冻迟早、地下水的埋藏深度以及供水设施等有密切相关。

黑灾主要有两种类型：一是断续型，主要发生时间为11—12月和3—4月两个阶段；二是连续型，在黑灾可能发生期内各月都有出现。黑灾的主要发生地区是新疆准噶尔盆地、甘肃河西牧区及内蒙古自治区的北部边缘的缺水草场。

防抗黑灾的技术主要包括以下6个方面。

（1）以草定畜，科学放牧。入冬前，根据储备的草和天然草场的情况，对牲畜进行分类管理，保住良种基础母畜、种公畜，加强对保留的牲畜的饲养管理和疫病的防治工作。

（2）发生黑灾，及时转移。注意天气预报，及时转移牧场，在转场途中设立饲料补给点和供水站。

（3）依托地形，人工积雪。有条件的地方选择有利地形，进行人工积雪。

（4）增加抗灾力强的牲畜数量，提升抗灾能力。调整畜群结构，有计划地扩大抗灾力强的牲畜比重，以提高畜群的抗灾能力。

（5）加强牧区水利建设，提升抗灾能力。在无水和缺水的草场，要加强水利建设发展，开辟水源，同时还应根据当年积雪分布状况，选择有适量且稳定积雪的无水草场作为冬季和春季牧场。一旦遇见黑灾，可根据黑灾发生程度及时转场。同时，选择有条件的地方，有计划地打井、挖水窖，改变饮水靠雪水的被动局面。

（6）提高草场质量，解决牧草不足的问题。建立人工或半人工草场，同时改良劣质退化草场，延长草场的使用年限，解决季节草场不平衡、冷季牧草不足等问题。

二、白灾

白灾指草原畜牧业的冬季雪害，是草原牧区冬季降雪过多、积雪过厚、积雪期过长，草场牧草被积雪掩埋，导致家畜采食困难或根本吃不上草而造成冻饿或染病而大量死亡。白灾的发生主要受降雪量、积雪深度、密度和时间影响，同时也和草场状况、牧业生产方式和补饲条件有关。白灾主要发生在中国新疆、内蒙古，以及蒙古国草原放牧地区。

牧区抗灾技术主要包括以下6个方面。

（1）稳定饲草基地，确保供应充足。夏秋季节贮足饲料，白灾本质是积雪掩埋牧草，造成牲畜无法采食而产生的灾害。保证充足的饲草是抗御白灾的重要措施。建立稳定的饲草基地，贮足饲料来防御白灾危害。

（2）充分利用可用牧场，解决饲草短缺。针对白灾的发生，要充分利用一切可以利用的牧场，如选择冬季积雪较薄的牧场放牧，解决饲草短缺。

（3）建设棚圈，减轻牲畜伤害。修建简易棚圈，以减轻雪害对畜体的直接危害，这对于牲畜安全越冬非常有利，特别对于接羔保育期更加重要，充分利用草原太阳能建设暖棚。

（4）及时了解天气，做好牧事活动。及时关注天气预报，适时做好产羔、剪毛、转场等牧事活动。

（5）调整畜群结构，科学应对白灾。当白灾发生时，应适当调整畜群结构，根据各种家畜破雪采食能力，混合编群，例如，先放马，再放羊，最后放牛，这样可使各种家畜都可采食，减轻白灾危害。

（6）因地制宜，科学破雪。在白灾的常发区，可根据条件进行人工或机械破雪，为家畜采食创造条件。

三、冷雨害

冷雨指空气温度小于或等于5℃，降水量一般在5毫米以上，降雨时间较长同时伴随5级以上偏北风的降雨，有时是降雪，也称为湿雪。冷雨一般发生在夏季的6—7月。冷雨害是畜牧气象灾害的一种，指伴有显著降温和大风的降雨天气对牲畜造成的伤害。在中国北方牧区，冷雨多出现在晚春、夏季和秋季。内蒙古牧区每年可出现2次以上，春季出现的冷雨危害最严重，因为此时是接羔保育和羊的剪毛抓绒期，牲畜在越冬后抗灾能力较弱，遇冷雨受害最重；并且此时又是病菌微生物、寄生虫滋生繁衍活动期，疫病更容易传播。冷雨害的程度主要取决于冷雨的强度，牲畜受长时间的雨淋后，雨水渗透毛层，加上显著降温和大风的影响，不能正常采食，畜体内的热量平衡遭到破坏，新陈代谢失调，体温下降，表现出弓腰、颤抖、瘫痪等症状，甚至死亡。一般来说，骆驼、牛、马比羊受冷雨危害轻些，老幼、瘦弱牲畜比壮畜受害较重。

冷雨害过程对畜牧业的危害程度主要取决于以下五个因素。一是过程中降水量越大，危害越严重。二是阴雨及持续低温的时间越长，危害越重。三是降水过程中气温越低，危害越重。四是伴随降水过程中，降温幅度越大，冷风越强，危害越重。五是春季抓绒剪毛和接羔育幼期，牲畜老弱病残及幼小牲畜抵抗力弱，棚圈条件差等，均可导致危害加重。

防抗冷雨害的主要技术有以下3个方面。

（1）储足饲料，防寒保暖。设棚圈，储足饲料，以增强抗灾保畜能力，同时做好棚圈防寒保暖工作，预防夜晚低温冰冻造成牲畜挤压御寒死亡。

（2）因地制宜，减避风寒。在畜群远离棚圈或补充饲料不足的地方，可利用有利地形环境，如固定、半固定的沙丘牧场，由于日间气温高和沙丘所造成的屏障，可以减避风寒，并尽量使畜群聚拢，减少热量损失，进而减轻冷雨的危害。

（3）根据畜群特性，科学管理避寒。对合群性较强的马，在冷雨来临前拴牢公马，马群就会聚集在一起，不致惊群跑散。

四、暴风雪

暴风雪在气象上称为雪暴，俗称"白毛风"，指在降雪过程中伴随大风，或无降雪时因大风将雪从地面上卷起飘舞到高空中的现象。发生特点是风大、天气寒冷、能见度低。暴风雪灾害是大风、大雪和强降温联合的结果，受灾对象主要是野外活动的牲畜，主要在中国内蒙古高原地区发生，且在锡林郭勒盟的南部和东部地区发生频率较高。发生时间主要在每年的10月至翌年5月，其中12月和3月最为严重，白天是外出放牧的时间，所以白天暴发的暴风雪导致灾害更严重。暴风雪发生过程通常是 1~2 天，是一种天气灾害，一般在野外发生频率和强度很高，尤其在冬季大雪的年份更为突出。

防抗暴风雪的主要技术有以下 9 个方面。

（1）因地制宜，建设棚圈。在冬、春冷季草场上建设透光保温的棚圈，可有效防御暴风雪对家畜的危害。在修棚搭圈时，应选择在避风向阳、地势干燥、排水良好的地方，同时可利用地形垒筑防雪墙、防风墙。

（2）因草控畜，适度放牧。控制载畜量，采取划区轮牧方式，降低放牧强度，防止草原退化。

（3）合理利用气候资源，发展畜牧业的集约化经营。在夏季和秋季，可选择在北部牧区培育幼小牲畜，充分利用夏季和秋季牧场充足的牧草"催架子"；进入冬季后，将牲畜分批运往南部农区，利用农区的饲草加工产品，以精料育肥上市。这可提高畜产品品质，也可提高农牧业的综合效益，减轻灾害发生时牧场因牧草不足而导致的不利影响。

（4）建设防护林，减缓暴风雪损害。在牧区大面积植树造林，种草种树，建立草场防护林带，增加地表植被覆盖度，减小近地面的风速，降低暴风雪对草场和牲畜的伤害。

（5）适时维护畜舍，保暖防寒。提前做好畜舍安全监测和维修。简易的畜舍采取加固措施，防止倒塌；存在安全隐患的畜舍要及时撤离牲畜，防止倒塌压死牲畜；及时清除屋顶积雪，防止畜舍漏风侵入；提前检查供水管道，用保温材料保温，防止水管破裂。

（6）有备无患，关注天气。提前储备饲料，确保饲料供应。密切关注天气预报，在大雪来临前，提前储备好牲畜的饲料、取暖燃料等。

（7）确保畜舍暖和、通风，预防有毒有害气体。暴风雪发生时，应做好畜舍的防寒保暖工作，关好门窗，防止寒风侵入；添加保温垫料（如稻草、木屑等），防止畜禽受冻受凉。门窗关闭，畜舍长期处于相对密闭状态，棚圈内的氨气、硫化氢等有毒有害气体浓度会超标，易导致牲畜生病。对于有风机通风的畜舍，每天应保持正常的通风换气，每次 5~10 分钟；对于没有风机通风的畜舍，每天应定期开启朝南的窗户予以通风换气，在通风换气之前和换气的过程中，应增加棚圈内的温度。

（8）饲料应用调控，提高牲畜的御寒能力。在保证正常供应饲料营养的基础上，应在牲畜的每日饲料中增加能量饲料，如玉米、油脂等。这样可提高牲畜自身的御寒能力，进而增加抵抗力。

（9）加强牲畜疫病防控，做好防疫工作。突然降温对牲畜会产生很大的应激反应，应在牲畜的饲料或饮水中添加电解多维、黄芪多糖等抗应激和提高抵抗力的药物，用以缓解应激；提前做好猪瘟和猪繁殖与呼吸综合征等冷季易发疾病的免疫预防工作；加强对棚圈内牲畜的监测与巡视，一旦发现异常现象，应做到早隔离、早诊断和早治疗。

第五节　病虫灾害

一、小麦条锈病

（一）症状识别

小麦条锈病是小麦锈病之一。小麦锈病俗称"黄疸病"，分条锈病、秆锈病、叶锈病 3 种，是中国小麦生产上分布广、传播快、危害面积大的重要病害，其中以小麦条锈病发生最为普遍且严重。苗期染病，幼苗叶片上产生多层轮状排列的鲜黄色夏孢子堆。成株叶片初发病时夏孢子堆为小长条状，鲜黄色，椭圆形，与叶脉平行，且排列成行。小麦近成熟时，叶鞘上出现圆形至卵圆形黑褐色夏孢子堆，散出鲜黄色粉末，即夏孢子。该病是我国大区间、典型远程气流传播流行的小麦病害，具有发生区域广、流行速率快、危害损失大的特点，主要危害叶片及叶鞘，破坏叶绿素，造成光合效率下降，并掠夺植株养分和水分，增加蒸腾量，导致灌浆受阻，千粒重下降，一般减产20%~30%，最严重时几乎颗粒无收。

小麦条锈病侵染循环可分为越夏、侵染秋苗、越冬及春季流行四个环节。一旦气候条件适宜，又有适量的菌源，小麦条锈病常会在全国大范围流行。山东德州、河北石家庄、山西介休一线以北，1月平均气温低于-7~-6℃，病菌不能越冬。而这一线以南地区，病菌可以在小麦病叶里越冬。成为麦区小麦条锈病春季流行的重要菌源基地，病害扩展蔓延迅速，引致春季流行。由于条锈病流行性和传染性很强，在适宜的温度和湿度条件下，病害繁殖扩散速度非常快。秋季的菌源随气流传播到冬麦区后，遇有适宜的温湿度条件即可侵染冬麦秋苗。小麦条锈病发生需要：①菌源基地。冬季最冷月均温低于-7~-6℃，病菌能够越冬，成为麦区春季流行的重要菌源基地。②适宜温、湿度。当春雨降临时，孢子迅速繁殖扩散，这也是小麦条锈病春季流行的原因。

（二）防控技术

小麦条锈病是气传病害，必须采取以种植抗病品种为主，药剂防治和栽培措施为辅的综合防治策略，才能有效地控制其危害。适期播种，适当晚插，不要过早，可减轻秋苗期条锈病发生。近年来主要推广三唑酮（粉锈宁）、特谱唑（速保利）等。

二、小麦赤霉病

（一）症状识别

小麦赤霉病别名麦穗枯、烂麦头、红麦头，是小麦的主要病害之一。小麦赤霉病在全世界普遍发生，主要分布于潮湿和半潮湿区域，尤其气候湿润多雨的温带地区受害严重。从幼苗到抽穗都可受害，主要引起苗枯、茎基腐、秆腐和穗腐，其中危害最严重的是穗腐。

小麦赤霉病由多种镰孢菌引起，包括禾谷镰孢、燕麦镰孢、黄色镰孢、串珠镰孢等，都属于半知菌亚门真菌。优势种为禾谷镰孢，其大型分生孢子镰刀形。中国中、南部稻麦两作区，病菌除在病残体上越夏外，还在水稻、玉米、棉花等多种作物病残体中营腐生生活越冬。翌年在这些病残体上形成的子囊壳是主要侵染源。子囊孢子成熟正值小麦扬花期。借气流、风雨传播，溅落在花期凋萎的花药上萌发，先营腐生生活，然后侵染小穗，几天后产生大量粉红色霉层（病菌分生孢子）。在开花至盛花期侵染率最高。在中国北部、东北部麦区，病菌能在麦株残体、带病种子和其他植物如稗草、玉米、大豆、红蓼等残体上以菌丝体或子囊壳越冬。在北方冬麦区则以菌丝体在小麦、玉米穗轴上越夏越冬，翌年条件适宜时产生子囊壳放射出子囊孢子进行侵染。小麦赤霉病的发生需要：①菌源。病残体上形成的子囊壳是主要侵染源。②环境条件。赤霉病主要通过风雨传播，雨水作用较大。在降雨或空气潮湿的情况下，子囊孢子成熟并散落在花药上，经花丝侵染小穗发病。

(二)防控技术

小麦赤霉病防治方法主要有：①选用抗（耐）病品种，目前还没有找到免疫或高抗品种，但有一些农艺性状良好的耐病品种。②采用农业防治，合理排灌，湿地要开沟排水。③前茬作物收获后要深耕灭茬，减少菌源。④适时播种，避开扬花期遇雨。

三、稻瘟病

(一)症状识别

稻瘟病又名稻热病，俗称"火烧瘟""磕头瘟"，是水稻四大重要病害之一。世界各稻区均有发生。稻瘟病主要危害叶片、茎秆、穗部，可引起大幅度减产，严重时减产40%~50%，在水稻整个生育期都发生。在水稻秧苗期和分蘖期发病，可使叶片大量枯死，严重时全田呈火烧状，有些稻株虽不枯死，但抽出的新叶不易伸长，植株萎缩不抽穗或抽出短小的穗，孕穗抽穗期发病、节瘟、穗颈瘟严重发生，可造成大量白穗或半白穗。

稻瘟病的致病菌为稻梨孢，属半知菌亚门真菌。病菌以分生孢子和菌丝体在稻草和稻谷上越冬。翌年产生分生孢子借风雨传播到稻株上，萌发侵入寄主向邻近细胞扩展发病，形成中心病株。病部形成的分生孢子，借风雨传播进行再侵染。播种带菌种子可引起苗瘟。适温高湿，有雨、雾、露存在条件下有利于发病。菌丝生长温度为8~37℃，最适温度为26~28℃。孢子形成温度为10~35℃，以25~28℃最适，相对湿度90%以上。孢子萌发需有水存在，并持续6~8小时。适宜温度才能形成附着胞并产生侵入丝，穿透稻株表皮，在细胞间蔓延摄取养分。阴雨连绵，日照不足或时晴时雨，或早晚有云雾或结露条件，病情扩展迅速。放水早或长期深灌根系发育差，抗病力弱发病重。

稻瘟病的发生需要：①菌源。稻瘟病是真菌寄生引起，青灰色霉即病菌的分生孢子，病害的扩展靠分生孢子在空气中传播。②环境条件。病菌发育最适温度为25~28℃，高湿有利分生孢子形成飞散和萌发，而高湿持续达一个昼夜以上，则有利于病害发生流行。

(二)防控技术

稻瘟病的防治方法主要有：①选用抗病品种，用拌种剂或浸种剂灭菌。②处理病稻草，消灭菌源。使用土壤消毒剂处理。③科学管理肥、水，注意氮、磷、钾配合施用，适当施用含硅酸的肥料。④在病害发生初期，及时用药控制病情，以防病菌扩散全田造成流行。

四、稻飞虱

(一)症状识别

稻飞虱俗称"火蝶虫"，是昆虫纲同翅目飞虱科害虫。稻飞虱在中国北方各稻区均有分布，喜在水稻上取食、繁殖，以刺吸植株汁液危害水稻等作物。常见种类有褐飞虱、白背飞虱和灰飞虱，体形小，触角短锥状，翅透明，常有长翅型和短翅型。危害较重的是褐飞虱和白背飞虱。早稻前期以白背飞虱为主，后期以褐飞虱为主。中晚稻以褐飞虱为主。稻飞虱对水稻的危害，除直接刺吸汁液，使生长受阻，严重时稻丛成团枯萎，甚至全田死秆倒伏外，产卵也会刺伤植株，破坏输导组织，妨碍营养物质运输并传播病毒病。稻飞虱生长发育的适宜温度为20~30℃，最适温度为26~28℃，相对湿度80%以上。在长江中下游稻区，凡盛夏不热、晚秋不凉、夏秋多雨的年份，易酿成稻飞虱大发生。高肥、密植稻田的小气候有利其生存。稻飞虱耐寒性弱,卵在0℃下经7天即不能孵化,长翅型成虫经4天即死亡,耐饥力也差,老龄若虫经3~5天、成虫经3~6天即饿死。食料条件适宜程度对稻飞虱发育速度、繁殖力和翅型变化都有影响。在单、双季稻混栽或双、三季稻混栽条件下,可提供孕穗至扬花期适宜的营养条件,促使大量繁殖。中、迟熟,宽叶、矮秆品种等易构成有利稻飞虱繁殖的生境。偏施氮肥和长期浸水的稻田,较易暴发。稻飞虱的天敌种类很多,能有效抑制稻飞虱繁殖,如寄生蜂、蜘蛛等。

稻飞虱的发生需要3个条件:①虫源。稻飞虱的若虫在杂草丛、稻桩或落叶下越冬,每年发生3~8代。②环境条件。适宜温度为20~30℃,相对湿度80%以上。③稻飞虱属迁飞性害虫,稻飞虱长翅型成虫均能长距离迁飞,会在较大范围内扩散。

(二) 防控技术

稻飞虱的防治方法主要有:①选用抗病品种是防治稻飞虱最经济也是最有效的方法和途径。②加强肥水管理,适时适量施肥,掌控氮、磷、钾的合理搭配,做到促控结合。③适时露田,避免长期浸水。④科学用药,避免对稻飞虱的天敌过量杀伤。

五、稻纵卷叶螟

(一) 症状识别

稻纵卷叶螟为螟蛾科昆虫,是中国水稻产区的主要害虫之一,广泛分布于各稻区。除危害水稻外,还可取食大麦、小麦、甘蔗、粟等作物。幼虫危害水稻,缀叶成纵苞,躲藏其中取食上表皮及叶肉,仅留白色下表皮。苗期受害影响水稻正常生长,甚至枯死;分蘖期至拔节期受害,分蘖减少,植株缩短,生育期推迟;孕穗后特别是抽穗到齐穗期剑叶被害,影响开花结实,空壳率提高,千粒重下降。按照越冬情况,全国可以划分为3大区:一是周年危害区。1月平均气温16℃等温线以南,稻纵卷叶螟可终年繁殖,无休眠现象。二是冬季休眠区。1月平均最高气温7.7℃等温线以南,以幼虫或蛹越冬。三是冬季死亡区。1月平均最高气温7℃等温线以北,包括湖北、安徽北部、江苏、河南、山东等地,不能安全越冬。

稻纵卷叶螟是一种迁飞性害虫,自北而南一年发生1~11代;南岭山脉一线以南,常年有一定数量的蛹和少量幼虫越冬,北纬30°以北稻区不能越冬,故广大稻区初次虫源均自南方迁来。稻纵卷叶螟生长、发育和繁殖的适宜温度为22~28℃。适宜相对湿度80%以上。30℃以上或相对湿度70%以下,不利于它的活动、产卵和生存。雨量过大,特别在盛蛾期或盛孵期连续大雨,对成虫的活动、卵的附着和低龄幼虫的存活都不利。初孵幼虫大部分钻入心叶,进入2龄后,则在叶上结苞,孕穗后期可钻入穗苞取食。幼虫一生食叶5~6片,多达9~10片,食量随虫龄增加而增大,1~3龄食叶量仅在10%以内,幼虫老熟多数离开老虫苞,在稻丛基部黄叶及无效分蘖嫩叶上结满茧化蛹。

稻纵卷叶螟的发生需要3个条件:①虫源。稻纵卷叶螟对温度敏感,1月平均最高气温7℃不能安全越冬,虫源多数来源于南方地区。②环境条件。稻纵卷叶螟生长、发育和繁殖的适宜温度为22~28℃。适宜相对湿度80%以上。③稻纵卷叶螟属迁飞性害虫,容易在较大区域内扩散。

(二) 防控技术

稻纵卷叶螟的防治方法主要有:①选用抗(耐)虫水稻品种。②保护利用天敌。稻纵卷叶螟的天敌种类很多，我国稻纵卷叶螟天敌种类多达80余种。保护利用好天敌资源，可大大提高天敌对稻纵卷叶螟的控制作用。③药剂防治。结合其他病虫害的防治，灵活掌握施药时间。

六、草原蝗灾

（一）症状识别

蝗虫俗称"蚂蚱"，属直翅目，是一种世界性的农业害虫。我国蝗虫有1 000余种。在广大牧区，危害牧草的种类也很多，主要有西伯利亚蝗、戟纹蝗、小车蝗、牧草蝗、雏蝗、痂蝗等。蝗虫的生活史包括虫卵期、孵化期、幼虫期、成虫期4个阶段。蝗虫危害的特点在于周期性的种群大暴发，并能长距离迁飞。草原蝗虫大暴发时可严重危害牧草，加速草原沙化、退化。

蝗虫种类比较复杂，种群与种群之间发生期各异，产卵期也不相同。不同种蝗虫有不同的发生期，而同一年不同生境和不同海拔其发生期也不相同。这就导致了蝗虫的防治难度加大。蝗虫危害期一般在6—7月，8月因其交配产卵，取食减少而危害逐渐减轻，有些种类可以存活到10月中旬。温、湿度的年度变化直接影响蝗虫的发育和种群数量的消长，冬天的降雪和春季（4—5月）的降雨对蝗虫卵的越冬及孵化有利，而5—6月的气温骤升和持续干旱对蝗虫的成活、生长、脱皮及羽化形成良好的条件。草原退化、沙化，生物多样性的减少，使蝗虫天敌数量减少，有利于草原蝗虫的繁衍。

蝗虫的发生需要3个条件：①虫源。蝗虫种类多，有很强的繁殖能力。②蝗虫具有很强的迁移扩散能力。③环境条件。蝗虫的发生分布与温度、湿度有直接关系。春季的降雨和气温回升对蝗卵的越冬及孵化、生长及羽化形成良好的条件。

（二）防控技术

草原蝗虫的防治方法主要有：①利用天敌控制。蝗虫的天敌种类很多，蛙类、壁虎、鸟类、禽类等。例如人工辅助建筑粉红椋鸟鸟窝，控制蝗虫效果明显，成本低、效果好。②牧鸡牧鸭治蝗。在牧区牧民牧放牲畜的同时开展牧鸡牧鸭治蝗。③微孢子虫、真菌、病毒生物制剂使用控制蝗虫危害取得了较好的效果。④化学药物防治。一般应掌握在蝗虫1~3龄跳蝻期用药，此时虫体小，不会迁飞，抗药性差，是扑灭蝗虫的最佳时机。

七、农区蝗灾

（一）症状识别

农区蝗虫主要包括农区飞蝗和土蝗。飞蝗是具有暴发性、迁飞性和毁灭性的重大生物灾害。东亚飞蝗主要发生在沿黄滩区、环渤海湾和华北湖库，西藏飞蝗主要发生在金沙江、雅砻江、雅鲁藏布江等河谷地区，亚洲飞蝗主要发生在新疆阿勒泰、塔城、伊犁州和阿克苏等地农区。

雌蝗虫将产卵管插入10厘米深的土中，蝗虫的卵约21天即可孵化。蝗虫的幼虫和成虫均能以其发达的咀嚼式口器嚼食植物的茎、叶；喜欢吃肥厚的叶子，如甘薯、空心菜。一旦发生蝗灾，大量的蝗虫会吞食禾田，使农产品完全遭到破坏。蝗虫趋水喜洼，蝗灾往往和严重旱灾相伴而生。在干旱年份，河、湖水面缩小，低洼地裸露，也为蝗虫提供了更多适合产卵的场所。干旱环境生长的植物含水量较低，蝗虫以此为食，生长得较快，而且生殖力较高。

农区蝗虫的发生需要3个条件：①虫源。蝗虫具有很强的繁殖力，卵深藏于地下，难于被破坏。②环境条件。蝗虫将卵产在土壤中，农田周围的干旱环境对蝗虫的繁殖、生长发育和存活有许多益处。土壤比较坚实，含水量在10%~20%时最适合它们产卵。③迁移能力。蝗虫飞翔能力很强，具有迁移扩散能力。

（二）防控技术

农区蝗虫的防治方法主要有：①生物防治。利用杀蝗绿僵菌、蝗虫微孢子虫等微生物农药和其他植物源农药防治。在新疆等农牧交错区，可采取牧鸡牧鸭、招引粉红椋鸟等进行防治。②化学防治。在高密度区和农田周边发生区，使用马拉硫磷飞防或地面喷雾，紧急控制蝗虫危害。③加强监测，及时发布农区蝗虫预报。

八、玉米螟

（一）症状识别

玉米螟属于鳞翅目螟蛾科，又叫玉米钻心虫，是玉米的主要虫害，也危害高粱、谷子、棉花、水稻、甜菜、豆类等作物。玉米螟的危害，主要是因为叶片被幼虫咬食后，会降低其光合效率；雄穗被蛀，常易折断，影响授粉；苞叶、花丝被蛀食，会造成缺粒和秕粒；茎秆、穗柄、穗轴被蛀食后，形成隧道，破坏植株内水分、养分的输送，使茎秆倒折率增加，籽粒产量下降。

玉米螟在我国的年发生代数随纬度的变化而变化，1年可发生1~7代。通常情况下，第一代玉米螟的卵盛发期在1~3代区大致为春玉米心叶期，幼虫蛀茎盛期为玉米雌穗抽丝期，第二代卵和幼虫的发生盛期在2~3代区大体为春玉米穗期和夏玉米心叶期，第三代卵和幼虫的发生期在3代区为夏玉米穗期。幼虫共5龄，有趋糖、趋湿和趋光性，喜欢潜藏。成虫昼伏夜出，有趋光性、飞翔和扩散能力强。

玉米螟的发生需要2个条件：①虫源。在玉米茎秆中越冬，翌年4—5月化蛹、羽化成虫。成虫飞翔力强，喜欢在玉米叶背面中脉两侧产卵，一个雌蛾可产卵350~700粒。②环境条件。玉米螟适合在高温、高湿条件下发育。冬季气温较高，天敌寄生量少，有利于玉米螟的繁殖。

（二）防控技术

玉米螟的防治方法主要有：①生物防治。玉米螟的天敌种类很多，例如在玉米螟产卵始、初期和盛期放玉米螟赤眼蜂。②灯光诱杀。7月上旬至8月上旬利用高压汞灯或频振式杀虫灯诱杀玉米螟成虫。③药物防治。在玉米螟未蛀入玉米茎秆之前将辛硫磷颗粒剂或呋喃丹颗粒剂，直接丢放于喇叭口内均可收到较好的防治效果。

第十二章 农业政策与法律法规

第一节 农业相关政策

一、农村土地政策

（一）农村土地承包经营权确权政策

1. 农村土地承包经营权确权登记颁证的意义

农村土地承包经营权确权登记颁证，是全面适应现有农村基本经营制度的各项要求。能对广大农民土地承包经营权物权有效保护，能保障广大农民预期经营收益。现阶段要注重做好确权登记，对空间位置不明、承包地块面积不准等问题集中控制。为本轮土地承包到期后各项障碍集中扫除，奠定相应的发展基础，有效巩固农村基本经营制度。

农村土地承包经营权确权登记颁证，能有效强化农村地区经济发展活力。促使农村地区土地承包活动稳定开展，实现土地经营权稳定流转，全面推动农业规模化经营。在农村土地流转中，能保障区域农业规模化、集约化经营发展，提高农村地区经济活力。充分做好土地确权登记颁证，保障承包活动全面落实。

规范化做好农村土地承包经营权确权登记颁证，为广大农民个人收入提供诸多制度性保障。在我国诸多农村地区，农民已有的宅基地、承包土地、住宅房屋是农民群体最大财产。广大农民获取了土地承包经营权，但是部分资金、资产、资源等难以进行有效转化。通过规范化确权，能真正实现有效赋权，能保障农村地区土地经营权、资产产权、林权、股权等进入交易市场有效交易，保障农村地区多项资源有效转化为广大农民收入。

现阶段高效化做好农村土地承包经营权确权登记颁证，能有效维护广大农民个人合法权益，对农民群体常见的多项矛盾纠纷问题集中调解。这样便于实现农村地区社会化管理，能集中有效解决多项土地承包问题，实现农村社会和谐稳定发展，加速城乡一体化发展进程。

2. 农村土地承包经营权监督管理

（1）建立健全农村土地产权登记程序。县级地区建立专门的农村土地承包经营监督管理机关，规范相关土地承包经营程序和内容，保障其运行安全有序。建立完善的农村土地承包经营监督管理体系，能够有效地从法律方面给予农村土地承包经营一定程度的帮助。如果农村承包土地的资金不够，还可以提供相关的抵押方式，为农民提供贷款等方式，这样才能充分地盘活农村的闲置土地，使有价值的土地得到利用，走向市场，更好地维护农民的合法权益。

（2）充实技术力量，确保确权登记颁证工作质量提高。各地要督促各技术服务单位充实技术力量和工作人员，按照工作程序和技术标准要求抓好各项工作，确保每项工作程序不能少，每项工作质量有保证。对专业技术服务单位因工作不到位，质量差、进度慢或因人力不足，不能如期履行合同的，逐级开展约谈和通报，并责令限期整改。

（3）建立健全农村征地制度。在农村土地承包经营监督管理中一定要有相关的补偿办法和标准，确保农民收益的最大化，尤其是国家给予的征地补偿费用，安置费一定要发放到农民的手中，专款专用，防止出现挪用的现象。重视失地农民的再就业问题，对于土地被征用的农民优先安排就业和再就业的相关培训工作，通过对农民采用多层次、多样式的培训工作，提高农民再就业的能力。

政府出台相关的城乡统筹置换安置政策，一部分农民闲置的住宅可以由当地政府进行收购，用于边远山区贫困人口的置换安置。

（4）建立健全土地监督管理机构。土地承包经营监督管理机构的建立，有效地保障了农民自身的利益，规范了农民土地承包经营监督管理，防止由于没有监管机构而发生土地承包经营纠纷的情况，合理地保护了农民的土地承包经营权。

（二）农村土地流转政策

1. 深化农村土地制度改革

现阶段深化农村土地制度改革，顺应农民保留土地承包权、流转土地经营权的意愿，将土地承包经营权分为承包权和经营权，实行集体所有权、农户承包权、土地经营权分置并行。

落实集体所有权，重点是依法维护农民集体对承包地发包、调整、监督、收回等权利，健全集体经济组织民主议事机制，确保集体权利不被虚置。稳定农户承包权，坚持稳定农村土地承包关系，切实保护好承包户对集体所有土地依法享有的占有、使用、收益权利。同时，顺应进城落户农民意愿，探索建立农户承包地依法、自愿、有偿转让和退出制度。平等保护土地经营权，不断健全土地经营权流转管理服务制度，完善其在抵押、入股等方面的权利，鼓励新型经营主体改良土壤、提升地力、建设农田基础设施，促进农地资源优化配置。

2. 规范有序流转土地

2021年，农业农村部发布《农村土地经营权流转管理办法》。《农村土地经营权流转管理办法》是适应新形势新实践新要求制定的，延续了中央一贯的政策基调，遵循了《中华人民共和国农村土地承包法》的立法精神。

一是落实"三权分置"制度。按照集体所有权、农户承包权、土地经营权"三权分置"并行要求，聚焦土地经营权流转，在依法保护集体所有权和农户承包权的前提下，在平等保护经营主体依流转合同取得的土地经营权方面，增加了一些具体规定，有助于进一步放活土地经营权，使土地资源得到更有效合理的利用。

二是贯彻加强监督管理要求。落实《中华人民共和国农村土地承包法》要求，明确了对工商企业等社会资本通过流转取得土地经营权的审查审核具体规定，以及建立风险保障制度的要求，以更好地保障流转双方合法权益。

三是围绕强化耕地保护和粮食安全。落实习近平总书记最新重要指示精神和国务院办公厅《关于防止耕地"非粮化"稳定粮食生产的意见》《关于坚决制止耕地"非农化"行为的通知》要求，强化了耕地保护和促进粮食生产的内容。

(三)农村土地征收政策

1. 切实维护农民权益

(1)完善土地补偿标准。土地补偿应该以市场价格为基准,适当提高补偿标准,确保补偿金额比农民种植农作物的收入要高。同时要提升征地补偿范围,除征地补偿费、安置补助费、地上附着物和青苗补偿费外,还应该增加未来土地收益补偿以及宅基地使用权等补偿。

(2)在安置方式上,坚持现金补偿优先的原则。农民也可以相应选择适合自己的安置补偿方式,如实物补偿、社会保险、地价入股、长期就业保障合同、农业安置、房屋补偿等。安置方式的选择必须农民自愿,不得强制以实物或者其他方式代替货币补偿。

(3)加大村民再就业培训力度。在土地征收过程中,应该留出部分资金用于村民的职业技能培训和再就业。政府也可以出台相关保障措施,给予失地农民基本保障,如出台社会保险制度。落实失地农民企业的优惠政策,引导企业优先招收经过技能培训的失地农民,通过税费减免等政策解决他们就业困难的问题。加大对失地农民的创业扶持,鼓励他们进入生态农业等产业,在税收、信贷和技术上提供一定的支持,在养殖和种植等领域提供相关帮助。

(4)确保农民的知情权。做好政策的宣传工作,和每户农民深入沟通,确保征地工作在充分协商的基础上进行。明确征地的面积、权属、地类、附着物、青苗等信息,做好相关公示工作,不得强制对农民进行征地。

2. 创新农村征地用途

不断推动农村征地制度的创新和改革,完善土地征收目录,优化土地资源配置。明确集体产权,将集体产权落实到农民个人,确保在土地征收中农民的权益能够得到保障。明确用益物权制度。针对当前房地产市场萎靡的现状,要减少住宅用地的征用,谨慎进行建设用地的征用。如果是基于农村产业结构调整的建设用地可以优先征用。

3. 规范土地征收程序

做好整地前期准备工作,明确土地征收的各项规定,建立风险评估机制和防控方案,做好补偿登记和协议签订工作,完善报批程序。严格审批程序,强化责任追究,做好部门协调,确保执行的稳定性和连续性。设置"公共利益"专项审查程序,避免任意征地现象,也能够加强外部的监督管理。在内部监督方面要设立相关的专门机构,权力和责任对等。外部监督方面,应该加强群众监督和网络监督,在土地征收之前,应该广泛听取各方意见,探讨土地用途的科学性,如果对于征收存在异议,那么就应该慎重考虑方案,并且召开听证会进行讨论。完善征地公告,通过网络、公告栏和直接送达等方式,确保公告能够直接送达村民。在征地过程中,要严格按照相关法律法规执行,限制征地部门的权力,通过终身追责的体制提升其责任意识,避免违法行为的发生。

二、农田规划管理政策

(一)耕地质量分等

1. 耕地质量分等解决的关键问题

我国幅员辽阔,自然和社会条件复杂,土地类型多样,要比较不同地区之间的土地等级高低相当困难。要实现耕地质量等级在全国的可比性,主要是找到作物生产量的差异。

耕地质量等别是评价区域光照、温度、水分、土壤、地形等因素综合作用的结果，假设评价区域内土地上的投入管理为最优状态，则利用影响作物生产量因素的优劣状况可定量地推算作物生产量高低，并用作物生产量的高低评定耕地质量等别的高低。

2. 耕地质量分等成果应用

在自然资源部的统一组织实施下，耕地质量分等调查评价成果在新时代国土空间规划、永久基本农田保护、耕地占补平衡以及土地整治等方面得到广泛应用。

（1）在新时代国土空间规划中的应用。在新时代国土空间规划应用中，各地方、各区域在进行空间规划时，一是，要严格控制非农建设用地占用耕地的情况，尤其要严格控制建设用地占用基本农田，各地方自然资源管理部门要加强对管辖范围内永久基本农田的建设管理，确保永久基本农田的数量及质量。二是，不能只占用、不补充，需要在占用土地后，严格加大对耕地的补充力度，例如，通过对土地开发、复垦、整理等方式在数量及质量上补充耕地，确保耕地的数量不减少、质量不降低。三是，在国土空间规划进程中，相关规划管理部门需对农用地的布局和结构进行合理调整，协调统筹各个方面，安排好农用地的规划用途。

（2）在永久基本农田保护中的应用。耕地质量评价工作分析了土地的质量及分布状况，反映了土地的生产潜力，使耕地质量状况定量化，制定更加细化、严格的管理保护措施。耕地质量成果运用于永久基本农田的划定和保护中，一方面，能全面掌握永久基本农田的质量等别状况，掌握粮、油、米、蔬生产土地的面积和质量状况，有利于划定不同类型的永久基本农田保护区，保护良田好土，保护永久基本农田，依据耕地质量成果，对达到永久基本农田质量和条件的耕地，将其作为基本农田加以保护，在规划调整时，禁止作为农业结构调整或退耕还林地，优先将其调整划入到永久基本农田中；另一方面，通过耕地质量评价成果，对永久基本农田进行科学规划和管理，可根据土地生产潜力科学测算永久基本农田的产量、产值、建设投入等，对永久基本农田有比较科学的衡量。

（3）在补充耕地数量、质量按等级折算中的应用。在实施耕地占补平衡时，利用耕地质量分等的原则，测算土地生产能力，确保土地综合生产能力不降低，实现耕地在占补平衡过程中质量和数量的平衡，实现真正意义上的"占多少、补多少"。耕地质量综合评定能够反映出区域的自然质量、利用水平和经济效益水平造成的土地生产力水平的差异。在耕地占补平衡补充折算中，耕地数量和质量等级折算需运用耕地质量成果的利用等别，通过作物的产量比系数，将实际产量转换为耕地的单位标准产量，建立利用等别与标准产量的模型关系，进一步确定占、补耕地的质量情况。

（4）在土地整治中的应用。耕地质量评价成果通过对影响土地生产的光照、温度、水分、土壤条件、区域土地利用水平以及经济效益的差异进行空间计算及比较而产生。在土地整治项目中，运用到耕地质量的基础评价方法、评价单元、评价因素、评价权重，以及最终的自然质量等别、利用等别、经济等别等数据。例如，在项目的规划设计或可行性分析报告中，需要依据耕地质量分等成果进行分析，对土地整理前和整理后的质量等别进行详细评估。在土地整理前，项目实施单位根据原有的土地质量等别状况，制订适宜的土地整理等别的目标，采用相对应的工程措施和技术条件，对土地耕作条件、灌溉排水措施、土壤肥力改良等进行整理；在整理后，依据农用地（耕地）分等的评价方法，重新评定整理后的质量情况，确保整理后的土地综合质量等别有所提升，达到土地整治的效果，提升项目工程质量。

(二) 土地利用总体规划

1. 土地利用总体规划原则

（1）全局统筹原则。规划和利用土地资源时，按照不同应用方向，划分为未利用地、建设用地、农用地等类别。在规划之前，注重全局统筹，综合分析土地资源，特别是城乡区域土地资源，必须做好协调工作，紧抓工作要点，科学规划和应用土地。不仅要提升土地利用率，还需要切实保护土地资源，全面维护土地规划科学性与合理性。

（2）绿色发展原则。基于生态理念，合理规划利用土地资源，遵循绿色发展原则，不仅要注重土地资源总量，还需要关注规划质量。加强土地规划质量，加大环境保护力度，以免危害自然环境。全面提升土地利用率，持续开发和利用土地资源。

（3）人本原则。在生态理念中，人本理念属于土地总体规划基础原则。通过土地资源规划，可以为社会生产与生活提供服务，全面提高生活质量。在土地利用规划中，坚持人本原则，规划方案维护基础利益，立足于社会生产与生活，深入分析土地利用需求，优化土地规划方案设计，以此提升土地利用效率，充分发挥出功能性。

2. 土地利用总体规划方法

土地规划方法主要需要注重以下几个方面的内容。

首先，方法的统一。土地总体规划中不可或缺的两大理论体系是空间规划理论和可持续发展理论，土地规划方法的制定也离不开上述理论的综合实施开展，依照理论建立合适的土地规划指标，建立完善的评价体系，采取统一化的标准章程，分派到各个地区实施，各不同地区的土地规划标准都按照统一的章程严格执行。

其次，土地规划的方法方式可以更加多样化。例如，可以采用构建数学模型、利用合理的参数规划、线性规划甚至是选取多目标方案同时进行规划。土地规划的方法很多，重点在于因地制宜，从多角度出发，选取最适合于土地规划区域的规划方式进行规划，找到最好、最完备的处理方式进行土地规划才是总目标。

最后，充分利用现代信息技术。在信息快速膨胀的今天，信息技术的应用早已深入了各个领域行业，土地的规划改革行业也同样不甘落后。在土地规划中，可以利用以往的土地规划数据进行整合，建立一个庞大的土地规划数据库，在后期的土地规划中便可以依据所规划地区地籍数据库，对规划修编及规划管理信息系统做到有效地建立运营，将各规划工作统一协调，整体提高土地利用总体规划的科学性与实效性。

三、资源利用和环境保护政策

（一）水资源利用保护

2022年1月，国家发展和改革委员会、水利部印发《"十四五"水安全保障规划》，针对当前我国治水实际提出总体路线：坚持"节水优先、空间均衡、系统治理、两手发力"的治水思路，统筹发展和安全，以全面提升水安全保障能力为主线，强化水资源刚性约束，加快构建国家水网，加强水生态环境保护，深化水利改革创新，提高水治理现代化水平。零碳金融和水资源保护相结合亟待探索。

1. 国家完善"零碳"融资制度

构建"零碳金融""生态文明"与"资源保护"的有机结合，建立"零碳金融"项目库，以及"零碳金融"评估指标体系，提升评估结果的精准度和透明性。将零碳金融的发展列入政府的计划和绩效评估中,提高零碳金融在水资源保护中的运用。构建完善的多级零碳融资系统,为水资源保护提供支持。

2. 提高能源节约与环境保护的资金投入方式与规模

在生态环境恶化与资源快速消耗的大背景下,国家急需增加"绿色"财政投入,通过价格补贴、财政贴息等多种方式,引导企业降低能源消耗与污染,通过相应的考核制度,提升"绿色"财政资源的分配效率,促进环境与资源的高效利用。

3. 以绿色金融为核心,建立零碳金融监管制度

一方面国家应该尽早制定规范的公司环境信息披露制度,让公司能够在投资者、社会公众和金融机构等市场主体的监督下,公布各种真实、可靠的公司环境信息;另一方面在资金筹集过程中,要对资金筹集过程中的环境进行有效的审核与监督,从而安全有效地推动零碳融资,为水资源保护提供有力的支持。

(二)森林资源利用保护

森林在调节气候、防风固沙等方面具有重要作用,科学开发森林资源还可产生较大的经济价值和社会价值。因此,加强森林资源的保护与管理,有利于实现林业的可持续发展。

1. 森林资源保护与管理的重要性

(1)可实现对森林资源的全面保护。森林资源的开发有利于推动社会经济的发展,在森林资源保护与管理的策略下,要注重森林资源开发的适度性和合理性,兼顾开发和保护两项工作,确保森林资源的可持续发展。森林资源产生的经济价值可增加地方财政收入,地方政府划拨充足的资金用于森林资源的保护与管理,有利于持续提高森林资源保护和管理水平。由此,建立良性循环机制,以森林资源促进经济发展,以经济收益促进森林资源的保护与管理。

(2)有利于森林生态功能的发挥。科学开展森林资源保护与管理工作,有利于森林生态功能的发挥。森林的各种动植物及其生存环境共同组成了相对完整的生态系统,可起到调节森林及周边地区气候的作用。加强森林资源的保护与管理,可有效维持森林生态系统的稳定性,促进森林生态功能的发挥。

2. 森林资源保护与管理

(1)制度层面。①执行限额采伐制度。地方林业部门应进行实地调查,评价当地林业资源状况,据此设定采伐限额指标,严格控制各林区的采伐。限额指标必须合理,采伐应不影响森林的正常功能,且满足林业生产生活的需求。同时林木采伐证在线办理平台,动态管控采伐活动,从源头上制止超限额采伐的行为。②优化采伐审批程序。客观评价林业采伐审批程序的可行性,针对细节进行调整,实行"申请—核查—下发采伐证—开始采伐"的审批流程,有条不紊地开展各项工作。具体而言,要加大审批力度,落实审批责任;规范采伐证的下发方式,确认权属证明的有效性和申请资料的完整性;科学控制采伐审批的最大范围,杜绝无节制的采伐行为。

(2)法律层面。①完善法律法规体系。持续完善法律法规,相关部门应从森林法律法规的现状出发,进行可行性评价,完善不合理之处。同时,征集管护人员的建议,明确森林资源保护与管理的现有成果及难点,在此基础上有针对性地对森林法律法规进行完善。为了防止采伐活动对森林资源的破坏,需要在法规的条款中明确采伐要求、许可数量、采伐方式、采伐后管理等,实现对森林采伐的全面监管。②严厉打击违法行为。林业部门与公安机关应互相配合，重点查处破坏森林资源的违法行为。同时，加大惩处力度，按照法律法规严厉惩处乱砍滥伐等各类破坏森林资源的行为，以起到威慑作用。

（3）管护层面。①加大宣传力度。森林资源保护与管理需要全社会的参与，尤其要防范人为因素引发的森林资源破坏行为，因此，进行相关宣传十分重要。森林在维持生态平衡、调节气候、涵养水源等方面均有重要作用，要通过多种宣传途径，让广大人民群众认识到森林资源的重要性，提高群众保护森林资源的自觉性与主动性。②加强日常管护。根据各地区情况，制定切实可行的森林管护制度。同时，加强动植物保护和森林防火管理工作等。③严格落实管护责任。严格落实森林资源管护责任，强化相关人员的责任意识。采取相应的奖惩措施，将森林资源管护成效与管护人员年度考核、工资发放挂钩，切实提高森林资源管护能力和管护水平。

（三）草原资源利用保护

1. 加强草原环境监测

草原环境监测是保护草原工作中一项十分关键的基础任务，草原监理机构应持续推进国家级草原资源和生态监测及预警机制建立、管理，努力实施全国草原范围、生产水平、生态自然情况及其草原保护和发展效益的监测任务，积极组织全国草原资源调研及普查活动，多角度统筹保护草原资源。

草原监理机构当前正在抓紧建立各级政府草原任务目标责任制，以形成草原保护和建设的合力，在退牧还草的基础上，实施了对已开挖草原退耕还草的项目。另外，还推进了畜牧业生产模式的改变，保障牧区经济架构的调节，实施草原牧民承包运营责任制，激发农牧民保护与发展草原的热情，增设草原围栏、牧区水利等基建项目投资，稳固与提升草原生产水平。逐步优化基础草原保护、草畜均衡、禁牧休牧及轮牧机制，使需要依赖草原工作生活的人更加爱惜草原、保护草原、建设草原。

2. 制定草原开垦与治理方法

草原资源涉及较多具备良好效益的产物，所以，草原资源属于一个较大的生态保护库，其中，包括大量珍贵的中草药、矿物及自然产物，例如，肉苁蓉药用价值高，寄生于梭梭树根下。大范围栽种梭梭树可以起到防风固沙作用，但伴随人类大力采摘肉苁蓉，毁坏性的采摘方法破坏了梭梭树根部，造成草原荒漠化进度不断加快。

对于草原生态环境问题，全面调研草原环境，监测草原总数、退化状况等，和科研院所合作，提出草原治理对策。例如，经过策划畜牧业来维护草原；引入优质草种种植，使受损的草原区域能够逐步复原；针对荒漠化比较严重的地方，通过栽植树木与草皮的途径慢慢治理；积极创建草原保护设施，针对部分水利条件不好的地方兴修水利工程，促进补充灌溉，迅速复原草原环境。

四、农业生产管理政策

（一）农作物种植管理政策

作物种植政策是指政府制定的与农业种植相关的法规、措施和政策。这些政策旨在促进农业生产发展，保障粮食安全，调整农业结构，推动农业现代化，提高种植业的生产效益和竞争力，促进农民增收。

作物种植政策通常包括以下几个方面的内容。

1. 优惠政策

包括减免或免收农业相关税费，提供农资补贴和贷款优惠等，降低农民种植成本。

2. 种植补贴

向农民提供种植补贴，鼓励他们种植某些农作物，以确保农产品供应的稳定和市场价格的合理。

3. 农业保险

建立农业保险体系，保障农民的种植风险。政府可以为农民提供农业保险补贴，降低农业风险带来的经济损失。

4. 农业技术支持

投入资金和人力资源，开展农业技术研究和推广，提高农作物的生产力和品质，推动农业科技进步。

5. 土地政策

对土地使用进行规划和管理，调整农业用地结构，促进农业集约化和可持续发展。

6. 种植结构调整

根据市场需求和资源优势，引导农民调整作物结构，提高农产品的品质和附加值。

7. 全程管理和监管

加强对农作物种植全过程的管理和监督，确保农产品的质量安全，维护农民和消费者的权益。作物种植政策的制定与推广可以促进农业产业的良性发展，提高农业生产效益和农民收入水平，保障粮食安全，提升农业的可持续发展水平。

（二）农业投入品管理政策

2022年，农业农村部印发《"十四五"全国农产品质量安全提升规划》，将实施全链条监管中的加强投入品监管列为重点工作内容。

1. 加强投入品宏观调控，坚守质量安全底线

（1）合理规划生产，推行绿色防控。以上海水稻生产为例，上海农业农村主管部门制定水稻绿色防控规程，通过生态调控、物理防治、生物防治等措施，精准布局，确保生产达到绿色食品要求。病虫害防治坚持"预防为主，防治结合"的原则。肥料的施用坚持以安全优质、化肥减控、有机肥为主原则，以土地可持续发展为宗旨，在保障植物营养有效供给的基础上减少化肥用量，兼顾施肥过程中的元素比例平衡，无机氮素用量不得高于当季作物需求量的一半。配合种植绿肥、秸秆还田深翻土壤等技术，提高有机质含量，增强农作物的抗逆性能。通过合理规划生产，推行绿色防控，实现投入品使用安全。

（2）提升信息化水平，强化全程可追溯。不断推进农业信息化建设，通过开发"农产品安全监管"平台，实现投入品使用全程可查，有效强化绿色食品检查和监管工作。以往的纸质投入品使用档案记录需要生产者以诚信自我约束，互联网平台的开发实现了"用数据说话，用数据管理"，极大地减少了绿色食品生产者滥用投入品、伪造不实信息的可能。通过加强日常监管，核实生产者平台使用情况，绿色食品检查员、监管员可随时随地核查生产者投入品的购买、使用、登记是否符合规定要求，确保了投入品环节的全程可控。

2. 推进绿色生产资料认定，保障绿色投入品供给

绿色食品生产资料是绿色食品产业体系的重要组成部分，是绿色食品产品质量的物质技术保障。优于国家标准的绿色食品标准体系对绿色生资的使用原则、种类和使用规定作出了具体要求，这在一定程度上拔高了绿色生资的认定起点，通过设置严格的准入门槛，将有毒有害、有风险隐患的原料排除在外，从源头上保证了绿色生资产品的安全优质与绿色环保。申请绿色生资的产品，一是必须符合绿色食品投入品标准要求，经中国绿色食品协会审查许可；二是产品要有利于保护和促进使用对象的生长，提高使用对象品质，不造成使用对象生产和积累有害物质，不影响人体健康；三是生产过程符合环保要求，对生态环境无不良影响；四是对有争议的技术持谨慎态度，禁止转基因和以转基因原料加工的产品。绿色食品生产资料企业的发展，为保障绿色食品产品质量、保护农业生态环境提供了更好的物质条件，绿色生资产品表现出显著的环境友好特点具有更好的生态效应。目前，我国获得生产资料企业逐年增多，产品数量不断增加，但仍然不能满足我国农业产业绿色发展的生产需要。如绿色食品畜牧业与渔业的发展，离不开绿色饲料生资的提供，但由于饲料原料豆粕目前多为转基因原料，非转基因豆粕产量有限，极大地阻碍了饲料企业向绿色生资方向发展。

（三）粮油稳产保供政策

1. 优化种植规划与布局

（1）开展区域资源评估。组织农业专家和相关部门对不同地区的气候条件、土壤特性、水资源状况等进行全面深入的评估。根据评估结果，明确各区域适宜种植的粮油作物种类。例如，对于气候温暖、水资源丰富且土壤肥沃的地区，可以优先规划种植水稻等需水量较大的作物；而在干旱少雨、土壤较为贫瘠的地区，则适宜安排种植耐旱的玉米、高粱等作物。通过精准的区域资源评估，实现粮油种植的科学布局，提高土地利用效率和产出效益。

（2）制订动态种植计划。建立粮油市场监测机制，密切关注国内外粮油市场的供求变化、价格波动以及消费趋势。根据市场动态，及时调整种植计划。当某种粮油产品市场需求旺盛、价格上涨时，适当扩大该作物的种植面积；反之，若市场供过于求、价格下跌，则减少种植面积，引导农民合理调整种植结构。同时，结合国家粮食安全战略需求，确保主要粮食作物的种植面积保持在一定的稳定水平，以保障国家粮食安全的基本需求。

（3）推进特色粮油产业发展。挖掘各地的特色粮油资源，积极培育和发展具有地域特色的优质粮油产品。例如，某些地区的土壤富含特定的微量元素，可以大力发展富硒大米、富锌小麦等特色粮油种植；一些具有传统优势的粮油品种，如某地的特色小杂粮等，可以进行品牌化打造和推广。通过发展特色粮油产业，提高产品附加值，增加农民收入，同时丰富市场上的粮油产品种类，满足消费者多样化的需求。

2. 加强农田基础设施建设

（1）提升水利设施效能。加大对农田水利设施建设的投入力度，对老旧灌溉渠道进行修复和改造，提高灌溉水的利用效率。建设现代化的灌溉系统，如喷灌、滴灌等高效节水灌溉设施，根据不同作物的需水特性进行精准灌溉，减少水资源浪费。在山区和丘陵地区，因地制宜地修建小型水利工程，如蓄水池、塘坝等，收集雨水和地表水用于灌溉。加强对水利设施的日常维护和管理，建立健全水利设施管理机制，明确管理责任，确保水利

设施在粮油生产关键时期能够正常运行。

（2）改善农田交通条件。制定农田道路建设规划，将农田道路建设与农村交通基础设施建设相结合，形成互联互通的农田交通网络。拓宽和硬化田间道路，确保农业机械和运输车辆能够顺畅通行。在道路两侧设置排水设施，防止雨水冲刷对道路造成损坏。加强对农田道路的维护和管理，及时清理道路上的杂物和障碍物，确保道路安全畅通。良好的农田交通条件不仅有利于农业机械的作业和农产品的运输，还能提高农业生产的效率和效益。

（3）强化农田防护设施建设。在易受自然灾害影响的地区，加强农田防护设施建设，如修建防护林带、防洪堤等。防护林带可以起到防风固沙、调节气候、减少水土流失的作用，为粮油作物的生长创造良好的生态环境。防洪堤可以有效抵御洪水灾害，保护农田免受洪水侵袭。同时，加强对农田防护设施的维护和管理，定期检查和修复防护设施，确保其在自然灾害发生时能够发挥应有的防护作用。

3. 国家支持政策

（1）财政支持。①补贴投入。政府为鼓励粮油生产，向种植户提供直接补贴，包括粮食直补、良种补贴、农资综合补贴等，降低农民的种植成本，提高种植积极性。②农业科技研发资金。拨付专项资金支持粮油作物新品种培育、高效栽培技术研发、病虫害防治技术研究等，推动粮油生产的科技进步，提高单产和品质。

（2）政策扶持。①土地政策。严格保护耕地，确保粮油种植面积稳定。实行耕地占补平衡政策，保证补充耕地的质量与数量。鼓励土地流转，促进粮油生产规模化经营。②产业政策。制定优惠政策，扶持粮油加工企业发展，提高粮油加工能力和产品附加值。支持粮油产业园区建设，推动粮油产业集聚发展。③保险政策。推行粮油作物农业保险，降低农民因自然灾害、病虫害等风险造成的损失。提高保险赔付标准，增强农民的抗风险能力。

第二节 农业相关法律法规

一、农业绿色发展法律法规

（一）种子产业法规

1. 完善种子产业政策立法的必要性

完善种子产业政策立法有利于我国当前种子产业和农业产业的发展。近年来，我国城市化进程不断加速的同时，生态环境也以惊人的速度不断在恶化，其中非常显著的变化就是农村的耕地面积遭到破坏，逐步缩减。然而在种子产量不断提升的基础上，我国农业生产量依旧在稳步前进，各种农产品的产量不断提升，极大地促进了农业生产的发展。我国农业用种安全是有保障的，风险也是可控的。当前我国农作物特别是粮食的种子都能靠自己解决，目前，我国自主选育的品种种植的面积占到95%以上，做到了中国粮用中国种。猪牛羊等畜禽、部分的水产种源立足国内有保障，我国现在畜禽、水产的核心种源自给率分别达到了75%和85%，这些都为我国粮食和重要农副产品的稳产保供提供了关键保障和支撑。与国际的先进水平相比较，我国种业发展还有不少的不适应性和短板弱项，迫切需要下功夫来解决。

完善种子产业政策立法有助于保障我国的农业和粮食安全。习近平总书记在2022年中央农村工作会议上强调，保障粮食和重要农产品稳定安全供给始终是建设农业强国的头等大事。当前和今后一个时期，保障粮食和重要农产品供给安全形势复杂严峻，压力和挑战越来越大，丝毫不能放松。确保国家的农业和粮食安全，必须完善种子产业支持和保护的制度，加强对于种子产业市场的监督，有效预防种子产业市场可能会出现的各种不安全和不稳定因素，最大限度上保障国家的农业安全。

完善种子产业政策立法有助于维护和保障农民的合法权益。在当前种子产业市场中，农民的合法权益经常得不到保障，侵权纠纷频频发生，数不胜数，而且当前农民权益救助机制也不完善。农民在购买种子的过程中，对于种子的产品基本信息、产品特性都具有知情权，对于品种的选择也具有选择权，在权益受到侵犯时，相关执法部门也应维护农民的合法权益，对于侵权主体进行相应惩戒。

2. 我国种子产业政策完善建议

（1）完善种子知识产权法律保护体系。建议在刑法中引进专门的罪名加强对于植物新品种的保护。当前，我国刑法中尚无专门的针对种子知识产权犯罪的罪名，因而在司法实践中，追究此类犯罪时尚需结合其他罪名和其他法律法规来确定。诸如生产销售伪劣产品罪、假冒注册商标罪、非法经营罪等。

在这种背景下，只能使用较为相似的罪名，难以非常精准判定合适的刑罚，多套法律法规配合使用也会降低司法效率。应制定专门的种子类知识产权侵权的罪名，对于侵权人、侵权行为的刑事处罚应该加大，使侵权行为人的违法成本加大。

我国现行的《中华人民共和国专利法》和《专利审查指南》不认可动植物新品种专利权，而是采取对其品种权的保护，但是易出现品种同质化、育种者权益遭受侵害等问题。《中华人民共和国专利法》不保护动物和植物本身，是因为动植物包括种子是具有生命力的，随时会生长会发生变化。如果《中华人民共和国专利法》对其予以保护，一旦发生变化，原有的权利也将发生变化。因此，目前看来《中华人民共和国专利法》对于种子知识产权的保护是比较有限的。《中华人民共和国植物新品种保护条例》看似更为适宜，但是内容尚且不算全面和细致。我国虽然具有生命力的种子本身无法作为专利的保护对象，但是其中涉及的种子基因片段、提取制造方法、育种方法等尚可以作为专利的保护对象，《中华人民共和国专利法》中可考虑将其进一步细化入法。此外，探索提高《中华人民共和国植物新品种保护条例》的法律位阶的可能性，将条例入法，完善配套的行政法规及规章。

加强对种子商业秘密的保护。种子在培育、生产、销售等多个环节都会涉及商业秘密，如育种的方法和流程、育种的材料、品种规模等。我国目前保护商业秘密主要通过《中华人民共和国反不正当竞争法》，但是其规制的对象仅是经营者，不涉及其他对象，具有一定局限性。一个人即便不是经营者，同样也可能发生侵犯商业秘密的行为。企业内部应该结合自身的特点，加强监管。最基本的是应该制定本公司商业秘密数据库，进行科学管理；同时还要配有相应的商业秘密管理规章制度，对相关涉密人员进行约束，并且应该体现在入职的劳动合同中。此外，还应该加强员工的保密意识，做好公司内部风险控制，加强风险控制建设，将可能发生的风险和损失降到最低。

提升种子知识产权保护意识和监管力度。政府部门应加强知识产权普法与教育，提高农民的法律意识。造假、售假的种子违法行为之所以屡禁不止,是因为有利可图,农民大批量购买,由此销量可观。因此,应当加强对广大农民的知识产权普法教育,提高防范假冒伪劣产品的意识。引导农民通过正规的渠道购买种子,不可为了贪图便宜就通过无正规手续的商家购买。在购买时应该注意检查种子商品的外包装,是否有防伪标识和品种审定编号。行政执法机关应该严格执法,严厉打击种子侵权和制假、售假的行为。

执法人员要定期培训,对于品种权的授权情况要全面掌握,对于种子市场要定期抽查,检查企业是否通过正规的渠道进货、生产或者经营的过程中是否手续完备。一旦发现假冒和侵权的情况,要秉公执法,若涉嫌刑事犯罪,要及时移送公安机关。

(2) 健全市场行业组织。种子行业协会是种子行业市场主体与政府之间的联系纽带,其组建宗旨是为了规范行业的基本秩序,分享行业信息,促进行业健康持续发展。种子协会作为民间组织,其产生和发展反映了种子行业自我服务、监督、协调和保护的要求。种子协会在行业管理上发挥着举足轻重的作用,政府应该给予更大力度的支持,完善农业种子市场管理体制。

首先,各级政府对于尚处在发展初期的种子行业协会应该给予财政扶持。如可以采取创办初期费用由政府资助,后续再逐渐自力更生。我国目前种子市场体系发展不完善,种子行业协会自我供养能力不足,还有很多种子协会处于发展的初期阶段,自我独立运行能力差,主要经费还有赖于政府财政,政府的资金支持对于种子协会的发展十分重要,是现阶段种子协会发展的重要条件。只有在经费得到保障的前提下,种子协会才可以更好地为种子行业提供有价值的信息、定期开展行业活动、发挥桥梁的纽带作用,更好地为我国种子行业的发展贡献力量。

其次,明确自身的职责,强化服务意识。让种子协会成为一个独立的、自治的民间组织,公平公正地处理组织内部和本行业事务,能够在行业监管上拥有更多的职权,时刻秉持服务于行业的观念,凭借良好的服务来获得行业和社会的一致认可。政府也可将部分职权交给行业组织,使其发挥社会中间层的积极作用,通过行使公共权力来完善市场监管。

最后,要统一我国种子行业协会的组织构建。目前,我国种业行业协会的组织结构不清晰,除了中国种子协会和中国种子贸易协会这两个国家级的组织以外,各个地方还有地方级别的种子协会,以及企业和农民自发成立的种子协会。种子协会多且杂,应该以中国种子协会为核心,再往下设立分会,进行统一管理。同时,应该改变过去的行业协会的不良状况,建立以种子行业协会为核心的种子质量标准机构、质量检测机构、种子市场信息收集共享机构、种子市场评估机构。

(3) 健全种子市场监管主体制度。一是保障农业农村主管部门的执法地位。因为种子具有商品属性,所以理论上来讲市场监督管理部门也是可以参与种子市场的监管与执法工作的,但是由此产生的后果就是容易形成重复执法的局面。不少单位以创收为目的来征收罚款,争抢执法权,长此以往,导致行政效率低下。因此在法律上应该明确农业农村主管部门是执法主力,而市场监督管理部门仅应该作为辅助,明确分工,保障农业农村行政主管部门的执法地位。二是需要提高执法人员的素质。我国机关单位工作人员众多,种子产业执法主体专业素质参差不齐,很多都是非专业人员,不具备种子市场监管所需要的农业和种子相关的专业知识以及技能。机关单位内部应该定期对种子执法人员进行专业培训,涉及专业技术知识的系统培训和相关法律法规知识的培训,并且要纳入考核,提高执法人员的专业水平和执法能力。三是要加大违法成本。我国种子市场目前主要是通过是否审定来评估种子的合法性的,如果是已经拥有合法的品种审定号的品种,就算是后续种子出现了质量问题,由于缺乏追究责任的法律依据,也很难追究种子的质量问题。因此对于承担法律责任主体应该进一步明确,当种子出现质量问题时,企业应当承担责任,不仅是民事责任,情节严重时还要承担相应的刑事责任,通过法律的威慑力来督促种子市场主体合法合规经营。

(4)建立消费者种子市场监管的长效利益机制。一是要减少因为信息不对称而造成消费者的利益损失。种子的消费者以普通农民为主,农民普遍较为缺乏法律意识和维权意识,在种子产业市场中在维权和信息获取方面都处于相对弱势的地位。因此要保障消费者的知情权和公平交易权,对于侵犯消费者合法权益的行为要进行处罚,对于消费者的投诉和举报要及时受理。二是要建立消费者市场监督的利益驱动机制。消费者是市场经济中的弱势群体,面对侵权现象时,维权路上会遇到重重困难,同时也要考虑自己投入的时间及金钱成本和最后假如维权成功能够获得的收益,尤其是对抗业内知名的大企业时,难度更加突出,所以政府要建立利益驱动机制,通过利益来引导消费者的行为,进而提高消费者监管的动力。要消除信息不对称所产生的不良影响,最重要的就是要提高行业信息的透明度,促进消费者有能力并且主动进行监督,民事诉讼中对于消费者的赔偿应该适度提高,鼓励消费者进行正当维权。三是要建立消费者市场监督的利益保障机制。无论是法定的对于消费者权利的保护,还是建立相应的利益驱动机制,都具有统一目的,为的是最终在消费者的利益受到损害时,能够保护其利益,建立利益保障机制、企业赔偿和国家救助的最终目的都是让消费者的利益能够得到保障,让消费者能够对市场起到监管的作用。

(二)肥料登记管理办法

肥料是农业生产中十分重要的必需品,对肥料登记进行合理管理和严格把控,能够有效保障农作物的产量和质量。随着《肥料登记管理办法》的颁布,各地区也开始重视肥料管理。肥料使用量的多少不仅关系农民辛苦劳作的收益,也关乎人们的饮食安全。因此,应维护肥料产业的健康发展,加强农业肥料的管理,坚决抵制劣质肥料。

1. 加强农业肥料登记管理的意义和重要性

(1)使农作物科学生长,达到高产优质的目的。农业肥料登记管理的目的是保障肥料的质量和安全性,使农业各部门和农民能够正确使用肥料。通过肥料的登记处理,可以明确分辨出各种肥料的适用环境和适用范围,肥料在使用过程中若出现问题能够及时得到解决。如果不实行登记管理,肥料的使用就较为混乱,且在出现问题后无从查证,不仅会对农作物生长造成影响,同时还会影响我国农业的发展。因此,正确的登记管理是将混乱的使用方式条理化,从而保障利益的最大化,让农作物可以在科学的培育环境下生长,使农作物的产量随之提高。

加强农业肥料登记管理后,各个企业和生产厂家会更加重视肥料的配比,并根据不同农作物以及不同生长地区,对肥料进行合理划分。肥料登记可以明确展示出肥料的使用效果,有助于使用者将多个肥料进行混合,进而有效促进农作物生长。此外,农户还可以通过查看肥料登记了解植物的不同阶段所需要的肥料种类,并了解到肥料中的何种元素适合现阶段的植物生长,不仅能有效促进农业发展,而且大大节省了人力消耗,让农业管理更加便捷。

（2）减少肥料对环境的污染。如果肥料配比不科学或是在不清楚使用条件的情况下播撒肥料，不仅会影响植物的健康生长，还会因为营养元素过多而改变土壤原本的结构和理化性质，导致土壤质量下降，因此，肥料的质量至关重要。而加强肥料登记管理后，会大大降低假冒劣质肥料生产的概率，进而减少劣质肥料对植物的损害。与此同时，优质肥料分解出的物质也不会对土壤环境和空气造成污染，更不会使植物易感病或受害虫侵害，因此，加强肥料登记管理也加强了环境保护。

（3）使肥料市场更加规范。在企业生产和配比肥料的过程中，难免会出现一些黑心商家想要从中牟取暴利，使肥料质量大打折扣。而加强肥料登记管理就为每个企业敲响了警钟，使生产商严格把控肥料的质量和安全性，并不断改进配比出更加实用和优质的肥料。加强肥料登记管理，规范肥料生产市场，促使企业不断提高生产管理条件、质量控制能力和产品质量水平，促进肥料产业又好又快发展。

2. 农业肥料登记管理工作改进建议

（1）提高管理人员能力，依法对登记材料进行审批。在实施农业肥料登记管理的过程中，管理人员和审批人员应该做到层层严格把关，不能出现越权审批的现象，每个岗位负责人都应该尽职尽责地履行自己的工作义务。相关部门对于负责登记管理的员工应定期开展培训和抽查。在审核过程中一定要做到分级负责，在审批时要严格遵守《中华人民共和国行政许可法》和《肥料登记管理办法》，认真细致做好每个登记审批，从源头保障肥料品质。

（2）加强市场审查，规范市场环境。除加强农业肥料登记的内部管理外，市场的规范也不容忽视。对于农业肥料的供应商和销售商应进行审核，避免肥料市场出现不合法经营或售卖情况。对于那些夸大其词宣传肥料功效和作用的厂家，应该予以警告，并且要求撤回虚假广告，保障肥料使用的科学性和合理性。相关部门应定期检查肥料市场，宣传肥料的科学使用方法，提高肥料生产、销售环节的规范性，加强使用者的自我保护意识，确保农民的利益不受侵害，保障了植物健康生长。各部门规范处理条例，建立完善的肥料登记管理机制。

二、农村经济组织管理法律法规

（一）农村集体经济组织管理法律法规

随着农村集体林权制度改革的基本完成，新型农村集体经济组织已经在全国范围内普遍建立，而且这些农村集体经济组织基本取得了特别法人资格。2024年6月28日，《中华人民共和国农村集体经济组织法》经第十四届全国人民代表大会常务委员会第十次会议通过，这标志着农村集体经济组织法的制定工作走上了快车道。

1. 体现四方面重要意义

制定《中华人民共和国农村集体经济组织法》，有利于以立法的方式促进宪法实施，巩固农村集体林权制度改革的成果，促进新型农村集体经济高质量发展，对于巩固完善社会主义基本经济制度和农村基本经营制度，对于维护好广大农民群众根本利益、实现共同富裕等具有重要意义。此次《中华人民共和国农村集体经济组织法》具有四方面重要意义。

一是制定《中华人民共和国农村集体经济组织法》有利于巩固社会主义公有制、巩固和完善社会主义基本经济制度和完善农村基本经营制度。农村集体经济组织依照宪法的规定，实行家庭承包经营为基础、统分结合的双层经营体制，是维护农村土地集体所有、落实农村基本经营制度的重要组织保障。在坚持家庭承包经营基础性地位、调动广大农民积极性的同时，强调要充分发挥好农村集体经济组织的功能作用，为进一步巩固农村土地集体所有制、巩固和完善农村基本经营制度提供法治保障。

二是制定《中华人民共和国农村集体经济组织法》有利于维护广大农民群众根本利益、实现共同富裕。实现好、维护好、发展好广大农民群众的根本利益是"三农"工作的出发点和落脚点。打赢脱贫攻坚战，农村集体经济组织在基层党组织领导下发挥了重要作用。在新时代实现共同富裕，最艰巨的任务是如何更快地提高广大农民的富裕程度，这同样离不开农村集体经济组织。制定《中华人民共和国农村集体经济组织法》，明晰农村集体经济组织成员的权利义务和成员确认规则，规范农村集体财产的经营管理和收益分配制度，依法保护农民的土地承包经营权、宅基地使用权、集体收益分配权等财产权益，有利于推动构建归属清晰、权能完整、流转顺畅、保护严格的农村集体林权制度，形成既体现集体组织优越性又调动农民个体积极性的农村集体经济运行新机制，有利于让广大农民分享改革发展成果，促进农民共同富裕。

三是制定《中华人民共和国农村集体经济组织法》有利于为健全农村治理体系、巩固党在农村的执政基础提供支撑和保障。农村集体经济组织是参与乡村治理的重要主体。随着城镇化推进和集体经济发展壮大，农民对公共服务和公益事业的需求会不断增加，在当前公共财政还难以全面覆盖农村的情况下，农村集体经济是支持农村公共事务和公益事业发展的有益补充。通过立法，促进新型农村集体经济发展，为农村社会事业发展提供支持。同时，从法律制度上规范农村集体经济组织运行管理，健全其法人治理结构，确保农村集体经济组织成员的知情权、参与权、表达权、监督权，有利于防止集体经济组织内部被少数人控制和外部资本侵占的现象，有利于妥善处理各种利益关系和社会矛盾，为推进城乡协调发展，健全乡村治理体系，巩固党在农村的执政基础提供重要支撑和保障。

四是制定《中华人民共和国农村集体经济组织法》对《中华人民共和国宪法》实施具有重要意义。《中华人民共和国宪法》规定，农村集体经济组织实行以家庭承包经营为基础、统分结合的双层经营体制；集体经济组织在遵守有关法律的前提下，有独立进行经济活动的自主权；集体经济组织实行民主管理，依照法律规定选举和罢免管理人员，决定经营管理的重大问题；国家保护城乡集体经济组织的合法的权力和利益，鼓励、指导和帮助集体经济的发展。《中华人民共和国民法典》明确农村集体经济组织是特别法人。《中华人民共和国农村集体经济组织法》贯彻宪法关于农村集体经济组织的规定、原则和精神，突出体现农村集体经济组织作为我国社会主义基本经济制度重要主体的属性特征，合理规范农村集体经济组织的运行管理，促进宪法实施。同时，《中华人民共和国农村集体经济组织法》也具体落实了《中华人民共和国民法典》关于农村集体经济组织是特别法人的规定，有利于民法典的贯彻落实。

2. 包含七大主要内容

《中华人民共和国农村集体经济组织法》共八章，依次为总则、成员、组织登记、组织机构、财产经营管理和收益分配、扶持措施、争议的解决和法律责任、附则，共67条，主要内容如下。

一是明确了农村集体经济组织的法律地位、组织原则、职能职责、特别法人地位、监管部门等。

二是吸收农村集体产权制度改革成果，参考司法实践和地方立法，明确了农村集体经济组织成员的定义、确认、退出及丧失规则，同时规定了农村集体经济组织成员的权利义务。

三是规定了农村集体经济组织的登记、合并、分立等事项。

四是规范了农村集体经济组织的组织机构。明确了农村集体经济组织成员大会、成员代表大会和理事会、监事会的组成、职权、议事规则和决策程序等，从法律制度上健全农村集体经济组织内部治理机制，保障农村集体经济组织运行顺畅，实现民主管理、民主决策。

五是规定了农村集体经济组织的财产经营管理和收益分配制度。明确了集体财产的主要范围，根据相关法律规定和农村集体林权制度改革实践经验，确定了对集体资源性财产、经营性财产、非经营性财产分别依法进行管理的原则，确定了集体收益分配的原则和顺序，明确集体经营性财产的收益权可以量化到成员，作为参与集体收益分配的基本依据，还对农村集体经济组织发展新型农村集体经济的途径，建立财务会计、财务公开、财务报告制度及审计监督等作了规定。

六是规定了扶持措施。从财政、税收、金融、土地、人才支持等方面，对扶持农村集体经济组织的政策措施作了原则规定。

七是明确了争议解决机制和法律责任。规定了农村集体经济组织内部争议的解决途径，明确了成员撤销诉讼制度，建立了成员代位诉讼制度，规定了相关违法行为的法律责任。

3. 三大亮点

（1）规范成员确认等成员身份权益保护问题。农村集体经济组织的成员确认等成员身份权益保护问题是《中华人民共和国农村集体经济组织法》立法过程中的重点问题，受到广泛关注。经认真研究，反复修改完善，《中华人民共和国农村集体经济组织法》从多个方面对上述问题做了系统性规定，以保障农村集体经济组织成员身份方面的合法权益。

一是明确了成员定义和成员确认规则。该法对成员定义作出科学、合理的界定，并明确农村集体经济组织依据成员定义的规定确认农村集体经济组织成员，避免因较为宽泛、弹性的规定可能导致成员确认的条件不够清楚明确；明确因成员生育而增加的人员，农村集体经济组织应当确认为农村集体经济组织成员，因成员结婚、收养或者因政策性移民而增加的人员，农村集体经济组织一般应当确认为农村集体经济组织成员；明确规定，确认农村集体经济组织成员不得违反本法和其他法律法规的规定；授权省、自治区、直辖市人民代表大会及其常务委员会可以根据《中华人民共和国农村集体经济组织法》，结合本行政区域实际情况，对农村集体经济组织的成员确认作出具体规定。

二是完善了对成员确认的监督和救济措施。突出加强农村基层党组织的领导。明确成员的确认等需由成员大会审议决定的重要事项，应当先经乡镇党委、街道党工委或者村党组织研究讨论。加强政府监管。规定农村集体经济组织成员名册和农村集体经济组织章程应当报乡镇人民政府、街道办事处和县级人民政府农业农村主管部门备案。农村集体经济组织章程或者农村集体经济组织成员大会、成员代表大会所作的决定违反本法或者其他法律法规规定的，由乡镇人民政府、街道办事处或者县级人民政府农业农村主管部门责令限期改正。同时还明确地方人民政府及其有关部门未依法履行相应监管职责的，由上级人民政府责令限期改正；情节严重的，依法追究相关责任人员的法律责任。规定完善的权利救济途径。明确对确认农村集体经济组织成员身份有异议的，当事人可以请求乡镇人民政府、街道办事处或者县级人民政府农业农村主管部门调解解决；不愿调解或者调解不成的，可以向农村土地承包仲裁机构申请仲裁，也可以直接向人民法院提起诉讼。

三是明确施行前农村集体经济组织开展农村集体产权制度改革时已经被确认的成员，施行后不需要重新确认，以利于此前未被依法确认为成员的当事人依据本法进行维权。

（2）对妇女权益保护问题作了专门规定。一是明确妇女享有与男子平等的权利，不得以妇女未婚、结婚、离婚、丧偶、户无男性等为由，侵害妇女在农村集体经济组织中的各项权益。二是与妇女权益保障法相衔接，规定了检察公益诉讼制度，明确确认农村集体经济组织成员身份时侵害妇女合法权益，导致社会公共利益受损的，检察机关可以发出检察建议或者依法提起公益诉讼。此外，《中华人民共和国农村集体经济组织法》的其他一些规则也有利于保护妇女的成员身份权益。例如，《中华人民共和国农村集体经济组织法》规定，农村集体经济组织成员不因离婚、丧偶等原因而丧失成员身份。又如，根据《中华人民共和国农村集体经济组织法》规定，农村集体经济组织成员结婚，只要是未取得其他农村集体经济组织成员身份的，原农村集体经济组织都不得取消其成员身份。

（3）对公务员丧失农村集体经济组织成员身份问题作了规定。国家立法宜保持适当的包容性，不对事业单位工作人员、国有企业员工丧失成员身份问题在法律上作统一规定，根据《中华人民共和国农村集体经济组织法》第十七条第一款第五项的授权，可以由地方立法或者农村集体经济组织章程根据实际情况确定。

此外，根据《中华人民共和国公务员法》的规定，聘任制公务员的聘任合同期限为1~5年，与一般公务员存在较大差别，不宜从法律上规定聘任制公务员一概丧失农村集体经济组织成员身份，因此《中华人民共和国农村集体经济组织法》对此类公务员作了与一般公务员不同的制度安排，与事业单位工作人员、国有企业员工等人员一样，是否丧失成员身份，法律不作统一规定，根据《中华人民共和国农村集体经济组织法》第十七条第一款第五项的授权，可以由地方立法或者农村集体经济组织章程根据实际情况确定。

（二）农村农民合作社管理法规

农民专业合作社作为农村经济发展制度之一，是近年来国家高度重视的一项助农惠农兴农措施。农民专业合作社在巩固拓展脱贫攻坚成果、确保粮食安全、实现农业农村现代化方面仍然大有可为。特别是农民专业合作社作为联合弱势群体，帮助贫困群众脱贫致富的一个长效机制，在促进农村经济发展、提升农民收入水平上将持续发挥作用。

1. 农民专业合作社的法律定位及特征

《中华人民共和国农民专业合作社法》第二条规定，"本法所称农民专业合作社，是指在农村家庭承包经营基础上，农产品的生产经营者或者农业生产经营服务的提供者、利用者，自愿联合、民主管理的互助性经济组织"。同时，《江西省农民专业合作社条例》第二条第二款规定，"本条例所称农民专业合作社，是在农村家庭承包经营基础上，同类农产品的生产经营者或者同类农业生产经营服务的提供者、利用者，自愿联合、民主管理的互助性经济组织"。因此，可以看出农民专业合作社具有"人合性""组织性"和"专业性"，与过去的合作化生产方式以及现代的公司化生产方式有着很大的不同，既不能将其视为家庭式"小作坊"鲜少加以管理，任由其发展；又不能将其视为公司，用公司法的理论、资本多数决定的理念去加以约束。

事实上，农民专业合作社是在家庭联产承包制的基础上，为适应市场经济需求，推动现代农业发展而兴起的一种新型的专业化农业生产经营经济组织。其具有以下基本特征。

(1) 具有独立的法人资格，合法权益受法律保护。《中华人民共和国农民专业合作社法》第五条规定，"农民专业合作社依照本法登记，取得法人资格。农民专业合作社对由成员出资、公积金、国家财政直接补助、他人捐赠以及合法取得的其他资产所形成的财产，享有占有、使用和处分的权利，并以上述财产对债务承担责任。"第七条规定，"国家保障农民专业合作社享有与其他市场主体平等的法律地位。国家保护农民专业合作社及其成员的合法权益，任何单位和个人不得侵犯"。由此可知，农民专业合作社是以自己的名义对外从事生产经营活动，具有独立的民事主体资格，与其他市场主体一样，其合法权益受到法律的同等保护。

(2) 经营业务范围限定为农业，不允许挂羊头卖狗肉。《中华人民共和国农民专业合作社法》第三条规定，"农民专业合作社以其成员为主要服务对象，开展以下一种或者多种业务：(一) 农业生产资料的购买、使用；(二) 农产品的生产、销售、加工、运输、贮藏及其他相关服务；(三) 农村民间工艺及制品、休闲农业和乡村旅游资源的开发经营等；(四) 与农业生产经营有关的技术、信息、设施建设运营等服务"。《江西省农民专业合作社条例》第八条规定，"同类农产品的生产经营者或者同类农业生产经营服务的提供者、利用者，自愿联合从事下列活动，可以申请设立农民专业合作社：(一) 种植业、林果业、畜禽养殖业和水产养殖业；(二) 农产品销售、加工、储藏和运输；(三) 农业技术服务；(四) 农村公共供水服务；(五) 农业机械作业服务；(六) 生态旅游和乡村民俗旅游；(七) 农村家庭手工业；(八) 其他农业生产和经营服务活动"。同时，在乡村振兴、推动"三农"发展的大背景下，国家给予农民专业合作社发展较多的扶持与便利，但也要求农民专业合作社的经营范围只能限于与农业相关的生产、经营和服务等。

(3) 合作社对外以自己财产承担责任，成员对合作社承担有限责任。《中华人民共和国农民专业合作社法》第六条规定，"农民专业合作社成员以其账户内记载的出资额和公积金份额为限对农民专业合作社承担责任"。由此可见，农民专业合作社的财产与其成员的财产相互独立，两者之间设立了一道防火墙。结合前述，农民专业合作社对外以合作社自己的财产对外承担法律责任；而其成员以其账户内记载的出资额和公积金份额为限对农民专业合作社承担有限的法律责任，这也在很大程度上解决了成员进入合作社的后顾之忧。

(4) 成员以农民为主体，同时可引入其他公民、企业及组织。《中华人民共和国农民专业合作社法》第四条规定，农民专业合作社应当遵循"成员以农民为主体"的原则；第十九条规定，"具有民事行为能力的公民，以及从事与农民专业合作社业务直接有关的生产经营活动的企业、事业单位或者社会组织，能够利用农民专业合作社提供的服务，承认并遵守农民专业合作社章程，履行章程规定的入社手续的，可以成为农民专业合作社的成员。但是，具有管理公共事务职能的单位不得加入农民专业合作社"。第二十条规定，"农民专业合作社的成员中，农民至少应当占成员总数的百分之八十。成员总数二十人以下的，可以有一个企业、事业单位或者社会组织成员；成员总数超过二十人的，企业、事业单位和社会组织成员不得超过成员总数的百分之五"。由此可知，农民专业合作社的成员不仅可以是农民，还可以是其他具有民事行为能力的公民，以及从事与农民专业合作社业务直接有关的生产经营活动的企业、事业单位或者社会组织，这样既可以激发农民的积极性，又可以注入新的血液，引入先进的技术、优质的资源等，提升农民专业合作社的发展水平。

（5）成员入社自愿退社自由，实行一人一票制。《中华人民共和国农民专业合作社法》第四条规定，农民专业合作社应当遵循"入社自愿、退社自由""成员地位平等，实行民主管理"的原则；第二十二条规定，"农民专业合作社成员大会选举和表决，实行一人一票制，成员各享有一票的基本表决权"。由此可知，农民专业合作社的"自愿性""自由性"以及"民主性"，农民专业合作社社员之间地位平等，在选举权和表决权方面，与公司组织形式的资本表决制不同，不以出资多寡作为依据，而是实行一人一票制。

2. 农民专业合作社设立及运行过程中常见的法律问题

（1）设立程序不合法。农民专业合作社属于全新的经济组织业态，近年来在实操的过程中往往存在设立程序不合法、规章制度不健全等现象，而我国明确对于农民专业合作社的设立、管理与规范等进行了专门立法，其他省份也结合本省份实际制定了专门条例，应严格遵照执行。

（2）经营管理不谨慎。农民专业合作社由于是自愿联合、民主管理的互助性经济组织，往往存在没有专人实际管理的现象，尤其是对于公章的管理，经常会出现盗盖、偷盖公章，或者在空白的合同和授权委托书上加盖公章的现象，因此建立完善的公章保管、使用制度，以及农民专业合作社经营管理相关的制度是十分必要的。

（3）劳动关系不明确。基于农民专业合作社是成员之间自愿联合、民主管理的互助型关系，因此一般不认定农民专业合作社与成员之间存在劳动关系，但如果其不仅仅是社员，还扮演着合作社工作人员的角色，这就有可能超越合作社的成员关系，此种情况下，根据法律规定合作社就要与该成员签订劳动合同，并为其缴纳社保，否则将存在面临一系列劳动争议的风险。

（4）维权意识不强烈。《中华人民共和国农民专业合作社法》明确了农民专业合作社具有独立的法人资格和独立的民事主体地位，因此在合作社权益受到侵害时，尤其是买到假冒伪劣的种子、化肥等关乎全体成员合法利益时，一定要善于运用法律的武器维护自身合法权益，以合作社买到假冒伪劣的种子、化肥等生产资料为例，可以以合作社的名义直接向出售种子的销售者要求赔偿。此时，合作社可以请求消费者协会介入或向相关部门投诉，也可以直接向法院起诉。但需要注意的是，要保存好购买凭证和发票，以及证明购买的种子、化肥等系假冒伪劣商品的相关证据，以便合作社日后维权使用。

综上所述，农业专业合作社作为互助型的经济组织，具有集中力量办大事和政策支持等优势，但在实际运行过程中也存在着一些显著问题，因此在经营发展过程中应注意严格遵守相关法律法规的规定，扬长避短才能长远发展。

三、乡村振兴法律法规

（一）建立涉农人才法律制度

国务院办公厅发布的《关于加快转变农业发展方式的意见》中强调，"强化农业科技创新，提升科技装备水平和劳动者素质"。乡村振兴战略，首先就要将"人"摆在首位。在乡村振兴战略背景下，职业院校在其中占据着重要地位，其肩负着培养高素质涉农人才、新型农民的责任和使命。近两年国家发布的职教政策《中华人民共和国职业教育法》《国家职业教育改革实施方案》，为涉农高职院校建设一批适合新时代发展需要的涉农新专业，不断提升涉农专业的教学质量，制定涉农专业新的人才标准，提升涉农人才培养的途径，进而为中国乡村振兴的落实及开展提供充足人才的政策动力。

1. 乡村人才振兴和高职院校涉农专业人才培养的关系

乡村人才作为推进乡村振兴战略的核心竞争力，落实乡村振兴战略，需要选拔和培养大量适合市场需求的涉农人才。涉农人才作为乡村振兴战略视角下培养的主要力量，高职院校应当结合国家战略和当前农村人才市场的实际需求，对涉农人才培养的策略进行不断地优化与创新，满足乡村振兴战略实施的要求。

（1）乡村振兴为人才培养途径提供机遇。乡村振兴战略不仅扩大了高职院校人才培养方向及就业的范围，还为涉农人才的培养提供了发展的机遇。在乡村振兴战略从政策转向实施的背景下，高职院校也被赋予为"三农"建设提供全方位服务的历史责任。为了使高职院校涉农专业学生的能力与乡村振兴战略的实施相匹配，高职院校应当转变传统"重理论、轻实践"的教学思维和方法，结合农业生产、经营和管理工作的实际内容和需求，通过实践的方式，对高质量的农业现代化人才进行培养，为乡村振兴提供帮助和支持。乡村振兴战略在为高职院校涉农专业设置和人才培养指明方向的同时，也对高职院校对涉农专业人才的培养途径改革提出了新挑战。

（2）高职院校人才培养赋能乡村振兴建设。我国大多数的高职院校都分布在农业主产区，与乡村振兴之间存在着密切的关联性。在高职院校办学定位方面，应当结合当地特色，以服务当地农业、高新企业和农民专业合作社等就业为导向，制定农业人才培养方案。高职院校充分利用自身具备区域优势特点，助力乡村振兴战略的实施，赋能乡村振兴建设。

2. 乡村振兴背景下农业发展对高职院校涉农人才培养的要求

现代农业已经发生了生产方式、经营主体、产业功能、发展模式的新变化。具体呈现在农业生产方式的设施化、机械化、智能化；农业经营主体的专业化、职业农民化；农业产业功能的生产生活生态多功能化；农业发展模式的一二三产业融合发展一体化。

（1）借助科学技术推动农业现代化。我国农业发展的主要趋势就是从传统农业向现代化农业的转变，这种转变并不是乡村振兴阶段的特殊要求，乡村振兴尤为更加迫切需要。传统农业模式与自然经济之间存在着密切的联系，主要是利用手工劳动的方法开展农业生产活动，而传统农业向现代化农业转型的主要标志就是对科学技术的应用。所以，在乡村人才振兴视角下，对高职院校涉农培养的主要要求就是对科学技术的熟练应用，应用科学技术从事农业生产活动，进而推动农业的现代化发展。

（2）借助产业融合延长农业产业链。在传统农业当中，通常将自然物作为主要的生产对象，导致农业产业链短，并且附加值相对较低，不利于农业发展。而在乡村振兴的背景下，农业产业发展越加呈现出融合的趋势和特点，这就需要高职院校在培养涉农专业人才时，应当强调复合性的要求，不仅需要涉农专业人才具备丰富的文化知识与优越的技术水平，还需要其懂得农业产业经营和管理，使农业产业链得以延长。

（3）借助"互联网+"创造农业新业态。在信息时代下，云计算技术、物联网技术、大数据技术作为新兴技术类型，其对于社会的发展具有至关重要的作用。在乡村振兴背景下，信息技术为传统农业的发展带来活力，实现传统农业的转型与升级，产生了农业与信息技术、装备技术、生物技术、营销技术等深度交叉融合，催生了生物农业、智慧农业、休闲农业等农业新业态新模式。因此，高职院校在对涉农专业人才进行培养时，也应当将创新、创造作为人才培养方案要求，使其具备应用"互联网+"创造农业新业态的意识与能力。

（二）乡村振兴促进法

1. 制定《中华人民共和国乡村振兴促进法》的主要过程和基本考虑

（1）《中华人民共和国乡村振兴促进法》立法的主要过程：全国人民代表大会常务委员会贯彻落实党中央决策部署，高度重视乡村振兴立法工作。全国人大农业与农村委员会及时组织农业农村部等20多个部门经过一年多调研，形成了《中华人民共和国乡村振兴促进法（草案）》。2020年6月，第十三届全国人民代表大会常务委员会第十九次会议对草案进行初次审议。

2020年12月，第十三届全国人民代表大会常务委员会第二十四次会议对草案进行了第二次审议。

2021年4月26日，第十三届全国人民代表大会常务委员会第二十八次会议对草案三次审议稿进行了分组审议。

2021年4月29日，第十三届全国人民代表大会常务委员会第二十八次会议表决通过了《中华人民共和国乡村振兴促进法》，并在同日公布，于6月1日起开始实施。

（2）《中华人民共和国乡村振兴促进法》立法过程的基本考虑：本法定位为一部促进法。在立法审议过程中许多意见认为现阶段乡村发展和工农城乡关系还处在调整过程中，直接制定乡村振兴法时机不够成熟，所以加上"促进"这两个字。

在与其他涉农法律的关系方面，《中华人民共和国乡村振兴促进法》的某些理念和规范与既往农法相通并有所提升发展，《中华人民共和国乡村振兴促进法》是涉农法律体系中的统领性法律，但不取代《中华人民共和国农业法》等其他涉农法律。

本法有关扶持措施，按照能具体尽量具体，难以具体地作出原则要求的方式作出了相应规定。考虑乡村振兴是一个长期过程，不同阶段情况可能发生变化，需要对具体政策措施加以调整。此外，在财政、税收、金融等方面，依据法律规定和中央有关要求，不宜也难以对扶持措施作出非常具体的规定。

2. 《中华人民共和国乡村振兴促进法》亮点内容解读

（1）乡村的定义。主要涉及本法第二条第二款规定。2018年中共中央 国务院发布的《乡村振兴战略规划（2018—2022年）》首次提出对于乡村的定义，但仅仅是对主体性质和功能的描述，没有包括地域范围的描述。为此，《中华人民共和国乡村振兴促进法》结合《中华人民共和国城乡规划法》的有关规定，引入了"建成区"的概念，也就是城市集中规划部分，不包括乡镇，那么这里对于"乡村"的概念进一步作出规范。乡村，是指城市建成区以外具有自然、社会、经济特征和生产、生活、生态、文化等多重功能的地域综合体，包括乡镇和村庄等。

（2）国家主导完成的四条底线任务。主要涉及本法第五条至第八条规定。第五条巩固完善农村基本经营制度，第六条城乡融合发展，第七条乡村文化建设，第八条国家粮食安全战略。

巩固完善农村基本经营制度："大国小农"是中国的基本国情农情，家庭经营是农业的本源性制度。党的十八大以来，为巩固和完善农村基本经营制度，中央密集推行一系列事关农村集体产权制度和农村土地制度改革举措，取得显著成效。

一是初步构筑现代农业经营体系。新型农业经营体系提高了农业经营的集约化、专业化、组织化与社会化水平,为农村基本经营制度注入更加持久的活力。各地积极培育新型农业经营主体,初步构筑起以农户家庭经营为基础、合作与联合为纽带、社会化服务为支撑的立体式复合型现代农业经营体系,促进小农户和现代农业有机衔接。截至2021年底,全国家庭农场超过390万个,平均经营规模134.3亩;全国依法登记的农民合作社223万家,带动全国近一半农户;全国市级以上农业产业化龙头企业共吸纳近1400万农民稳定就业,农业产业化组织辐射带动1.27亿名农户,户均年增收超过3500元;全国农业社会化服务组织达95.5万个,服务面积16.7亿亩次,服务小农户7800多万户。

二是初步形成规模化经营格局。农村土地"三权分置"改革实现了农民集体、承包农户、经营主体对土地权利的共享,有利于促进土地资源在更大范围内优化配置,为农业适度规模经营创造条件,推动农业生产现代化。实现规模经营有两条道路:一条是经由土地流转经营。农户依法采取出租、转包、互换、入股等多种流转方式,实现农业生产规模化,解决农村劳动力外流后"谁来种地"问题。农业农村部数据显示,截至2021年6月底,全国已有1239个县(市、区)、18731个乡镇建立农村土地经营权流转市场或服务中心,全国家庭承包耕地流转面积超过5.55亿亩,超过确权承包地的三成。另一条是经由土地托管经营。农户将全部或部分田间作业环节托管给专业社会化服务组织,实现服务规模化经营,解决"怎样种地"的问题。据农业农村部调查分析,服务规模化经营的节本增收成效更为显著,与农民自己经营和土地流转经营相比,稻谷、小麦、玉米三大主粮亩均纯收益可提高20%以上。

三是探索形成多种新型农村集体经济发展模式。农村集体产权制度改革重构了以股份经济合作社为标志的各类新型集体经济组织,以股份合作为纽带在集体和成员之间建立有效联结,通过资源整合、要素集聚、规模提升,实现共同发展。在清产核资、股权量化基础上,探索盘活各类集体资源资产,以自主开发、流转租赁、入股联营、合资合作等方式发展特色农业或农产品洗选、仓储、加工等产业;由村集体领办创办社会化服务组织,为经营主体提供统耕统收、统防统治、统销统结等生产性服务;整合利用集体积累资金、政府帮扶资金等,通过入股或者参股农业产业化龙头企业、抱团合作、村企联手共建等多种形式发展集体经济。

城乡融合发展:乡村振兴要跳出乡村看乡村,必须走城乡融合发展道路。实现城乡融合发展是全面建设社会主义现代化国家的重要内容,也是实施乡村振兴战略的一项重大任务。党的十九大对建立健全城乡融合发展体制机制和政策体系作出重大决策部署。法律设立专章,从以下五方面规定了城乡融合发展的重点任务。

一是以县域为着力点。城乡融合发展,县域是重要切入点和主要载体,也最有条件推进城乡基础设施和公共服务一体化建设发展。法律围绕破除城乡融合发展的体制机制障碍,推动公共资源在县域内实现优化配置,赋予县级更多资源整合使用的自主权,强化县城综合服务能力,对加快县域城乡融合发展作出规定,为各级政府整体筹划、一体设计、一并推进城镇和乡村发展,优化城乡产业发展、基础设施、公共服务设施等布局划出了重点。

二是科学有序统筹发展空间。法律规定要协同推进乡村振兴战略和新型城镇化战略的实施,整体筹划城镇和乡村发展,强调要科学有序统筹安排生态、农业、城镇等功能空间,按照中共中央办公厅、国务院办公厅《关于在国土空间规划中统筹划定落实三条控制线的指导意见》，严格生态保护红线、永久基本农田和城镇开发边界划定，推动城乡平等交换、双向流动，增强农业农村发展活力，促进农业高质高效、乡村宜居宜业、农民富裕富足。

三是鼓励社会资本下乡与农民利益联结。乡村振兴离不开社会资本的投入。《中华人民共和国乡村振兴促进法》明确国家鼓励社会资本到乡村发展与农民利益联结型项目，鼓励城市居民到乡村旅游、休闲度假、养生养老等，同时对社会资本的投资和经营行为也作出了限制，规定不得破坏乡村生态环境，不得损害农村集体经济组织及其成员的合法权益，在明确鼓励方向、更好满足乡村振兴多样化投融资需求的同时，划出了社会资本投资的制度红线。农业农村部办公厅、国家乡村振兴局综合司及时修订发布了《社会资本投资农业农村指引（2021年）》，明确了现代种养业、乡村富民产业等13个鼓励投资的重点领域，引导社会资本投入乡村产业。

四是促进乡村经济多元化和农业全产业链发展。农村产业融合发展是基于技术创新或制度创新形成的产业边界模糊化和产业发展一体化现象，通过形成新技术、新业态、新商业模式，带动资源、要素、技术、市场需求在农村的整合集成和优化重组。法律规定，应当采取措施促进城乡产业协同发展，在保障农民主体地位的基础上健全联农带农激励机制，加快形成乡村振兴多元参与格局，实现乡村经济多元化和农业全产业链发展。

五是农民工就业与权益保障。农民工就业创业事关就业大局稳定、农民增收和脱贫攻坚成果巩固拓展。法律对农民工就业和权益保障作出了全方位制度安排，明确国家推动形成平等竞争、规范有序、城乡统一的人力资源市场，健全城乡均等的公共就业创业服务制度，强调各级人民政府及其有关部门应当全面落实城乡劳动者平等就业、同工同酬，依法保障农民工工资支付和社会保障权益。同时，规定县级以上地方人民政府应当采取措施促进在城镇稳定就业和生活的农民自愿有序进城落户，推进城镇基本公共服务全覆盖。通过与《保障农民工工资支付条例》等相衔接，顺应农民进城务工的大趋势，加强权益维护和服务保障，解除农民工进城就业"后顾之忧"，用法治提升农民工群体获得感、幸福感、安全感。

乡村文化建设：习近平总书记在2016年7月庆祝中国共产党成立95周年大会上的讲话中指出，"文化自信，是更基础、更广泛、更深厚的自信"。中华文明根植于农耕文化，乡村是中华文明的基本载体。从以下3个方面进行了具体规定。

一是加强农村社会主义精神文明建设，打造文明乡村。实施乡村振兴战略要物质文明和精神文明一起抓。乡风文明不仅是乡村振兴的重要内容，更是服务乡村全面振兴的有力保障。法律规定开展新时代文明实践活动，加强农村精神文明建设，不断提高乡村社会文明程度，倡导科学健康的生产生活方式，普及科学知识，推进移风易俗，培育文明乡风、良好家风、淳朴民风，建设文明乡村。

二是丰富乡村文化生活。这是满足广大农民群众多方面、多层次的精神文化产品需求，也是加快推进城乡公共文化服务均等化，不断满足广大农民群众文化的现实要求。法律规定丰富农民文化体育生活，倡导科学健康的生产生活方式，健全完善乡村公共文化体育设施网络和服务运行机制，鼓励开展形式多样的农民群众性文化体育、节日民俗等活动，支持农业农村农民题材文艺创作，拓展乡村文化服务渠道，为农民提供便利的公共文化服务。

三是传承农耕文化。农耕文化承载着中华民族的历史记忆、生产生活智慧、文化艺术结晶和民族地域特色，维系着中华文明的根，寄托着中华各族儿女的乡愁，是极其宝贵的文化资源。法律规定保护农业文化遗产和非物质文化遗产，挖掘优秀农业文化深厚内涵，弘扬红色文化，保护和传承好农耕文化，才能让美好乡愁世世代代传承下去。

（3）国家粮食安全战略。一是把粮食安全战略纳入法治保障。围绕牢牢把住粮食安全主动权，地方各级党委和政府要扛起粮食安全的政治责任，《中华人民共和国乡村振兴促进法》中明确，国家实施"以我为主、立足国内、确保产能、适度进口、科技支撑"的粮食安全战略。坚持藏粮于地、藏粮于技，采取措施不断提高粮食综合生产能力，建设国家粮食安全产业带，确保谷物基本自给、口粮绝对安全。二是为解决"两个要害"提供法律支撑。保障粮食安全，要害是种子和耕地。立足重要农产品种源自主可控的目标，法律中明确，国家加强农业种质资源保护利用和种质资源库建设，支持育种基础性、前沿性和应用技术研究，实施农作物和畜禽等良种培育、育种关键技术攻关，推进生物种业科技创新，鼓励种业科技成果转化和优良品种推广等。针对耕地这一粮食生产的"命根子"，在《中华人民共和国土地管理法》《中华人民共和国基本农田保护条例》有关规定的基础上，法律针对近年来耕地非农化、非粮化的问题，进一步对农业内部用地也作了严格规定，明确严格控制耕地转为林地、园地等其他类型农用地；同时，规定国家实行永久基本农田保护制度，建设并保护高标准农田，要求各省（自治区、直辖市）应当采取措施确保耕地总量不减少、质量有提高，对保障耕地质量提出了新的更高要求。系列制度设计为稳数量、提质量提供了法治保障，实现坚决打赢种业翻身仗，牢牢守住18亿亩耕地红线的目标。三是强化"三保"，实现粮食和重要农产品有效供给。"三保"就是保数量、保多样、保质量。保数量就是要用稳产保供的确定性来应对外部环境的不确定性。保多样、保质量是满足消费者新阶段对丰富多样农产品需求的应有之义。法律规定，国家实行重要农产品保障战略，采取措施优化农业生产力布局，推进农业结构调整，发展优势特色产业，保障粮食和重要农产品有效供给和质量安全，并专门明确，分品种明确保障目标，构建科学合理、安全高效的重要农产品供给保障体系。四是大力发展"三品一标"，推进农业高质量发展。2020年底的中央农村工作会议要求，深入推进农业供给侧结构性改革，推动品种培优、品质提升、品牌打造和标准化生产，也就是新"三品一标"。法律对推进"三品一标"、提升农产品的质量效益和竞争力作出明确规定，同时还对农业投入品使用作出限制要求，这既是保障增加优质绿色和特色农产品有效供给的现实需要，也是顺应和满足人民对美好生活新期待的具体行动。五是对节粮减损作出安排。粮食节约是保障国家粮食安全的重要途径。法律规定国家完善粮食加工、储存、运输标准，提高粮食加工出品率和利用率，推动节粮减损，通过一手抓立法修规，一手抓标准体系共同推进产业节粮减损，使用科技、法治、引导等手段推动粮食全产业链各个环节减损，与反食品浪费法进行衔接，遏制"舌尖上的浪费"，共同推动全社会形成节约粮食、反对浪费的法治氛围。

3.《中华人民共和国乡村振兴促进法》中的限制、禁止和处罚条款

这些禁止性的条款集中在4个方面。

（1）关于保护耕地。第十四条和第三十八条，总结起来就是遏制耕地"非农化"、防止"非粮化"。在2019年修订的《中华人民共和国土地管理法》用的是"总量不减少、质量不降低"，这次是明确提出质量问题，要保证质量有提高。

（2）严格保护生态环境。第三十九条和第四十条，国家对农业投入品实行严格管理，对剧毒、高毒、高残留的农药、兽药采取禁用限用措施。禁止违法将污染环境、破坏生态的产业、企业向农村转移。国家实行耕地养护、修复、休耕和草原森林河流湖泊休养生息制度。禁止违法将城镇垃圾、工业固体废物、未经达标处理的城镇污水等向农业农村转移。禁止向农用地排放重金属或者其他有毒有害物质含量超标的污水、污泥，以及可能造成土壤污染的清淤底泥、尾矿、矿渣等；禁止将有毒有害废物用作肥料或者用于造田和土地复垦。

（3）明确严格保护农民的权益。第五十一条提出，县级人民政府和乡镇人民政府应当优化本行政区域内乡村发展布局，按照尊重农民意愿、方便群众生产生活、保持乡村功能和特色的原则，因地制宜安排村庄布局，依法编制村庄规划，分类有序推进村庄建设，严格规范村庄撤并，严禁违背农民意愿、违反法定程序撤并村庄。

（4）法律责任规定。主要涉及第七十三条，各级人民政府及其有关部门在乡村振兴促进工作中不履行或者不正确履行职责的，依照法律法规和国家有关规定追究责任，对直接负责的主管人员和其他直接责任人员依法给予处分。违反有关农产品质量安全、生态环境保护、土地管理等法律法规的，由有关主管部门依法予以处罚；构成犯罪的，依法追究刑事责任。

参考文献

卜希霆，2023. 中国美丽乡村案例研究［M］. 北京：中国国际广播出版社.

陈文在，吕继运，2020. 现代设施农业生产技术［M］. 西安：陕西科学技术出版社.

戴攸峥，2021. 中国农业生产率问题研究基于农地制度视角［M］. 南昌：江西人民出版社.

法规应用研究中心，2022. 农产品质量安全法一本通［M］. 北京：中国法制出版社.

洪光荣，2023. 美丽乡村规划建设［M］. 武汉：武汉理工大学出版社.

金伟栋，2019. 农村一二三产业融合发展：政策创新与苏州实践［M］. 苏州：苏州大学出版社.

荆楚，2024. 农业人才促进家庭农场高质量发展研究［J］. 山西农经（3）：139-141，149.

兰世辉，2020. 中国农民专业合作社功能拓展研究［M］. 南昌：江西高校出版社.

黎莉莉，沈琦，2020. 农民合作社可持续发展研究［M］. 重庆：重庆大学出版社.

李克合，刘艳，于飞，2020. 家庭农场成本控制［M］. 济南：济南出版社.

林宝春，2024. 农村环境治理与生态环境保护探析［J］. 黑龙江环境通报，37（8）：120-123.

全国人大常委会办公厅，2021. 中华人民共和国乡村振兴促进法［M］. 北京：中国民主法制出版社.

孙良斌，蒋志辉，朱哲，2023. 农村转型背景下农户农业生产率研究［M］. 长春：吉林人民出版社.

王英华，沈文莉，吴敏，2023. 农产品质量安全与品牌化建设：农业生产"三品一标"行动实施［M］. 赤峰：内蒙古科学技术出版社.

肖化柱，付豪梦，2024. 社会资本对家庭农场农业社会化服务供给行为的影响［J］. 农业研究与应用，37（2）：125-134.

杨海兵，徐龙鑫，王香文，等，2024. 贵州省修文县家庭农场发展建议［J］. 农村经济与科技，35（14）：113-116.

张海婷，2024. 农村环境治理难点及对策研究［J］. 农家参谋（23）：12-14.

张金宇，2024. 农业防灾减灾与农民安全教育［M］. 天津：天津科学技术出版社.

张尧，2021. 农业生产方式转变与农村社会保障制度耦合发展研究［M］. 武汉：武汉大学出版社.

赵丹丹，2021. 农业生产集聚对粮食生产效率的影响研究［M］. 杭州：浙江大学出版社.